Nuestros libros incluyen guías visuales, explicaciones paso a paso, recuadros complementarios, ejercicios, glosarios, atajos de teclado y todos los elementos necesarios para
asegurar un aprendizaje exitoso y estar conectado con el mundo de la tecnología.

Compra Directa!

> **usershop.tectimes.com**

ARGENTINA
☏ 011-4959-5000 / 011-4954-1791
> usershop@tectimes.com

MEXICO
☏ 55-5600-4815 / 55-5635-0087
01-800-0055-800
> usershopmx@tectimes.com

CHILE
☏ 562-335-74-77 / 562-335-75-45
> usershopcl@tectimes.com

Léalo antes Gratis!

> En nuestro sitio puede obtener,
en forma gratuita, un capítulo
de cada uno de nuestros libros:

onweb.tectimes.com

SOFTWARE & RECURSOS
ONWEB
ONWEB.TECTIMES.CO

TÍTULO: DISEÑO WEB

AUTORES: Carola Kessler, Marcelo Ruiz

COLECCIÓN: Manuales USERS

EDITORIAL: MP Ediciones

FORMATO: 17 x 24 cm

CANTIDAD DE PÁGINAS: 304

Editado por MP Ediciones S.A., Moreno 2062 (C1094ABF),
Ciudad de Buenos Aires, Argentina.
Tel.: (54-11) 4959-5000, Fax: (54-11) 4954-1791

ISBN 987-526-193-9

Primera impresión realizada en enero de 2004.
New Press Grupo Impresor S.A.,
Paraguay 264, Avellaneda,
Provincia de Buenos Aires, Argentina.

DISEÑO WEB

Carola Kessler / Marcelo Ruiz

Sobre autores

Marcelo Hernán Ruiz es estudiante de la carrera Ingeniería en Sistemas de Información, en la Universidad Tecnológica Nacional de Buenos Aires. Cuenta con amplia experiencia en la redacción de revistas, fascículos y libros relacionados con la programación y el diseño de sitios web. Fue secretario de redacción de la revista *Internet USERS* y actualmente es un destacado programador y diseñador web que trabaja en forma independiente, desarrollando sitios para empresas y particulares. Es autor de los libros *Dreamweaver 4, Programación Web Avanzada, Programación en C* y *Dreamweaver MX 2004*.

Carola Kessler tiene una vasta trayectoria en la edición de diversas publicaciones relacionadas con el mundo de la informática. Trabajó en importantes editoriales, tanto en las áreas de contenido como en la de diseño. Desde hace varios años, investiga sobre la edición de contenido digital, y luego de una amplia experiencia práctica, escribió en el año 2000 el libro *Flash 5*, publicado por esta misma editorial. En la actualidad, desarrolla sus actividades como Jefa de redacción de la revista *PC Soluciones*. También dicta clases en la Universidad de Buenos Aires y diseña sitios web de forma independiente.

Sobre la editorial

MP Ediciones S.A. es una editorial especializada en temas de tecnología (computación, IT, telecomunicaciones).

Entre nuestros productos encontrará: revistas, libros, fascículos, sitios en Internet y eventos.

Nuestras principales marcas son: *USERS, Aprendiendo PC, Dr. Max* y *TecTimes*.

Si desea más información, puede contactarnos de las siguientes maneras:

Sitio web: www.tectimes.com

E-mail: libros@tectimes.com

Correo: Moreno 2062 (C1094ABF), Ciudad de Buenos Aires, Argentina.

Tel.: 54-11-4959-5000 / **Fax:** 54-11-4954-1791

Prólogo

La Web es un instrumento de información, promoción y venta que cada vez está más instalado en la sociedad. Ya no hay dudas de esto ni tiene mayor sentido tratar de encontrar una explicación o discutir sus causas. Lo que sí vemos son las consecuencias de este fenómeno: mayor demanda de profesionales relacionados con estas disciplinas, como diseñadores, programadores, ilustradores y fotógrafos. Y cada vez más, los conocimientos de cada uno deberán estar especializados en medios digitales. Por ejemplo, no bastará sólo con ser un diseñador gráfico, sino que será necesario conocer las características propias de un medio tan específico como la Web.

Especializarse en la Web no resulta sencillo. En la mayoría de los casos esta especialización se da con la práctica y, es imposible negarlo, con el ensayo y el error. Teniendo en cuenta que un gran porcentaje de los profesionales que trabajan en este rubro lo hacen de forma independiente, tampoco existe mucho contacto y traspaso personal de los conocimientos, algo bastante común en otros campos. Nosotros comenzamos a trabajar en el desarrollo web de esta manera, viniendo de otras disciplinas y probando, consultando, leyendo revistas, libros y toda la información que nos resultara útil.
El contacto con una gran cantidad de clientes, sus inquietudes y distintas necesidades también nos fueron de enorme utilidad para dominar cada vez más este campo, resulta esencial saber interpretar la idea o el mensaje que el cliente quiere transmitir, para poder luego hacer uso de todas las técnicas del diseño web permiten trasladarlo a la pantalla.
Hoy, las tecnologías y los procedimientos están mucho más estandarizados. Así fue que nos decidimos a plasmar varios años de experiencia en este manual, que no es más que un comienzo, para que luego cada lector pueda seguir su propio camino, investigando nuevos temas o profundizando en aquellos que le sean atractivos o útiles.

Esperamos que este libro resulte interesante, práctico y, sobre todo, que represente un disparador de nuevas ideas para la Web. También, los invitamos a que nos envíen sus comentarios, experiencias y cualquier consulta específica que quieran hacernos info@centraldev.net.

Marcelo Ruiz y Carola Kessler

El libro de un vistazo

En su primera parte este manual ofrece las herramientas necesarias para definir la personalidad y el estilo del sitio que diseñaremos, mientras que en la segunda nos ocuparemos más profundamente del aprendizaje de tres aplicaciones fundamentales del diseño web: Photoshop, Dreamweaver y Flash.

CAPÍTULO 1
Planificar, analizar y organizar
La correcta planificación ayudará a definir el estilo y la personalidad del sitio.

CAPÍTULO 2
Diseño de imagen y estilo
Problemas a resolver para poder transmitir con nuestro sitio "lo que queremos decir".

CAPÍTULO 3
Contenido Web
En este capítulo analizaremos aquellos conceptos fundamentales que nos permitirán mantener una clara comunicación con los visitantes del sitio.

CAPÍTULO 4
Imágenes para la Web
Las características del medio que deben tenerse en cuenta al tratar con imágenes.

CAPÍTULO 5
Interfaces
Principales aspectos de funcionamiento y de diseño para el desarrollo de la interfaz

CAPÍTULO 6
Dreamweaver
Las herramientas clave de uno de los programas más utilizados por los diseñadores.

CAPÍTULO 7
Navegabilidad
Cómo optimizar la conexión de hipervínculos en el interior del sitio.

CAPÍTULO 8
Optimizar la plantilla
Técnicas y recursos que nos permitirán construir una plantilla versátil y flexible.

CAPÍTULO 9
Flash en la Web
De qué se trata esta tecnología y cómo sacar el máximo provecho de ella.

CAPÍTULO 10
Técnicas avanzadas con Photoshop
Aprenda algunas técnicas de diseño que le serán de utilidad para diseñar los elementos de las páginas.

APÉNDICE A
HTML
Conceptos fundamentales acerca de este lenguaje de programación.

APÉNDICE B
JavaScript
Teoría y práctica sobre una herramienta esencial de la programación web.

A lo largo del libro encontrará
estos recuadros con información complementaria:

CURIOSIDADES

Datos divertidos y locuras varias que resultan necesarios para ser un experto animador de reuniones sociales.

DEFINICIONES

Después de leer estas definiciones, no existirán más palabras incomprensibles ni temas que lo inhiban.

IDEAS

Trucos para realizar distintas tareas de manera más rápida y efectiva. Consejos sabrosos para todo conocedor del tema.

ATENCIÓN

Problemas típicos o errores frecuentes con los que se cruza el usuario inquieto, y los secretos para evitarlos.

DATOS ÚTILES

Información valiosa, datos precisos y actualizados, sitios web clave y respuestas a las preguntas frecuentes.

SÓLO PARA GENIOS

Información y trucos para usuarios avanzados. ¡Todos llevamos un genio dentro (el asunto es saber encontrarlo)!

NOVEDAD

Comentarios sabrosos acerca de las novedades incluidas en la última versión y las mejoras logradas en sus aplicaciones.

ON WEB

Información, recursos, software o ejemplos del libro que están publicados en el sitio web exclusivo para lectores: onweb.tectimes.com.

UNA NUEVA DIMENSIÓN
EN LIBROS

OnWeb, el sitio que le permitirá aprovechar al máximo cada uno de
nuestros libros, con contenido exclusivo: la mejor selección de software y
los ejemplos analizados en el texto, tutoriales en video y una completa
guía de sitios de Internet. > Además, un foro a través del cual podrá
realizar interconsultas con otros lectores y usuarios, debatir con ellos
y estar en contacto con la editorial. Como siempre, **MP Ediciones**, a
la vanguardia en la divulgación de la tecnología.

BIENVENIDO A LOS SERVICIOS EXCLUSIVOS DE ONWEB:

Ingrese al sitio onweb.tectimes.com. La primera vez que acceda,
deberá registrarse con un nombre de usuario y una clave.
Para completar el proceso de registro, se le hará una pregunta
referida al libro y se le solicitarán sus datos personales.

ONWEB.TECTIMES.COM

Contenido

CAPÍTULO 5
Interfaces

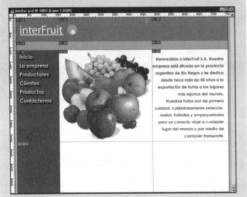

CAPÍTULO 6
Dreamweaver

CAPÍTULO 7
Navegabilidad

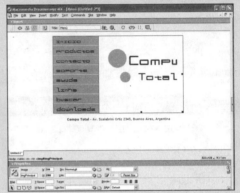

CAPÍTULO 8
Optimizar la plantilla

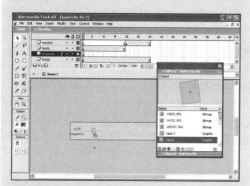

Introducción

Este libro pretende convertirse en una guía a seguir para todo aquel que desea desenvolverse como diseñador web. Claro está que no se llega a ese punto tan sólo leyendo un libro como éste; el tiempo y la experiencia deben hacer el trabajo más duro. Nuestra intención como autores es volcar toda la experiencia que hemos adquirido a lo largo de los años en que nos hemos dedicado a esta actividad, diseñando y programando sitios web para empresas y particulares de la Argentina y otros países. Contrariamente a lo que pensábamos cuando nos iniciamos, diseñar sitios web no es una tarea fácil. Si bien muchos piensan que con haber aprendido a usar un software de diseño como FrontPage o Dreamweaver, ya es suficiente, nosotros hemos comprobado que no es tan así.

La relación con las personas que contratan nuestros servicios es un aspecto que no siempre se tiene en cuenta a la hora de evaluar nuestro futuro en esta actividad, y es fundamental considerarlo. Entender lo que el cliente quiere y poder llevarlo a la pantalla de un navegador es una de las tareas más difíciles de lograr; no es lo mismo –ni parecido– hacer un sitio web propio que para otra persona. Muchas veces nos encontraremos con clientes que tienen pocos conocimientos sobre diseño o sobre la Web; este libro les enseñará ciertos conceptos que necesariamente deberán transmitirles, para que comprendan cuál es la mejor forma de comunicarse con su público a través de este medio. Nuestra misión será ayudarlos a hacerlo.

Pasando al contenido propio de este libro, encontrarán mucha práctica, muchos paso a paso y numerosos tutoriales con técnicas para dominar los principales programas que les servirán día a día en su trabajo: Photoshop, Dreamweaver, Flash, Illustrator, etc. La elección de estas aplicaciones puede parecer arbitraria, y es verdad que tal vez algunos diseñadores prefieran GoLive en lugar de Dreamweaver, FreeHand en vez de Illustrator y otras variantes más. Pero, conociendo todos esos programas y habiendo trabajando ya mucho tiempo con los primeros que nombramos, creemos que se trata de los más populares en esta área. Además, lo más importante es que los conceptos incluidos en estas páginas pueden utilizarse igualmente con otro software, ya que lo que queremos transmitir es un modo de trabajo que les permita optimizar las tareas y realizar sitios a nivel profesional.

Los invitamos a comenzar la lectura, continuar con la práctica, investigar y buscar sus propias experiencias en este fascinante medio de comunicación.

Capítulo 1

Planificar, analizar y organizar

Para hacer un sitio web no basta
con un buen diseño ni con el contenido.
Lo más importante, y desde donde
se debe partir para poder desarrollar
el resto de los elementos, es una buena
planificación.
En este capítulo desarrollamos distintas
posibilidades para planificar, analizar
y organizar nuestro futuro sitio web.

HTML y JavaScript

SERVICIO DE ATENCIÓN AL LECTOR: lectores@tectimes.com

Planificar un proyecto

Planificar un sitio web implica, mucho antes de trabajar en Dreamweaver o el programa que utilicemos para armar el sitio, pensar y definir claramente muchas cuestiones de importancia. Algunos de estos puntos son:

- **Tema:** por supuesto, gran parte de este punto estará definido con la propuesta, con el pedido de la realización del sitio por parte del cliente. Sin embargo, es muy importante definir lo más claramente posible la temática general (y particular) que se van a tratar en las distintas páginas, para poder establecer los elementos y la estética que se utilizarán.
- **Público:** esto ayudará a definir el diseño y la navegabilidad del sitio. No será lo mismo generar una propuesta para niños, adolescentes o gente mayor ni para un público en general que para usuarios avanzados de Internet. Las formas de lectura, las tipografías a utilizar, los colores, la complejidad del sitio dependerán de este punto.
- **Estilo general:** al comenzar, es importante también tener una idea del estilo general que se quiere mostrar, formal, informal, con alguna tendencia artística particular, etc. Por supuesto, este punto puede definirse más adelante, pero siempre es mejor tener alguna pista al comienzo.
- **Elementos que requiere el sitio:** según su contenido, se deberán generar diversos elementos: animaciones, paneles de control para quien actualiza el sitio, bases de datos, formularios, elementos dinámicos, etc. Es importante prever esto tanto para poder presupuestar el trabajo así como para planear los tiempos y el modo de trabajo.
- **Tiempo de realización:** este punto es fundamental para el planeamiento del trabajo. Hay que definir el tiempo total que llevará generar el sitio, así como los tiempos de entrega parciales (cuándo se mostrará el diseño al cliente para su aprobación, cuándo se realizarán las pruebas de navegabilidad, etc.). Todo esto también dependerá de los recursos que se tengan para trabajar, la complejidad del sitio y el tiempo que dispone el cliente para su realización.
- **Cómo se va a organizar el trabajo:** una vez definidos los principales aspectos, habrá que determinar cómo se dividirá el trabajo y en qué tiempos se realizará cada etapa.

Estos temas serán claves para el trabajo posterior y, aunque parezca innecesario o no tengamos demasiado tiempo para hacerlo, es imprescindible tomarse cierto tiempo al comienzo y definirlos lo más claramente posible.

Si se trata de un sitio para otra persona, parte de estas decisiones habrá que definirlas con el cliente, quien nos dirá lo que espera del trabajo y establecerá junto con nosotros lo que se quiere y puede lograr (sobre todo, basándonos en los recursos que tenemos, tiempo y dinero). Si se trata de un sitio personal, si bien parece mucho más sencillo, es cuando se suele tener mayores problemas con este punto, ya que muchos creadores de sitios web piensan que alcanza con tener la idea en la cabeza. Sin embargo, resulta primordial definir estos aspectos en forma clara para luego utilizar todos los recursos y fuerzas disponibles para realizar lo que nos propusimos, lo antes posible, sin dar demasiadas vueltas, y de esta forma ahorrar esfuerzos, recursos y asegurarnos buenos resultados.

Figura 1. *Si bien un sitio comercial y establecido lleva una organización con más elementos y personas trabajando en él que un sitio pequeño o personal, el proceso de organización y los elementos a definir son básicamente similares.*

El tipo de sitio

Definir y tener una idea clara acerca del tipo de sitio servirá tanto para el diseño como para generar correctamente todos los elementos que lo conformarán. También será fundamental ubicar el sitio en una categoría temática. Aunque sea difícil la definición de un tema específico, esto es necesario, ya que permitirá también la búsqueda de otros sitios similares en Internet.

Lo ideal será definir lo más claramente posible los objetivos del sitio. Por ejemplo, no solo deberemos pensar que se trata de un sitio de ventas on line, sino también qué tipo de productos, si será una tienda exclusivamente en línea o será una "extensión" de nuestro negocio real, de qué forma se presentarán los productos, el nivel de precios, los modos de entrega y cualquier otra especificación que haga al modo de operar del sitio. De esta manera, nosotros mismos comprenderemos dónde queremos que se ubique nuestro sitio con relación al resto y será mucho más sencillo realizarlo y llegar a esos primeros objetivos.

El público del sitio

Otro tema fundamental para comenzar a trabajar es el público general al que estará dirigido el sitio. Basándonos en algunos datos estadísticos, como edad, sexo, hábitos de consumo, etc., podremos diseñar un sitio que se adapte a los gustos y nivel cognoscitivo de ese público meta. Por supuesto, el sitio estará desarrollado para que sea sencillo de navegar para la mayor cantidad posible de personas, pero si hay un público definido según la temática, las tareas de diseño y desarrollo pueden concentrarse en él y se verán notablemente facilitadas todas las tareas relacionadas.

En el diseño del sitio, deberemos tomar en cuenta el público en todo momento. Desde la estética general, colores, navegabilidad, hasta cada uno de los textos e imágenes que se coloquen en el sitio, harán que ese público no solo llegue hasta el sitio, sino que lo recorra e, incluso, que vuelva.

CURIOSIDADES

HISTORIA DEL DISEÑO

La estética de los sitios fue evolucionando rápidamente. En la sección **Web**, del sitio **www.archive.org**, podremos acceder a un archivo histórico que nos muestra el diseño que cualquier sitio tenía hace dos o tres años.

Planificar, analizar y organizar   1

Además de los datos sobre las personas, es muy importante también conocer míni-
mamente algunos datos técnicos sobre sus computadoras y conexiones. Como veremos más adelante, a nuestro sitio web se conectarán usuarios con computadoras, sistemas operativos, tamaño de monitor, configuraciones, conexiones y programas navegadores distintos. Como desarrolladores web, nosotros deberemos considerar todos estos puntos y hacer sitios que puedan visualizarse correctamente en la mayoría
de las computadoras. A lo largo de este libro veremos cómo lograrlo.

Qué molesta a los usuarios

Además de tener en cuenta al público al que está dirigido, hay que considerar muchas
cosas generales que suelen fastidiar a los usuarios de cualquier sitio. Exceptuando algunos sitios personales, cuyos objetivos excluyan explícitamente no resultar amenos o fáciles de navegar, hay muchos ítems que son recomendables evitar al diseñar un sitio web:

- **Obligación de una resolución o navegador determinado**: un visitante tiene que
  estar demasiado interesado en nuestro sitio como para cambiar sus hábitos. Pense-
  mos en nosotros mismos al ingresar a cualquier sitio; si nos piden que cambiemos
  algún parámetro de nuestro sistema, seguramente cerraremos la ventana y ni inten-
  taremos visualizarlo.

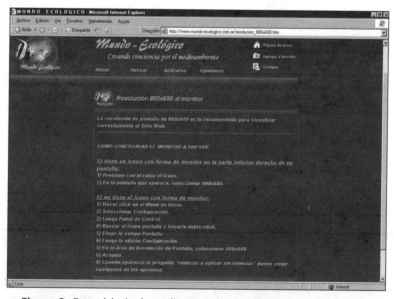

Figura 2. Este sitio incluso dispone de una sección especialmente
dedicada a enseñar al usuario a cambiar la resolución.
¿Se imaginan siguiendo estos pasos tan solo para visualizar un sitio web?

- **Utilización o demostraciones desmedidas de tecnología**: muchas veces resulta tentador para el diseñador o desarrollador volcar en un sitio web todo lo que sabe hacer; esto sucede sobre todo con los novatos. En general, cuando esto sucede, se nota en el trabajo final: quedan sitios difíciles de navegar y confusos, ya que el contenido (lo que realmente queremos hacerle llegar al visitante) se pierde en el contenedor (la imagen o funcionamiento del sitio).

- **Banners por doquier**: demasiados banners en una misma página pueden entorpecer la navegabilidad, ya que pueden diferir la atención de la barra de navegación e incluso del contenido principal, derivando la vista hacia estos carteles llamativos. Además, por más que se traten de banners que difunden contenido del mismo sitio o mensajes importantes, para la mayoría de los usuarios se considera como publicidad. Por eso, lo ideal es limitar la cantidad y la estética de los banners en el sitio a los contenidos más destacados, para que realmente cumplan su cometido.

- **Múltiples barras de navegación**: la forma cómo el usuario puede recorrer las distintas secciones y páginas del sitio deberá ser clara y fácilmente reconocible. Por este motivo, y exceptuando casos muy concretos, lo mejor es tener definida una barra de navegación central desde donde el visitante pueda llegar hasta donde lo desea de la forma más rápida.

- **Pop-ups**: en este sentido, resulta muy molesto para cualquier persona que al entrar a un sitio se abran muchas ventanas, sobre todo si son de publicidad. Hay que tener cuidado con esto en aquellos servicios de hosting gratuitos. Pero también, en cómo elegimos que se abra cada una de las páginas a las que accede el usuario. Lo ideal es que todas se visualicen en una misma ventana (y si el usuario lo desea puede abrir varias, usando las herramientas del programa navegador).

- **Exceso de contenido por página**: teniendo en cuenta que en la Web no hay muchas limitaciones de espacio, muchas veces en una misma página se coloca todo el contenido que podría estar dividido en varias. Resulta muy difícil que una persona lea o incluso llegue a desplazar el contenido en una página de esas que nunca terminan de visualizarse. Es preferible dividir la información en varias páginas; está comprobado que la lectura y concentración frente al monitor es mucho menor que en impresos.

- **Secciones ambiguas, contenidos repetidos o mezclados**: una correcta división y organización de la información garantizan una navegabilidad fácil, o sea que el usuario

SOBRE LOS POP-UPS

Hoy existe una gran cantidad de herramientas que le permiten al usuario "matar" los pop-ups antes de que aparezcan en pantalla. Por esto, los pop-ups tampoco pueden pensarse como un sistema de publicidad efectivo.

pueda ubicar rápidamente el contenido. Es importante, principalmente, que la división temática en secciones esté clara para quienes generan el contenido. Saber desde el primer momento que un elemento corresponde a una sección y no a la otra, hará que quien busque esa información cuando ingresa al sitio, la encuentre sin esfuerzo.

A lo largo de este libro, iremos viendo los mejores modos de generar sitios web profesionales que eviten estos dilemas. Es posible hacer sitios agradables visualmente y fáciles de navegar, es solo cuestión de conocer algunos secretos, pensar bien lo que requieren los usuarios y planear correctamente todo el trabajo.

Figura 3. *Este sitio combina muchos de los ejemplos mencionados anteriormente.*
Intenta mostrar una gran cantidad de información en la página
principal y demasiados banners. Todo ello hace de la navegación una tarea dificultosa.

El contenido

Todo el contenido de un sitio web está definido según lo que se quiere comunicar. Esto implica que todo lo que se publique deberá tener un sentido, para no interferir en la comunicación.

En general, según el sitio, el contenido podrá ser variado. Además de texto, pueden incluirse recursos gráficos, como fotografías y dibujos de distintos tipos, y multimediales, como animaciones, videos y sonidos. También se pueden ofrecer archivos de distinto tipo para que el visitante descargue del sitio y utilice. En este sentido la Web ofrece muchas posibilidades, pero hay que considerar algunas limitaciones de formato que permitirán mantener un sitio ágil de navegar.

Más allá de cuál sea el contenido o en qué formato se muestre (en los distintos capítulos del libro iremos viendo cada uno de los distintos elementos), es fundamental que quede organizado correctamente en el planeamiento del sitio. Esto implica dividir por secciones la totalidad del contenido del sitio, pero para esto, primero deberemos establecer una sencilla pregunta: ¿qué va a tener el sitio? Así podremos ver la forma más adecuada de dividir y organizar el material, lo que además nos va a servir para diseñar el sitio, ya que ciertamente no es lo mismo hacer un diseño para mostrar texto que uno para visualizar videos.

La división por secciones tiene que pensarse según cada sitio en particular, puede hacerse teniendo en cuenta los temas o según el tipo de contenido.

Distintas páginas

Los sitios web están constituidos por diversas páginas. La cantidad de páginas varía según la complejidad de cada sitio, pero podemos establecer algunos parámetros generales para diferenciar algunos tipos de páginas y luego diseñarlas.

- **La página principal** (index): es la que el usuario visualiza al ingresar al sitio. Puede tener un diseño particular, más visual, o ser directamente una página con contenido desde donde se pueda ingresar a todas las secciones. Si se trata de un sitio de noticias o al que se ingresa seguido, lo mejor es ir directamente al contenido. En ocasiones, hay una página principal y una página de bienvenida al sitio.
- **Páginas secciones**: si el contenido está dividido en secciones, cada una de estas puede tener una página principal, donde se presenta el contenido que hay en ella. Otra opción, según el caso, para evitar pasos intermedios, será que en la barra de navegación estén todas las opciones disponibles.
- **Páginas internas**: son las páginas básicas, las que tienen el contenido específico. Para estas páginas, será necesario estandarizar el diseño y los elementos a través de plantillas, como veremos más adelante.

¿HORIZONTAL O VERTICAL?

DATOS ÚTILES

Existen tradicionalmente dos estructuras para los sitios web que responden al tipo de contenido. Por sitios con estructura Vertical, se entiende aquellos que se centran en una única temática (por ejemplo, música, deportes, informática, etc.). Por sitios con estructura Horizontal, se entiende aquellos que engloban una gran cantidad de temáticas diferentes; generalmente es el tipo de estructura que tienen los grandes portales (como Terra o Ciudad Internet).

Según la estructura del sitio, o los distintos "niveles de navegación", habrá más o menos páginas, pero una vez definida bien la estructura principal y cómo se organizarán, tener una gran cantidad no resulta problemático.

Figura 4. *La página interna de* **www.mabeliam.com** *es bastante diferente a la página principal. Observen la presencia de un submenú con opciones relacionadas a esta sección.*

Qué tecnologías utilizar

Una vez definidas las necesidades y cómo se estructurará el contenido del sitio, podremos definir qué tecnologías nos resultarán más apropiadas para llevarlo adelante. Muchos desarrolladores web cometen frecuentemente el error de pensar primero la tecnología a utilizar antes que definir qué se quiere lograr. El resultado de este modo de trabajo suele ser sitios bastante caóticos, ya que es mucho más difícil adaptar

DISEÑO Y NAVEGABILIDAD

No busque en el diseño del sitio solamente la estética. Lo más importante es que el visitante pueda navegar por él con total comodidad, y que acceda al contenido buscado en forma precisa y rápida.

el contenido a una tecnología fija que elegir y adaptar las opciones de la tecnología al contenido y a lo que se quiere comunicar.

La principal tecnología que utilizaremos es HTML, la base de la Web, que nos permitirá publicar contenido de un modo sencillo, generando sitios estáticos. Utilizaremos esta tecnología en sitios que no requieran acceso a bases de datos ni interacción con el visitante. O sea, con HTML se generará cada una de las páginas a las que el visitante puede entrar. Nos resultará útil para, por ejemplo, generar sitios con información que no varíe constantemente, como un sitio de promoción de una empresa, con pocas páginas de contenido.

Por otro lado, sí tendremos que generar varias páginas o la información variará frecuentemente, como en el caso de un periódico on line, deberemos agregar dinamismo a través de otras tecnologías. Otra interesante opción, para todo el sitio o para algunos elementos, es utilizar Flash, un programa con el que a través de gráficos vectoriales, de poco peso, es posible generar animaciones, imágenes y agregar videos y sonidos de una forma fácil. Una desventaja es que para visualizar estos elementos, los visitantes deberán tener instalado en sus computadoras el plug-in correspondiente.

El equipo de trabajo

No todos los sitios web necesitan el mismo nivel ni la misma cantidad de trabajo. Por lo tanto, no necesitarán de los mismos profesionales que trabajen en él. Sin embargo, es posible definir una organización estándar para todos y luego, en cada caso, definir una estructura de trabajo particular, según cada necesidad.

Es importante destacar que la definición de un grupo de trabajo se da, sobre todo, para estandarizar la división de tareas. Es muy común que en proyectos personales o empresas desarrolladoras pequeñas, varios o todos estos roles recaigan en una misma persona. Sin embargo, lo más importante será tomar conciencia de cuáles son las tareas por si en algún momento la empresa crece o se multiplican los trabajos.

Como en todo proyecto, deberá haber un **coordinador**. Será el encargado de delegar las tareas y coordinar el trabajo de los diferentes miembros del equipo. En general, se trata del responsable global del proyecto y de quien tiene más contacto con el cliente.

TECNOLOGÍA Y HOSTING

Al momento de elegir el servicio de hosting donde alojaremos nuestro sitio, deberemos tener en cuenta las tecnologías utilizadas y observar que éstas sean "soportadas" por el servidor.

También tendremos un **diseñador**, que puede trabajar solo o con su equipo, quien, a partir de ciertas pautas, definirá la imagen general del sitio, así como generará todos los elementos necesarios para su conformación: fondos, botones, logos, imágenes, etc. El **programador** será el encargado de dar la estructura lógica al sitio. Según la tecnología elegida, implementará el funcionamiento y en general es quien comanda todas las cuestiones técnicas del sitio.

Además, se podrá contar con encargados del contenido, aunque en muchos casos, este es proporcionado por el cliente. En cuanto a la preparación del contenido, habrá que tener en cuenta las particularidades del medio (**ver capítulo 3**).

Por supuesto, constantemente, sobre todo al comienzo del trabajo, todas las áreas involucradas trabajarán en conjunto interrelacionándose. En muchas oportunidades, los diversos participantes del sitio solicitarán elementos o información y consultarán alternativas con el resto. Es muy importante esta interrelación para que el sitio quede coherente desde todos sus ángulos.

Organizar y estandarizar el trabajo

Es muy importante conocer al comienzo del trabajo las formas de estandarizar la producción. Junto con una buena organización de los profesionales intervinientes, hay varias herramientas que facilitarán muchas tareas de diseño, ahorrando tiempos y evitando errores. Por un lado, tenemos el uso de plantillas. En una plantilla colocaremos todos los elementos que se repetirán en todas las páginas. De esta manera, deberemos realizar estos sectores una sola vez y cuando tengamos que modificar algo evitaremos tener que modificarlo en cada una de las páginas del sitio.

Por otro lado, tendremos que definir los distintos niveles de información, aplicando estilos a cada uno de los textos. Así, nos aseguraremos que todos los textos similares tengan la misma apariencia. Esto ayudará a que esté presente la identidad del sitio.

Resumen del capítulo

En este primer capítulo, vimos los puntos a tener en cuenta antes de dar inicio al diseño un sitio Web: cómo planificar un proyecto, cómo es el público de Internet, qué tecnologías nos conviene utilizar y cómo organizar el trabajo. Definiendo claramente estos aspectos, garantizaremos el desarrollo de un sitio completo y que cumpla con todas las expectativas.

Actividades propuestas

Sobre la base de los conceptos elaborados en este primer capítulo, elabore una definición acerca del contenido que debe incluir su sitio web. Busque en Internet sitios que tengan alguna relación con el proyecto a realizar de acuerdo con la temática tratada, ya sea porque engloba un mismo tipo de producto o porque brinda información a un mismo público. Tenga en cuenta primordialmente los siguientes aspectos:

» Tipo de tecnología empleada en cada caso.
» Características generales del diseño: colores y tipografías utilizadas.
» Forma en que se presentan las imágenes.
» Preponderancia de la información por sobre el diseño.
» Navegabilidad: distintas formas de acceder a las secciones.
» Servicios que se ofrecen al visitante.
» Forma de utilización de los banners: ¿qué otros tipos de publicidades existen?

Recién luego de conocer las diversas variantes, podrá enfocar correctamente el contenido del sitio.

Cuestionario

1/ ¿Cuáles son los aspectos que deben tenerse en cuenta al momento de proyectar el desarrollo de un sitio web?
2/ ¿Por qué es importante prestar especial atención el público del sitio?
3/ ¿Qué significa que un sitio tenga secciones ambiguas?
4/ ¿En qué secciones está dividido generalmente el contenido de un sitio web?
5/ ¿Qué tecnologías pueden emplearse para diseñar un sitio?
6/ ¿Qué consideraciones se deben tomar con respecto al equipo y a los tiempos de trabajo?
7/ ¿Cuáles son los pasos a realizar para elaborar una mejor organización del trabajo?
8/ ¿A qué página de un sitio se denomina comúnmente Index?
9/ ¿Cuál es la desventaja de la tecnología Flash?
10/ ¿Cuál es la política más adecuada a adoptar con respecto a los banners?

Diseño de imagen y estilo

En este capítulo hablaremos sobre uno de los aspectos más importantes, se trata del primer paso que se debe dar cuando se encara el desarrollo de un sitio. Hablamos del mensaje, la personalidad, "lo que queremos decir" con el sitio y cuál es su propósito. Si el diseño del sitio es para un cliente, esta información debe ser transmitida por el mismo, de la manera más exacta posible. Si, en cambio, se trata de un sitio propio, será muy importante que dediquemos un buen tiempo a definir todos estos conceptos a menos, claro está, que no busquemos un trabajo profesional.

HTML y JavaScript

SERVICIO DE ATENCIÓN AL LECTOR: lectores@tectimes.com

Concepto del sitio

Todos los sitios se crean por alguna razón en especial: para informar novedades, para prestar un servicio, para publicitar una empresa, para vender uno o más productos (son casos diferentes), para construir una comunidad de usuarios, etc. Y por supuesto, cada caso requiere especial atención; un diseño que sirvió para un sitio de venta de libros no nos servirá para un sitio de información sobre tecnología. Por este motivo, todos los sitios requieren un estudio previo.

Nuestra primera tarea consistirá en la definición del **concepto** del sitio. Esto es: ¿qué tipo de sitio estamos creando? Por ejemplo, un sitio de noticias, una revista on line para adolescentes, un shopping virtual, etc. El tipo de sitio es importante, ya que determinará el tipo de diseño y la estética que utilizaremos. A nadie se le ocurriría, por ejemplo, pensar en el sitio de una empresa de tecnología, como un proveedor de Internet, con colores femeninos, tipografía con serif y dibujos infantiles.

Figura 1. *El proveedor de Internet australiano Dodo (**www.dodo.com.au**)*
utilizó un diseño que difícilmente se puede asociar
con el servicio que brinda, ¡y eso que aún no han escuchado la música de fondo!

En definitiva, el concepto de un sitio lo determinan su audiencia y su propósito; por ejemplo, informar, vender, enseñar o promocionar. Esta se puede construir en parte desde el lugar común que forman cada público, y también consultando otros sitios u otras publicaciones que afecten a la misma gente. Una vez determinado esto pasaremos al siguiente paso que consistirá en el diseño de la metáfora.

Metáfora, ¿sí o no?

Los programas de diseño gráfico modernos, como Photoshop o Illustrator nos brindan enormes posibilidades para el diseño de interfaces. Una metáfora no es más que el uso de un modelo de la vida real que tiene que ver con el concepto del sitio y representado a través del diseño de la interfaz.

Habremos visto, en más de una oportunidad, cómo muchos sitios utilizan la metáfora de una botonera o panel de control para crear la barra de navegación que contiene los links o hipervínculos a las distintas secciones de nuestro sitio. Casi todo es posible, y se pueden utilizar diseños en 2D (2 dimensiones), $2^1/_2$D o en 3D.

La metáfora más común y más difundida es aquella que representa al sitio web como una página impresa, de un libro por ejemplo o de un periódico. La mayoría de los sitios, sin pensarlo tal vez, están diseñados del mismo modo en que está diseñada la página de un libro o revista, fondo blanco, título, copete, texto e imágenes a los costados. La barra de navegación que generalmente aparece a la izquierda o arriba, hace las veces del índice de ese libro o revista.

Figura 2. *La parte superior del sitio Top Brands simula ser una especie de "compartimiento" o compuerta que exige que se presione un "control" para revelar el contenido de su interior, que son los banners de las marcas que vende la empresa. Ingenioso, aunque muy poco práctico.*

No todos los sitios se diseñan basándose en una metáfora, como veremos más adelante, pero si lo hacemos, deberemos tener en cuenta algunos aspectos de importancia:

- La elección de una metáfora que **realmente** tenga que ver con el concepto y la temática que se desea transmitir a través del sitio.
- La posibilidad de **mantener** esa metáfora a través de todos los elementos y secciones del sitio o que, por lo menos, no quede descolocada en algunos sectores y adecuada en otros.
- Se tiene que dar una coherencia entre todos los elementos del sitio. Por ejemplo, si utilizamos una metáfora determinada para el encabezado o el titular del sitio, es importante que el diseño de la barra de navegación concuerde con esta.
- Por último, y sobre todo, si se trata de un diseño gráfico elaborado, tenemos que estar seguros de que se cuenta con la habilidad y los recursos necesarios para realizarlo y mantenerlo. Y cuando hablamos de recursos, nos referimos tanto a técnicos como humanos, ya que de nada nos servirá tener las últimas versiones de Photoshop, Illustrator o 3D Studio si no los sabemos utilizar correctamente y, al revés, poco podremos hacer si somos excelentes artistas, pero no somos capaces de insertar una imagen en Dreamweaver.

Figura 3. Este sitio utiliza una metáfora de "aire libre", por lo que lleva un fondo de nubes en el encabezado y en la barra de navegación. Sin embargo, el fondo y los botones han adoptado un estilo "sofisticado y tecnológico" que choca contra el concepto del sitio.

2 1/2 D

Los diseños en 2 1/2 D son aquellos en los cuales se utilizan elementos que parecen tener cierta profundidad, con efectos tales como biselado, relieves y sombras. En definitiva, son diseños en 2D con algún efecto de profundidad que no llega a ser 3D.

HOSTING

Hosting es sinónimo de alojamiento, y hace referencia al espacio que nos brinda un servidor de Internet para almacenar la información que contiene nuestro sitio web.

Personalidad

Ya sea que hayamos elegido o no una metáfora para todo o para una parte del sitio, será importante encontrar una identidad o personalidad única.

La personalidad tiene que ver con el mensaje que se quiere transmitir a los usuarios. Las posibilidades de personalidad de un sitio web son las mismas que podemos hallar en una persona (divertido, triste, serio, rebelde, etc.). Todos coincidimos en que un sitio para niños tiene que ser divertido, alegre y dinámico; por otro lado, un sitio sobre la lucha contra alguna enfermedad requiere una personalidad más sobria, seria y formal.

Este aspecto debe ser definido con anterioridad al comienzo del diseño en cualquier programa. Tenemos que tener bien claro qué es lo que queremos lograr, qué mensaje queremos transmitir para recién después ponernos a pensar cómo lo haremos.

En las **Figuras 4** y **5** podemos apreciar dos ejemplos de sitios totalmente opuestos, el primero es un sitio para chicos; el segundo tiene una personalidad mucho más seria.

Figura 4. Un ejemplo de sitio con personalidad alegre. Podrán notar que las páginas para niños siempre hacen mucho uso de los colores primarios (rojo, azul y amarillo).

PDF

Muchos materiales relacionados con libros y publicaciones en papel se encuentran en Internet en formato PDF. Esta tecnología también podremos emplearla para publicar algunos contenidos en nuestro sitio. Para más información, visite **www.acrobat.com**.

Figura 5. Este sitio, por otro lado, tiene una personalidad mucho
más seria, adecuada de acuerdo con el tema que trata, el holocausto.

El estilo

Finalmente, una vez que hemos definido el concepto, la metáfora y la personalidad del
sitio llegó la hora de definir el estilo. Esta tarea ya consiste en el trabajo de diseño y
creación de los distintos elementos del sitio, como ser titulares, encabezado, botones,
barra de navegación, viñetas, etc. Obviamente, el estilo de todos estos elementos con-
formará el estilo integral de todo el sitio por lo que debe guardarse una especial coherencia y diseñar todos con el mismo criterio.

¿Cómo se trabaja para definir el estilo? Existen varias formas y puntos de partida. Si
vamos a desarrollar el sitio web de una empresa que ya existe y esta es medianamente importante, probablemente ya tenga un isologo, un manual de imagen o alguna
información básica en la cual basarnos. El manual de imagen de una empresa contiene información sobre cómo utilizar el isologo y el nombre de la empresa (y cómo
no hacerlo también), información sobre las proporciones de las imágenes, los colores exactos a utilizar y mucho más.
En otros casos tal vez no tengamos ninguno de estos datos, por lo que será más difícil
el trabajo, aunque tendremos mayor libertad para definir los elementos.
Definir el estilo de nuestro sitio significa, en términos más prácticos, crear, ya sea con

Photoshop, Illustrator diversas plantillas con botones, viñetas, titulares y barras de navegación, de acuerdo con el estilo requerido por el sitio web en el que estamos trabajando. También forma parte de esta tarea la definición del formato del texto, subtítulos, recuadros y demás elementos tipográficos del texto: la fuente, el color, la alineación, separación entre párrafos, etc.

Todo esto es la misma tarea y no podemos diseñar un elemento sin tener en cuenta el otro. Esto podemos comprobarlo visitando cualquier sitio medianamente profesional; podremos comprobar que el estilo de todos los elementos está unificado y hace al todo del estilo del sitio completo.

En la **Figura 6** podemos ver el sitio **www.datafull.com**, en donde podremos comprobar que el mismo estilo se mantiene en todos sus elementos. Observen que todos los elementos cliqueables, como botones, tienen la misma tipografía en negrita y con el mismo tamaño. Todos los titulares o separadores de secciones guardan también el mismo estilo de borde en diagonal y las pestañas para acceder a las subsecciones son siempre iguales.

Figura 6. Un sitio en donde se guarda un especial cuidado en el mantenimiento del estilo.

La elección de los colores

La elección de los colores que utilizaremos en un sitio web tiene mucho que ver con el tema anterior: el estilo. Si estamos trabajando con un manual de estilos, o en un sitio web que ya tiene un isologo, probablemente deberemos tomar los colores de ahí.

La elección también pasa por el mensaje que se quiera transmitir con el sitio, es decir, con el "concepto". Hay colores ardientes, cálidos, tranquilos, fríos, elegantes y toda una enorme gama de posibilidades. Para nuestra tranquilidad, ya hemos definido la personalidad de nuestro sitio con anterioridad.

Los pasos para la elección de los colores son cuatro:

1. Definir el mensaje que se quiere transmitir mediante el sitio web.
2. Elegir el color principal que mejor transmita ese mensaje.
3. Elegir un esquema de dos, tres o más colores, basándonos en el color principal.
4. Adaptar, si fuera necesario, los colores elegidos al manual o reglas de estilos provisto por el cliente o por las necesidades del sitio al comenzar el trabajo. En este paso también podemos realizar pequeñas variaciones en los colores de acuerdo con nuestro gusto, probar diferentes variantes, etc.

El círculo cromático

Un diagrama que puede sernos de suma utilidad en la elección de colores y esquemas de colores es el círculo cromático. Este círculo está formado por doce segmentos y podemos imaginarlo ciertamente como un reloj. Dichos segmentos representan distintos tonos en un diagrama discreto. Esto significa que no encontraremos todos los colores del espectro, sino un subconjunto acotado de ellos, pero bien puede servirnos como punto de partida para luego, como explicamos en el punto cuatro de los pasos para la elección de colores, corregirlos de acuerdo con nuestras necesidades.

Los doce segmentos se subdividen en tres partes o subconjuntos:

• **Colores primarios:** son el rojo, el amarillo y el azul y están ubicados formando ángulos de 120 grados entre sí. Siguiendo con la analogía del reloj, el rojo a las 12, el amarillo a las 4 y el azul a las 8.
• **Colores secundarios:** están ubicados justo en forma opuesta a los colores primarios, por ello se dice que son los complementarios u opuestos. El naranja ubicado a las 2,

como opuesto del azul, el verde a las 6, oponiéndose al rojo y el violeta, opuesto del amarillo, que se encuentra a las 10.

- **Colores terciarios:** esta clase de colores están ubicados justo entre medio de los colores primarios y secundarios. Se forman por la combinación de dos de estos colores y ocupan los·lugares de las horas impares en nuestro reloj imaginario. En orden son: naranja rojizo, naranja amarillento, verde amarillento, verde azulado, violeta azulado y violeta rojizo.

En la **Figura 7** podemos ver el círculo cromático, aunque no en colores. La idea, sin embargo, es que podamos apreciar cómo se forma y la relación que hay entre los distintos segmentos de color.

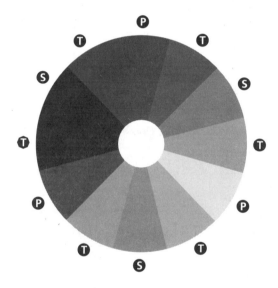

Figura 7. Aunque en blanco y negro, la figura del círculo cromático tiene como fin mostrar la disposición de los colores primarios (P), secundarios (S) y terciarios (T).

Un círculo cromático ideal sería continuo, en donde se podría pasar de cualquier color a otro a lo largo de todo su diámetro. Además, podemos imaginarlo como que, a medida que nos acercamos al centro, los tonos se aclaran, obteniéndose distintos **tintes**; el

ONWEB

En **onweb.tectimes.com** podrá encontrar más información sobre los temas mencionados en este libro, incluyendo una guía de sitios web recomendados.

CÍRCULO CROMÁTICO

La versión en color del círculo cromático que se muestra en esta página está en la contratapa del libro.

Diseño de imagen y estilo

2

centro del círculo cromático ideal es el color blanco. Por el contrario, mientras más nos acercamos hacia los bordes, los colores se oscurecen, con lo que se obtienen distintos **matices**; con esto obtenemos un borde completamente negro.

Para ser más específicos, si nos situamos sobre cualquier segmento del círculo, el color central es el color puro; hacia el centro tenemos lo que serían los distintos tintes de ese color, y hacia los bordes, sus matices.

Otros modelos de círculos cromáticos establecen que en los bordes están los colores totalmente puros y las tonalidades más oscuras se pueden lograr añadiéndoles negro a ellos. Este modelo tal vez sea más exacto que el anterior, aunque se añade una nueva variable, que es la cantidad de negro, pero permite obtener el espectro completo de la escala de grises, situándose en el centro y añadiendo distintos valores de negro al blanco puro.

Figura 8. *Uno de los modelos de Mac OS X está basado en el círculo cromático que tiene los colores puros en sus bordes.*

Combinaciones de colores

Existen muchas formas de combinar los colores y muchos podrían decir que no corresponde crear reglas al respecto, sino dejar que nuestro buen gusto y sensibilidad personal encuentren la combinación justa.

Sin embargo, debemos recordar que, en nuestra posición de diseñadores web no somos artistas, sino comunicadores visuales. Esto significa básicamente que nuestro trabajo,

COLORES Y LETRAS

Siempre tenga en cuenta que lo importante en un sitio web es que los visitantes puedan acceder a la información que buscan. En este punto, la combinación de colores debe permitir la legibilidad de cualquier texto.

Diseño de imagen y estilo

2

en torno a este tema para ser específicos, consistirá en la elección más adecuada de colores a utilizar de acuerdo con el mensaje complejo que se necesite comunicar.

Nuestro gusto personal tampoco puede servirnos de mucho en la mayoría de las ocasiones porque, si estamos diseñando el sitio para un cliente, nadie nos asegura que lo que nos guste a nosotros también le gustará al cliente o a los usuarios.

Por todo eso, es importante conocer más bien los efectos que se quieren lograr y la forma más eficiente de conseguirlos. Los esquemas que enumeramos a continuación son los más básicos y funcionan muy bien con cualquier tipo de diseño.

- **Esquema acromático:** se basa únicamente en la utilización de la escala de grises, tomando como sus extremos el blanco y el negro.
- **Esquema análogo:** se forma utilizando tres tonos consecutivos o cualquiera de sus tintes o matices. Por ejemplo, azul, verde azulado y violeta azulado.
- **Esquema de choque:** se forma con dos colores, combinando el primero con otro color que está a la izquierda o a la derecha de su opuesto. Siempre es un terciario y un primario o un terciario y un secundario. Obviamente, también se puede jugar con los tintes y matices de cualquiera de ellos.
- **Esquema complementario:** se forma utilizando dos colores opuestos cualesquiera. Puede formarse combinando un primario y un secundario o dos terciarios, siempre y cuando ambos estén opuestos en el círculo. Por ejemplo, amarillo y violeta o cualquiera de sus tintes o matices.
- **Esquema monocromático:** es uno de los más simples y tranquilos. Se basa en la utilización de cualquier tono en combinación con cualquiera de sus tintes o matices. Se trata de colores que comparten el mismo segmento o rayo en el círculo cromático. Por ejemplo, rojo, rosa y rojo oscuro.
- **Esquema complementario dividido:** utiliza un color principal y los dos colores que se encuentran a la izquierda y a la derecha de su complemento. Puede formarse con cualquiera de las siguientes tres combinaciones, siempre que respeten la definición anterior: un primario y dos terciarios, un secundario y dos terciarios o un terciario, un primario y un secundario.
- **Esquema primario:** utiliza los tonos puros de rojo, amarillo y azul. Se usa mucho en el diseño de páginas infantiles.
- **Esquema secundario:** utiliza los colores verde, violeta y naranja o cualquiera de sus tintes o matices.
- **Esquema de tríada terciario:** encontraremos dos tipos de tríadas terciarias básicas; aquellas formadas por los colores terciarios equidistantes a 120 grados en el círculo cromático. Estas son: naranja rojizo, verde amarillento y violeta azulado, y verde azulado, naranja amarillento y violeta rojizo.

¿Qué son los colores web seguros?

Cuando empezaron a aparecer las primeras páginas web, era muy poca la gente que disponía de monitores con capacidad para mostrar millones de colores, como en la actualidad. Por el contrario, muchos usuarios tenían monitores monocromáticos o con poca cantidad de colores. Muchos monitores no eran capaces de mostrar más de 256 colores. Se trata de monitores de colores de 8 bits (ya que $2^8 = 256$).

Si nosotros creamos una imagen con un color que no está dentro de la paleta de los 256 colores de ese tipo de monitores, la computadora deberá hacer un trabajo de **interpolación**, es decir, formar un color por combinación de otros que sí están presentes en su paleta de colores. Por ejemplo, puede formar un tono de naranja combinando el rojo con el amarillo en distintas medidas. Lo que se obtiene como resultado es una imagen con un color tramado, formado por pequeños puntos, en lugar de un color sólido.
Por esta razón se definió una paleta de colores "seguros" para la web mediante la cual se asegura que los colores utilizados se visualizarán correctamente en cualquier monitor de computadora, ya sea de 8 como de 24 bits.
Sin embargo, el uso de esta paleta de colores tiene muchas desventajas. En primer lugar, nos limita enormemente en cuanto a los colores a utilizar; disponemos únicamente de 256 colores. Además, los colores que contiene esa paleta son realmente feos. No fueron elegidos por una persona o un artista sino que surgieron a partir de las limitaciones de los monitores de 8 bits. Como si fuera poco, y tal vez la razón más importante para no utilizar este recurso, hoy en día la mayor parte de los usuarios de Internet cuenta con monitores capaces de mostrar todos los colores, por lo que el uso de la paleta **websafe** en la actualidad, prácticamente no tiene sentido.

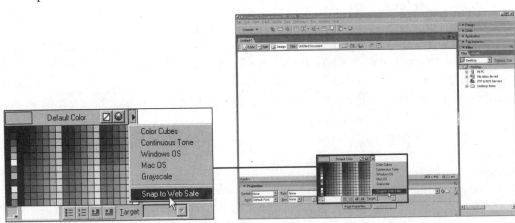

Figura 9. Es fácil desactivar el ajuste automático a los colores web
en Dreamweaver. Hay que desmarcar la opción Snap to Websafe.

Letras y números

Cuando trabajemos con algún programa de diseño web, como Photoshop o Dreamweaver nos encontraremos con que una de las formas más utilizadas para definir colores es mediante un sistema de letras y números.

Se trata del sistema de numeración hexadecimal compuesto por 16 dígitos: los números del 0 al 9 y las letras de la A a la F, que representan a los valores del 10 al 15.

Este sistema se utiliza para representar con menor cantidad de dígitos a los colores en formato RGB (por las iniciales en inglés de red, green y blue; rojo, verde y azul); con seis dígitos se pueden representar todos los colores de un sistema de 24 bits.

Debemos considerar a los valores de a dos dígitos. Los dos primeros representan el valor de rojo, los dos segundos el valor de verde y los dos últimos el valor de azul. Por ejemplo, el color #00FF00 equivale a 0% de rojo, 100% de verde y 0% de blanco (0, 255, 0).

Elección de los colores en Photoshop

Los monitores de computación muestran los colores en formato RGB. Por esta razón, el sistema de elección de colores mediante Photoshop estará basado en este formato. Photoshop nos permitirá definir colores de acuerdo con cuatro modelos:

- **HSB:** lleva este nombre por las iniciales de Hue (Tono), Saturation (Saturación) y Brightness (Brillo). El primer parámetro determina el valor del color puro; varía de 0 a 360 grados, ya que representa los grados del círculo cromático. La saturación define el nivel de pureza del color; un color 100% saturado está en estado puro, mientras que un color con 0% de saturación se ve como blanco. El último parámetro es más simple de comprender, mientras más alto sea el valor del brillo, más puro se verá el color; mientras menor sea, más nos acercamos al negro (brillo 0%).

- **RGB:** este sistema permite elegir los colores a utilizar definiendo distintas cantidades, de 0 a 255, de rojo, verde y azul.
- **Lab:** utiliza porcentajes para definir la luminosidad (L) y valores de -128 a 127 para los ejes a y b, que permiten obtener distintos tonos.
- **CMYK:** es el sistema clásico de impresión, compuesto por los colores cian, magenta, amarillo y negro. En este modo, los colores formados se identifican como la mezcla de distintos porcentajas de cada tinta, en rangos de 0 a 100%. Nosotros no utilizaremos este sistema de color para la Web en ningún caso.

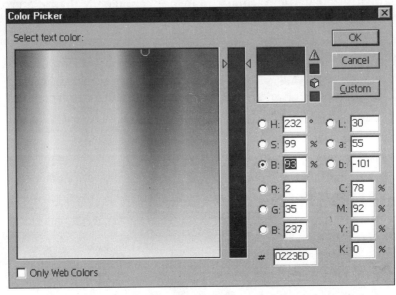

Figura 10. El selector de colores de Photoshop permite trabajar con los cuatro sistemas de color: HSB, RGB, Lab y CMYK.

Colores indexados

Otro modo de imagen presenta las imágenes con colores indexados. ¿Qué significa esto? Básicamente, esta imagen utiliza una paleta de 256 colores. Su uso proviene de los

COLORES CMYK Y PANTONE

Es posible que encontremos que muchas empresas definen sus colores a utilizar en formato CMYK, debido a que fueron creados, generalmente, para trabajo de impresión. También podemos encontrarnos con colores PANTONE; se trata de tintas especiales que no se forman con los clásicos cian, magenta, amarillo y negro. En ambos casos deberemos realizar una conversión aproximada a colores RGB con Phothoshop o Illustrator. En ninguno de los casos obtendremos los mismos colores, por lo que habrá que explicarle al cliente las limitaciones del medio.

primeros monitores y placas de video, que solo permitían visualizar 256 colores, por lo que se utilizaban imágenes que internamente contenían una paleta con los 256 colores posibles ordenados mediante un índice.

Al convertir una imagen a color indexado, Photoshop crea una tabla de búsqueda de color (CLUT), que genera y almacena un índice con los colores de la imagen. Si un color de la imagen original no aparece en la tabla, el programa lo hará coincidir con el más aproximado de la tabla, o bien lo simulará utilizando los colores disponibles. Su estructura es la siguiente:

• Cabecera del archivo que contiene una tabla de códigos.
• Los píxeles de la imagen tienen un número de índice, con un valor asignado en la tabla de códigos del archivo.

La ventaja de este modo es el pequeño tamaño de las imágenes, ya que dentro del archivo sólo figuran el encabezado y el listado con los colores que se deben representar mediante el índice. Esto es lo que hace a este formato de imagen en algunos casos ideal para Internet. Su principal desventaja es que la mayoría de las herramientas de Photoshop no puede trabajar con imágenes de color indexado, ya que necesitan más de 256 colores para realizar sus funciones.

Resumen del capítulo

Darle personalidad a un sitio permitirá destacar nuestras producciones. La elección de los colores y su combinación es uno de los aspectos más importantes, y de ahí su relevancia en este capítulo. Vimos qué es círculo cromático, cómo trabaja la combinación de colores en una imagen digital, y qué son los colores web seguros. Además, realizamos un repaso muy simple sobre el tratamiento de las imágenes con Photoshop, y acerca de los principales formatos de imagen. Este capítulo fue eminentemente teórico, por lo que en las siguientes secciones del libro, dejaremos lugar a la práctica, para emplear Photoshop y otras herramientas en el diseño de nuestra página.

DATOS ÚTILES

RGB PREDETERMINADO

El modo RGB es el predeterminado al crear una imagen, porque es la forma en que se genera el color en la mayoría de los periféricos con los que trabajamos (el monitor, el escáner, una cámara digital o un televisor).

Actividades propuestas

Busque en Internet aquellos elementos que dan personalidad y estilo a diferentes sitios web. Vea en qué forma los colores y el tipo de fuente empleados en cada caso se corresponden con la imagen general que intenta ofrecer el sitio a sus navegantes. Elabore mentalmente dos o tres posibles diseños para su sitio sobre la base de los siguientes aspectos:

» Colores básicos a utilizar.
» Tipos de fuente.
» Desarrollo de un logo específico para la Web (en caso de ya existir uno).
» Estilo de las viñetas, botones y barras de navegación.
» Estética general de las páginas (divertida, seria, moderna, antigua, dinámica, etc.).
» Imagen que se desea hacer llegar a los navegantes.

Definir la estética del sitio resulta un paso imprescindible antes de poder continuar con el resto del proyecto.

Cuestionario

1/ ¿A qué nos referimos al hablar de la metáfora de un sitio web?
2/ ¿Qué significa que un sitio web tenga personalidad?
3/ ¿Mediante qué elementos podremos definir el estilo de un página?
4/ ¿Sobre la base de qué aspectos se debe realizar la selección de los colores de un sitio web?
5/ ¿Qué son los colores web seguros?
6/ ¿Cuáles son las diferentes formas de combinación de colores?
7/ ¿En qué consiste el sistema de numeración hexadecimal?
8/ ¿Sobre la base de qué modelos Photoshop nos permite definir los colores?
9/ ¿Cuáles son las características del formato de colores RGB?
10/ ¿Qué elementos definen al esquema complementario de combinación de colores?

Contenido web

En este capítulo enseñaremos algunos
conceptos de gran importancia para
la edición de contenido destinado
a la Web. El propósito es lograr una clara
comunicación con el usuario o lector
del sitio, hacer cómodo su uso y conseguir
que el tiempo que pasa en las páginas
sea lo más fructífero posible para él.
Por todo ello dedicaremos especial atención
a la forma de presentar tanto el texto
como las imágenes y lograr que los usuarios
no entren solo por el diseño.

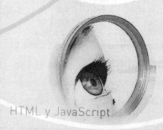

HTML y JavaScript

Escribir y editar para la Web

Ante todo, una gran verdad: escribir para la Web no es lo mismo que escribir para cualquier otro medio. De la misma forma en que un periodista utiliza un estilo diferente si escribe para un diario, una revista o un libro, la web es completamente diferente a todo lo conocido, principalmente por la gran cantidad de recursos que ofrece.

Por ejemplo, es importante saber sacarle provecho al recurso de los hipervínculos, tanto a otras páginas como a otros sitios, o incluso hipervínculos dentro de la misma página.

Cómo trabajar con textos largos

Cuando se tiene un artículo o cualquier tipo de contenido largo, lo más recomendable es dividirlo en varias páginas. Aquí debemos seguir el ejemplo de las publicaciones de papel: un diario o una revista siempre tiene un alto fijo que no se puede sobrepasar. ¿Acaso vieron alguna vez un diario con una página más larga que otra porque un artículo es más largo? Bueno, por suerte, la Web es un poco más flexible en este sentido.

Si va a ser necesario dividir el texto en varias páginas, entonces, deberemos colocar comandos de navegación. Nada demasiado vistoso, pero tampoco que sean difíciles de encontrar. Tengamos en cuenta que no son elementos que formen parte del contenido, por lo que no deben llamar la atención, pero sí deben seguir las pautas de estilo del sitio. Los comandos de navegación suelen colocarse al final de la página.

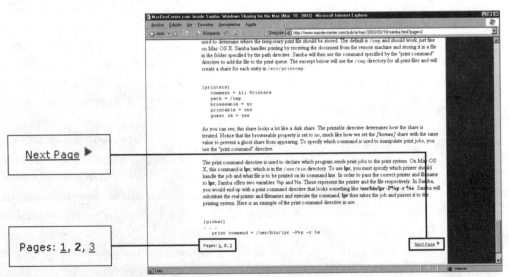

Figura 1. Un ejemplo de cómo colocar comandos de navegación. Se utilizan dos tipos de comandos: uno por número de página y otro para pasar de página.

Si nuestro artículo contiene muchas secciones y está dividido en muchos capítulos o subtítulos, es importante crear una tabla de contenidos con links a cada uno de los temas del artículo. La tabla de contenidos puede colocarse al comienzo del capítulo o, mejor aún, en una columna a la izquierda o a la derecha del texto, siempre visible. La tabla de contenidos no reemplaza a la barra de navegación del sitio, sino que es más bien una herramienta de navegación para el artículo solamente. Por eso, si nuestro sitio ya tiene una barra de navegación a la izquierda, lo más común es colocar la tabla de contenido a la derecha.

Figura 2. *El sitio de Microsoft utiliza mucho el recurso de las tablas de contenido dentro de un artículo. En esta página, el recuadro On this page ofrece links a las diversas secciones en que está dividido el artículo.*

Es muy buena idea, también para páginas largas, colocar un link al final de la página para volver al comienzo de ella rápidamente. Esto se logra mediante un hipervínculo a la misma página (Named Anchor).

Hipervínculos

Al comienzo de este tema comentamos que una de las mayores ventajas que nos proporcionaba la web era la posibilidad de realizar vínculos a otros documentos. Esto es una gran ventaja, sobre todo en un medio como la Web.

Un hipervínculo permite crear un enlace con un documento relacionado, al que se puede acceder haciendo clic sobre una palabra, frase o imagen. Esto es de gran utilidad cuando tenemos que hacer referencia a un término poco conocido, un artículo anterior o un tema secundario. En un medio como un diario, posiblemente muchos de estos temas necesitarían de una explicación adicional, ya sea dedicándole más líneas o mediante un recuadro externo u otro recurso similar. En la Web bastará con colocar el hipervínculo, con lo que nuestros textos quedarán mucho más breves y fáciles de leer, lo que constituye la ventaja que mencionamos antes, ya que el público que visita sitios web no acostumbra dedicar tanto tiempo a la lectura como alguien que lee un diario o una revista.

Los hipervínculos pueden realizarse tanto a otras páginas de nuestro sitio como a sitios externos, con lo que ampliamos aún mucho más las ventajas de esta herramienta.

Con esta segunda opción hay que tener cuidado; al colocar un vínculo a otro sitio estaremos sacando al visitante del nuestro. Algunas empresas no quieren esto y sencillamente no colocan hipervínculos externos. Otras optan por una solución intermedia y bastante efectiva: abrir el vínculo en una ventana nueva, lo que se logra colocando el valor **_blank** al atributo **target**, para que el visitante no deje nuestra página.

De todas formas, tengamos en cuenta que no siempre es conveniente esta técnica. Por ejemplo, si nuestro sitio es básicamente un directorio de sitios, es probable que la persona no necesite pasar mucho tiempo más en nuestro sitio una vez que encontró lo que buscaba, y tal vez, le moleste la apertura de una nueva ventana.

Recuadros

Los recuadros permiten colocar información adicional, relacionada con una nota. El texto de los recuadros no forma parte de la nota central y es un accesorio, lo que significa que no es imprescindible. En medios informativos se suele utilizar para acercar referencias al lector sobre las temáticas tratadas.

Esto nos permite liberar un poco más el texto de información no tan importante y, otra vez teniendo en cuenta el poco tiempo que pasa una persona leyendo una página web, ganamos al acortar la longitud del texto y al organizar mucho mejor la página.

No es necesario que los recuadros aparezcan completos en algún lugar de la página; en la **Figura 3** podemos ver el ejemplo de cómo maneja los recuadros el diario argentino Clarín a la derecha de la nota principal.

HIPERVÍNCULOS

No exagere con el uso de los hipervínculos, ya que puede dificultar la navegación por momentos. Empleando secciones de contenido bien definidas, no será necesario estar constantemente vinculando cada frase de una página on otra.

Figura 3. *Los recuadros de Clarín.com aparecen como "Notas relacionadas"
y se abren haciendo clic sobre un link, al costado de la nota.*

Niveles de títulos

Hay que pensar primero cuántos niveles de títulos necesitaremos aplicar en un texto y, sobre la base de ello (como se explica luego en el **Capítulo 8**) diseñaremos la
hoja de estilos CSS. El lenguaje HTML ya nos provee una serie de encabezados desde el nivel 1 hasta el 6 (H1 a H6), además de la etiqueta P, para texto normal. El uso
de las hojas de estilo nos ayudará a modificar estas etiquetas. En general, no necesitaremos más niveles de títulos de los que definimos a continuación:

- **Título 1:** Se utiliza como el título principal de una página. Por ejemplo, en el caso
  de una nota de una revista on line, el título de la nota iría con el estilo Título 1.
- **Título 2:** Se puede utilizar para los subtítulos que aparecen dentro del texto normal,
  en un artículo o nota.
- **Título 3:** En algunas notas se hace necesario el uso de sub subtítulos, para una mayor organización del contenido, sobre todo en artículos muy largos y específicos.

Además, por supuesto, habrá que definir otros estilos, como los títulos y textos de los
recuadros, los copetes, volantas, epígrafes, etc. Todo esto se puede hacer –y así lo recomendamos– mediante el uso de hojas de estilo CSS.
Lo más importante es conservar una coherencia con el estilo que venimos manteniendo en el sitio, según hablamos en el capítulo anterior.

En cuanto a las tipografías a utilizar, no conviene usar más de dos tipos diferentes en el mismo sitio, siendo muy recomendable usar una sola. Los colores dependerán, obviamente del diseño con el que estemos trabajando, pero se suele preferir el negro o un gris oscuro para el texto normal y algún otro color, dentro de la gama de los que utilizamos en el sitio, para los títulos y subtítulos.

Legibilidad

Muchos estudios coinciden en que la lectura de cualquier texto en una pantalla de computadora es muchas veces más cansador que en una hoja de papel. Probablemente se deba a que una pantalla emite luz (además de otro tipo de radiaciones), en forma directa a nuestros ojos, y una hoja de papel la refleja. Además, siempre es más fácil llevar el papel a la cama o a un sillón, que una computadora.

Por todo esto, debemos dedicarle muchísima atención y lograr una legibilidad óptima en las páginas de nuestro sitio. Para ello hay que tener en cuenta los siguientes aspectos:

El tamaño de la tipografía

Una tipografía pequeña da un aspecto más sofisticado a nuestro sitio, tal vez gracias a la pixelación que se produce. Sin embargo, hay que tener en cuenta que no todo nuestro público tiene la misma habilidad visual para leer letras tan pequeñas. Lo ideal es trabajar con un tamaño entre 11 y 13 puntos.

El tipo de letra

Existen dos grandes opciones en cuanto a tipografía: serif y sans-serif. La primera familia está integrada por las tipografías más hornamentadas y clásicas, como la Times,

FUENTES EXTRAÑAS

Evite utilizar fuentes "extrañas" o de uso poco frecuente. Lo más probable es que éstas no se encuentren en la computadora del usuario que visita la página, con lo cual no podrá acceder a la información correctamente.

Times New Roman o Book antigua. Son tipografías con más curvas y adornos, ideales para textos largos, ya que facilitan notablemente la lectura. Sin embargo, en la pantalla del monitor se suelen ver muy pixeladas.

Las tipografías sans-serif no tienen tantas curvas y adornos y suelen ser las más recomendadas para la Web. Entre las más utilizadas se encuentran Verdana y Arial.

El uso de otras tipografías debe ser elegido con cuidado, ya que tenemos que asegurarnos que el usuario posea esa fuente instalada en su sistema. Mientras que no nos desviemos de las clásicas que vienen instaladas con el sistema operativo, todo marchará bien.

El color del texto

El color juega un papel importante en la lectura, y debe ser elegido junto con el color de fondo. Por lo general se prefiere el negro para el texto normal o un gris oscuro. No se suele utilizar azul o morado, ya que esos colores están reservados para los hipervínculos, de forma predeterminada.

El color de fondo

Con respecto al color de fondo, tenemos que tener en cuenta que debe facilitar la lectura. El fondo es importante, ya que la mayor parte de nuestra página debe ser "fondo". El color blanco es uno de los que que mejor funcionan para lograr una lectura fácil, aunque un color suave o pastel puede hacer aún mejor ese trabajo.

Lo que sí recomendamos evitar es el uso de fondos oscuros y textos claros, por ejemplo, fondo negro y texto blanco o amarillo. Estas combinaciones cansan mucho la vista y hacen que la página se vuelva muy molesta para leer.

La disposición del texto

El texto en la web debe disponerse en una única columna. No existe razón para colocarlo en dos columnas o más, ya que eso perjudicaría mucho la lectura, porque el usuario debería realizar un desplazamiento hasta el final de la hoja, volver hasta arriba para comenzar a leer la segunda columna y nuevamente volver a desplazarse hasta abajo. El único caso en donde se justificaría tal diseño sería en alguno donde se asegurase que el desplazamiento de la página, en forma vertical, no fuera necesario, es decir, cuando entrara todo en la misma hoja.

Por esta misma razón, encontraremos que el ancho de los bloques de texto nunca suele sobrepasar un ancho determinado. Es conveniente que el ancho del bloque no vaya de punta a punta en la página, ya que esto hace que el lector se pierda al comenzar cada nuevo renglón. Lo que se hace para evitar esto es mantener un ancho fijo para el texto, que suele ser del 50% del ancho de la página o un poco más, aproximadamente.

Estilos de texto

Los textos en negrita ayudan a facilitar la lectura; y es altamente recomendable utilizarla en donde se pueda, aunque sin abuso. Con negrita se pueden destacar:

- **Frases importantes:** El ministro dijo que **únicamente los jubilados** cobrarán el lunes.
- **Nombres propios:** El arquero de la selección de handball, **Jorge Ferro**, dijo que fue un buen partido.
- **Marcas**: **Monosoft** anunció la pronta salida de uno de sus títulos más esperados.
- **Títulos de obras** (libros, revistas, CD-ROMs)**:** El mes que viene sale a la venta el libro **Diseño web**.

Un texto con negritas, correctamente colocadas es mucho más fácil de leer a primera vista, ya que con una corta mirada es posible rescatar frases y palabras importantes. Esto puede conducir directamente la atención del lector a la parte de la noticia que quiere leer o bien permitirle saber en forma rápida si el texto es de su interés.
El uso de la cursiva, itálica o bastardilla, también permite destacar algunos sectores del texto, aunque no es tan visible a simple vista como la negrita. Los posibles usos de la cursiva son los siguientes:
- Títulos de obras.
- Palabras en otro idioma o en una jerga específica.
- Epígrafes o copetes.
- Citas de frases textuales.
- Respuestas a preguntas en entrevistas.

Con respecto a los textos todos en mayúsculas, deben reservarse únicamente para títulos o, subtítulos. El texto común en mayúsculas es muy difícil de leer y suele ocupar mucho más espacio que en minúsculas.

ESPACIO ENTRE PÁRRAFOS

Estudie la necesidad o no de aumentar o disminuir la separación entre los párrafos de contenido, y divida en dos o más páginas un texto cuando sea necesario. Normalmente, los navegadores dejan un espacio igual a dos saltos de línea entre cada párrafo, y esto es fácilmente manejable mediante CSS. Realice todo lo necesario para que el lector se sienta lo más cómodo posible.

Finalmente, recomendamos no utilizar subrayado en frases o textos que no son hipervínculos. Los usuarios de la Web están acostumbrados a que todo texto subrayado es un hipervínculo, por lo tanto no debemos desalentarlos colocándoles textos o frases que al cliquearlos no obtendrán ningún efecto. Por otro lado, no es mala idea mantener el estilo subrayado y azul en los hipervínculos, sobre todo en aquellos que forman parte del texto normal. En los títulos podrían modificarse, para cuidar un poco el diseño, quitándole el subrayado con la propiedad **text-decoration: none**, de CSS.

Imprimir

Lamentablemente, las páginas web fueron creadas y son diseñadas principalmente para visualizarse a través de la pantalla. Imprimir una página web no siempre resulta una tarea fácil. Muchos usuarios necesitan traspasar la información que se visualiza en las páginas web a un formato impreso por diversos motivos: comodidad, archivado, transporte, facilidad de legibilidad, etc.

Sin embargo, muchas páginas web son ciertamente imposibles de imprimir; el diseño muchas veces hace que las páginas salgan cortadas, con recuadros o información irrelevante, como botones, buscadores, banners o anuncios. Y ni hablar de las páginas que tienen colores de fondo fuertes y textos en colores claros; imprimir estas páginas ciertamente le resultaría muy caro al usuario.

Versión para imprimir

Una solución que muchos sitios, por suerte, han comenzado a adoptar, es la inclusión de un link en cada una de las páginas que el usuario pueda llegar a necesitar imprimir. Este link nos redirige a una versión imprimible del documento.

Es recomendable crear versiones imprimibles de toda clase de documentos que puedan resultar útiles para los usuarios y que puedan llegar a interesarles conservar de esta forma. Por ejemplo, artículos de una revista, listas de precios, catálogos de productos, etc., son un buen ejemplo de información que los usuarios pueden llegar a necesitar imprimir.

La página para imprimir de un sitio web debe contener la información que el usuario necesita, prescindiendo de todo lo accesorio, como banners, botones, barras de navegación, buscadores y demás adornos. Una página de impresión típica suele contener un discreto logo del sitio, el título del artículo a imprimir y el texto. Tal vez pueda resultar interesante colocar al final, y en forma discreta, la URL en donde se puede encontrar el documento HTML original.

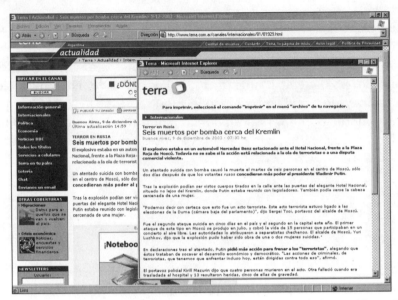

Figura 4. *Un ejemplo de página para visualización y página de impresión, utilizado
por el sitio **www.terra.com.ar**. Se le puede criticar el mensaje
que "enseña" a imprimir y algunos links que permanecen, innecesariamente.*

Uso de CSS

CSS significa Cascade Style Sheet (Hoja de estilos en cascada, en español). Hablaremos más adelante y con mayor detenimiento sobre esta herramienta en el **Capítulo 8**. Lo que nos lleva a mencionar esta herramienta ahora es la ventaja que este tipo de páginas nos ofrece para crear páginas de impresión.

Los archivos CSS son archivos de texto, con extensión .css, que nos permiten definir el formato de diversos elementos de las páginas de nuestro sitio en un solo lugar, por medio de un lenguaje especial. Una de las ventajas que ofrece este lenguaje es la posibilidad de definir distintos estilos para diferentes medios. El medio por defecto es la pantalla, pero podemos definir estilos específicamente para la impresora.

Como veremos más adelante, se pueden declarar los estilos CSS de dos maneras: entre las etiquetas HTML **<style>** y **</style>** o mediante **<LINK rel="stylesheet" href=" estilos.css"**

¿LINKS QUE NO SON LINKS?

No conviene definir el estilo **underline** para otros textos que no sean hipervínculos. Puede ser muy frustrante para quienes visitan nuestro sitio encontrar textos subrayados y, al pretender hacer clic en ellos, descubrir que no existe un link que lleve a alguna parte.

type="text/css">, donde **estilos.css** debe ser un hipervínculo al archivo de estilos que debemos crear y subir a nuestro servidor. De esta forma definimos todos los estilos a utilizar en el medio por defecto.

Para definir el formato que deseamos darle al texto al momento de la impresión, simplemente debemos añadir la propiedad **media="print"**. Para entenderlo mejor, veamos el código de un ejemplo:

```html
<html>
<head>
<title>P&aacute;gina de prueba</title>

<style type="text/css">
body {background: black; color: yellow}
</style>

<style type="text/css" media=print">
body {background: white; color: black}
</style>

</head>
<body>
<p>Las cataratas del Iguaz&uacute; se encuentran en la provincia de
Misiones.</p>
</body>
</html>
```

Observamos que hemos realizado dos definiciones de estilos, en donde, en la primera, establecemos el color de fondo negro (**black**) para el elemento **<body>** y el color amarillo (**yellow**) para todo texto que aparezca en él. La segunda definición de estilos está destinada a la impresora; por ella lleva la propiedad **media="print"**. Aquí definimos un formato más adecuado al medio: fondo blanco (**white**) y texto color negro. Obviamente, no veremos estos cambios hasta que imprimamos la página.

Versión en PDF

Muchos sitios web optan por poner una versión en PDF de muchos de sus documentos importantes. Se trata, en general de documentos que la gente seguramente querrá imprimir. Lo malo es que, muchas veces, esta es la única alternativa que nos dan.

En la **Figura 5**, podemos ver la página que presenta las nuevas características de la última versión de Photoshop. Sin embargo, si queremos conocer la lista completa, deberemos bajarnos un documento en formato PDF de 1,8 MB. Si bien seguramente no se pensó como una opción para imprimir, es la única alternativa a la vista.

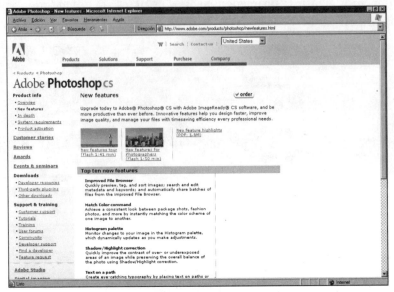

Figura 5. El sitio de Photoshop ofrece las nuevas características del programa en un archivo PDF de 1,8 MB.

Lo más recomendable es ofrecer el contenido del sitio tanto en formato HTML como en PDF, como alternativa para imprimir. El formato PDF es mucho más recomendado para impresión que una página HTML, por más que sea diseñada especialmente para imprimir, ya que el PDF representa el documento tal cual se lo imprimirá en la impresora. La desventaja de los PDFs es que su tamaño suele ser varias veces superior al tamaño de una página web.

Otra desventaja del uso de PDFs es que en algunos navegadores, como Internet Explorer y Netscape, los documentos se abren directamente en la pantalla de los navegadores. Esto puede parecer útil en algunas ocasiones, pero es realmente una molestia y es justo lo contrario de lo que estamos tratando de evitar. Mientras que el medio del

EL FORMATO PDF

Si decidimos subir al sitio parte del contenido en formato PDF, siempre es conveniente incluir en la página el vínculo al lector de archivos PDF, para que el usuario que no disponga del programa pueda bajarlo.

MICROSOFT READER

El formato PDF es el más popular aunque no el único. Microsoft también dispone de un lector que permite visualizar un contenido con el mismo formato de un libro o una revista. Más información en www.microsoft.com/reader.

HTML es la pantalla, el medio del PDF es la impresora y deberíamos evitar poner contenido en este formato para que los usuarios naveguen a través de su pantalla.

Sin dudas, las ventajas del formato PDF tienen mucho más peso que las desventajas, por lo que recomendamos su adopción. Además, con el uso de PHP, es posible generar documentos PDF dinámicamente, a partir de páginas web ya existentes o de contenido almacenado en una base de datos. ASP no brinda esta posibilidad en forma directa sino con el uso de un componente externo que se debe instalar en el servidor, como ASPPDF, de Persits (**www.persits.com**).

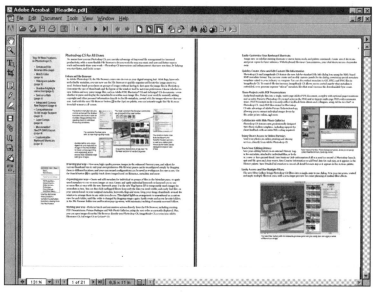

Figura 6. Al descargar el archivo PDF de la página de Photoshop comprobamos que el contenido podría haberse dispuesto con mucha facilidad en una página HTML de igual forma.

Versión alternativa

Existe una forma estándar, recomendada por el World Wide Web Consortium (W3C) que establece que se pueda colocar un código especial en una página web cualquiera de modo que, al imprimirla, se descargue automáticamente la versión imprimible de ella.

COMPRESIÓN

Los archivos PDF pueden tener diferentes modos de compresión. Al crear un documento PDF, esto puede definirse, aumentando o disminuyendo el peso final. Solo será conveniente una alta calidad de compresión cuando en el archivo haya fotografías.

Lamentablemente este estándar no ha sido incorporado por muchos navegadores; los usuarios todavía tendrán que descargar el contenido de forma manual.

El código hay que colocarlo dentro de la sección **<head>**:

```
<link rel="alternate" media="print" href="impresion/documento01.pdf"
type="application/pdf">
```

Sea cual sea la página que estamos visualizando, si incluye este código, cuando el usuario presione el botón **Imprimir** de su navegador, lo que en realidad se imprimirá será el archivo **documento01.pdf**.

Hacer que un texto sea imprimible no es un aspecto menor. Cualquier persona que desee guardar algún dato mencionado en nuestra página, debe poder hacerlo con total facilidad. Sobre este aspecto también se refiere el punto siguiente.

Archivar

Así como en el tema anterior hablamos de diversos métodos para ayudar a los usuarios a imprimir una página web, también puede ser interesante facilitarles la tarea de archivado de la página web. Cuando un usuario trata de guardar una página web en su disco, los navegadores suelen crear una copia del documento en versión HTML, con un nombre provisto por el usuario y una carpeta que contiene todos los documentos vinculados a esa página, como imágenes, videos, archivos de Flash, etc.

Pero lo que sucede es que, de manera similar a lo que sucedía cuando imprimíamos una página cualquiera, se suelen descargar muchos archivos innecesarios, que seguramente no son lo que el usuario requería. Por esto nuestra propuesta es facilitar al usuario el archivado de una versión fácil de archivar y visualizar en su PC.

Por ejemplo, una lista de precios on line puede ser difícil de visualizar; podemos hacer una versión imprimible, pero aún sería difícil de guardar y utilizar por el usuario.

EL PESO DE LOS ARCHIVOS

Al momento de dejar un archivo disponible para que otros usuarios lo bajen, siempre controle el peso, ya que no todos nuestros visitantes contarán con una conexión de banda ancha.

Para un caso como este, lo ideal es ofrecer esa lista de precios en un formato realmente cómodo: Excel parece ser una buena opción. Incluso, si trabajamos con algún lenguaje dinámico (ASP o PHP), podemos crear tanto el documento HTML como el XLS a partir del mismo origen de datos, sin más que con dos scripts.

De la misma forma también podemos ofrecer documentos importantes, con facilidad de archivado en formato DOC, PDF, RTF, etc., proporcionando, además, la posibilidad de una impresión más cómoda, como vimos en el tema anterior.

La importancia del contenido

El contenido es lo que sostiene nuestra página. Lo más importante para que un sitio Web sea exitoso es que para sus usuarios resulte una fuente de información confiable y siempre actualizada. Una merma en cualquiera de estas dos variantes se sentirá automáticamente en las visitas totales del sitio, así como también en el prestigio de la empresa a que representa. Por eso es necesario tener un especial cuidado en mantener una constante actualización, y controlar que los vínculos mencionados en que cada página funcionen correctamente. Hay pocas cosas más engorrosas en Internet que encontrarnos con un vínculo que no apunta a ningun lado.

Resulta necesario también mantener constantemente un feedback con los visitantes, ofreciendo al menos un mail de contacto que les permita los usuarios resolver dudas. Pero Internet es sin dudas el medio de comunicación que más herramientas ofrece en este sentido. Crear un foro o una sección de chat, puede ayudar a la interactividad general.

Resumen del capítulo

En este capítulo nos abocamos a las distintas formas de presentar el contenido del sitio. Analizamos la mejor manera de acomodar un texto largo y los métodos para aplicar hipervínculos. Vimos también las formas de disponer el texto sobre la página para mantener la legibilidad. Además, aspectos a tener en cuenta para que el texto sea imprimible y también para que cualquier usuario pueda almacenar información en su PC. Y finalmente, algunas de las ventajas de trabajar con una hoja de estilos.

Actividades propuestas

Pruebe escribir un texto en Dreaweaver o en otra herramienta de diseño web y aplique diferentes estilos que permitan identificar los diferentes tipos de texto: títulos, texto, hipervínculos, nombre de la sección, etc. Con las características definidas, arme una hoja de estilos. La página finalizada debe cumplir con las siguientes características:

» El texto debe ser legible. Esto es dependiente de la fuente empleada.
» Deben estar identificados con un diseño diferente cada uno de los niveles de texto: sección, título, subtítulo y texto.
» El texto debe poder imprimirse sin problemas.
» Incluya al menos 2 hipervínculos, uno que conduzca a un contenido interno del sitio y otro a un sitio web externo.

El contenido presentado correctamente ayudará a los visitantes a acceder a la información de forma rápida. Este aspecto del diseño permite al lector sentirse cómodo en una página para navegarla con frecuencia.

Cuestionario

1/ ¿Cuáles son los aspectos a tener en cuenta al momento de trabajar con textos largos?
2/ ¿Qué es un hipervínculo? ¿Qué ventajas nos ofrece y en qué momentos es recomendable emplearlos?
3/ ¿Qué niveles de títulos podemos emplear?
4/ ¿Qué aspectos definen la legibilidad de un texto?
5/ ¿Cuáles son los diferentes usos que son recomendables hacer de una fuente en cursiva?
6/ ¿Para qué tipo de texto resulta conveniente disponer de una versión para impresora?
7/ ¿Qué significa tener una versión en PDF de un texto?
8/ ¿Qué son y qué beneficios nos ofrece la Hoja de estilos?
9/ Nombre al menos dos formatos que pueden ofrecerse al navegante para guardar el contenido de un sitio web.
10/ ¿Cuál es el tag HTML que se emplea para ingresar las características de una Hoja de estilos?

Capítulo 4

Imágenes para la Web

El manejo de imágenes para la Web requiere tomar en cuenta ciertas características propias del medio. Por ejemplo, si tenemos fotografías utilizadas en algún catálogo comercial y las queremos publicar en un catálogo on line, habrá que tomar cada imagen y adaptarla a un formato óptimo para Internet. Estas características surgen de cómo se visualizan las imágenes en Internet, de los formatos y calidad de la pantalla, pero sobre todo teniendo en cuenta las velocidades de transferencia de datos y las capacidades de la Red.

HTML y JavaScript

SERVICIO DE ATENCIÓN AL LECTOR: lectores@tectimes.com

Tipos de imágenes

Tradicionalmente, podemos establecer dos tipos de imágenes digitales: los mapas de bits y los gráficos vectoriales. La diferencia entre estos dos formatos es bastante simple. En los **mapas de bits** las características de las figuras que componen una imagen cualquiera se definen a partir de píxeles; cada imagen está conformada entonces por una retícula de puntos y la conjunción de puntos de diversos colores hará que a cierta distancia (cuando los puntos son muy pequeños) se forme una imagen.

Por otro lado, los **gráficos vectoriales** se establecen como curvas (vectores) que se definen de forma matemática. En la práctica, esto implica un tamaño de archivo mucho menor, a la vez que no se pierde calidad si se quiere agrandar o imprimir una imagen vectorial (contrariamente a lo que sucede con un mapa de bits).

Para diseño web, estas diferencias resultan importantes más que nada en la forma de creación de las imágenes. Esto resulta así, ya que actualmente solo se utilizan gráficos vectoriales en las animaciones Flash (**Capítulo 9**). El resto de las imágenes se utilizan como mapa de bits; por más que se generen en un programa como Illustrator (uno de los programas más utilizados para trabajar con gráficos vectoriales), será necesario exportar cada imagen a un formato `GIF` o `JPG` (archivos de mapas de bits).

Tamaño, resolución, tipo y formato

Hay algunos detalles que se deben conocer y tener presentes con respecto a las imágenes antes de comenzar a trabajar con ellas. Lo importante siempre es conservar la máxima calidad en el diseño sin que esto signifique un peso excesivo en los archivos de la página, haciendo lenta su carga y visualización. Como veremos, es posible automatizar algunos procesos y convertir las imágenes a su forma óptima, pero antes veremos para qué, por qué y qué es lo que haremos.

En principio, las imágenes deberán ser de modo **RGB** (en español, RVA), la forma como se forman los colores con luz, mezclando rojo, verde y azul. Al visualizar las características de una imagen con cualquier programa de diseño, deberá encontrar esta propiedad. Si las imágenes son escaneadas de un original o tomadas con una cámara digital, seguramente ya estarán en modo RGB. Caso contrario, deberá transformarlas; para hacerlo, en Photoshop, con la imagen abierta vaya al menú **Image**, seleccione la opción **Mode** y allí elija **RGB Color** (**Figura 1**). Efectúe esta tarea antes de comenzar a trabajar con una imagen.

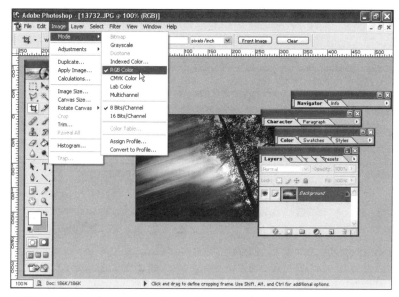

Figura 1. *Desde este menú puede comprobar si la imagen es RGB.*

Con respecto a la **resolución**, es fundamental que las imágenes estén optimizadas y no tengan más resolución que la que podrá visualizar quien ingresa al sitio. Colocar una imagen "pesada" hace que un sitio cargue lento en el navegador del visitante; pensando en una página web con tres imágenes pesadas, puede hacer que el visitante no espere a que se cargue la totalidad y cancele su visita. Teniendo en cuenta que la mayoría de los usuarios se conecta a Internet a través de conexiones dial-up, hay que considerar el peso de cada imagen que se coloca en cada página de nuestro sitio.

Una resolución de **72 dpi** (puntos por pulgada) alcanza para visualizar una imagen en pantalla. Para modificar la resolución de una imagen hay que llevarla al tamaño en el que la usaremos y en ese tamaño aplicarle la resolución de **72 dpi**. En Photoshop, ingrese en **Image** y seleccione la opción **Image Size**.

Allí, primero hay que asegurarse de que estén marcadas las dos opciones inferiores (**Constrain Proportions** y **Resample Image**). En **Resolution**, indicaremos 72 (píxeles/inch) y luego podremos modificar el tamaño de la imagen en píxeles (en la parte superior) o en centímetros, según cómo estemos trabajando; seguramente, en píxeles, ya que esta unidad será la que usaremos luego en Dreamweaver.

MUCHAS IMÁGENES

Recuerde que un sitio es más lento cuanto mayor cantidad de imágenes posea. Lo más conveniente entonces es no sobrecargar la página.

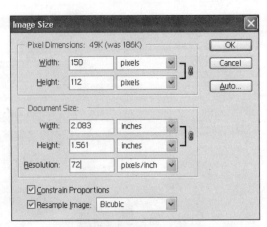

Figura 2. En este caso, además de bajar la resolución a 72 dpi, llevamos el ancho de la imagen a 150 píxeles, el tamaño que utilizaremos para todas las fotografías destacadas de nuestro sitio. En la parte superior de este cuadro, veremos el peso del archivo actual y del anterior.

Si se trata de una fotografía o un gráfico con muchos colores, deberemos guardarlo como **JPG**. La calidad puede variar según el tipo de elemento, pero una calidad media suele resultar suficiente.

En cambio, al tratarse de logotipos, dibujos o imágenes compuestas por pocos colores, se pueden guardar como **GIF**. Los archivos de este tipo guardan solo la cantidad de colores utilizados, por lo que el peso del archivo suele resultar menor si se trata de imágenes con poca cantidad de colores, como vimos en el **Capítulo 2**.

A partir de sus últimas versiones, Photoshop tiene muchas opciones para el trabajo en la Web. Una de ellas, **Guardar para la Web**, permite trabajar con archivos de Photoshop u otro formato y luego el mismo programa se encarga de transformar y optimizar cada imagen al momento de exportarla.

Luego de trabajar con una imagen en Photoshop, entonces, cuando esta está lista solo deberemos dirigirnos al menú **File** y allí elegir **Save for Web...**.

En ese cuadro de opciones, deberemos establecer el formato como se guardará la imagen y otros parámetros. También veremos el peso que tendrá el archivo y cómo se verá según los parámetros que vayamos estableciendo, lo que nos será útil para decidir un estilo.

Luego de elegir todos los parámetros, solo hay que presionar **Save** y elegir el nombre del archivo y la carpeta donde se guardará.

DATOS ÚTILES

IMÁGENES ANIMADAS

Las imágenes GIF animadas pueden ser muy atractivas para llamar la atención sobre, por ejemplo, alguna novedad de nuestro sitio. No las utilice en exceso, ya que pueden resultar muy confusas para el visitante.

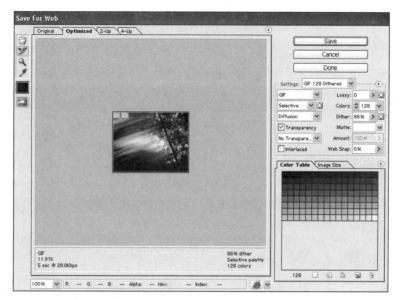

Figura 3. *En este cuadro de diálogo, se puede seleccionar cómo se quiere almacenar la imagen para la Web. Además, se puede ver a la izquierda, la calidad en que quedará la imagen y su peso al elegir las distintas opciones (**GIF**, **JPG** y sus distintas calidades).*

Mejorar las imágenes con Photoshop

Una herramienta como Photoshop no solo sirve para optimizar el tamaño y la resolución de las imágenes para sitios web. Este programa es el líder indiscutido para retocar y mejorar casi todos los aspectos de las imágenes, principalmente fotografías. Veamos algunas de esas herramientas, las más utilizadas para el diseño web.

Recortar imágenes

Muchas veces, de una imagen original solo es necesario mostrar una parte. Además, si el espacio es reducido, es preferible que se vea un detalle de una fotografía a que se visualicen muchos elementos difícilmente reconocibles.

En estos casos, una simple herramienta de Photoshop permite recortar y dejar visible solo una parte de una imagen, lo que se quiere mostrar. Es recomendable usar esta herramienta con el panel Info a la vista, ya que así nos permitirá ajustar el tamaño de la imagen con exactitud de acuerdo al espacio que necesitamos ocupar.

Recortar una imagen   PASO A PASO

1 Supongamos que tenemos la siguiente imagen original (de **1000 x 600 píxeles**) y por las características de nuestro diseño necesitamos que esa imagen tenga un ancho de 550 píxeles.

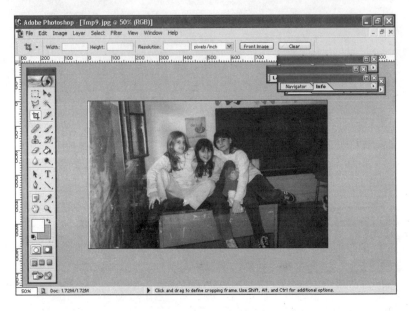

2 Una opción sería achicar la imagen, desde la opción **Image Size...** del menú **Image**. Sin embargo, en este caso, al disminuir el tamaño, las personas que se encuentran fotografiadas se verían muy pequeñas. Además, la imagen tiene a los costados partes que pueden quitarse sin problemas.

3 Para recortar el sector de la imagen que queremos mostrar, hay que elegir la herramienta **Crop** y visualizar la paleta **Info**, para hacer el recorte más exacto.

OTRA OPCIÓN

DATOS ÚTILES

ACDSee es otra excelente herramienta con la que podrá convertir muy rápidamente el formato de las imágenes y recortar su tamaño. Puede obtener una versión de prueba desde **www.acdsystems.com**.

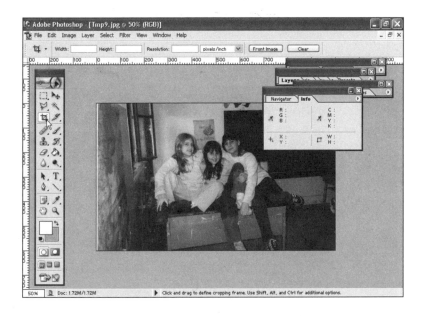

4 Ahora, con la herramienta **Crop** deberemos realizar un rectángulo, dibujándolo con el mouse, seleccionando el sector de la fotografía que queremos cortar. Mantenga el botón del mouse apretado mientras realiza la selección.

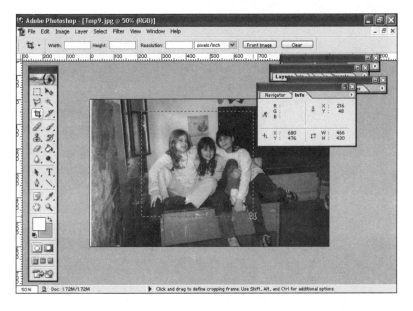

5 Ahora, teniendo en cuenta los valores que se van visualizando en la paleta **Info** (**W** representa el ancho total de la imagen, y **H** el largo), deberemos asignarle al recorte los valores exactos que necesitamos para nuestro diseño. En este caso, el recorte quedará cuadrado de **500 x 500 píxeles**.

6 Para finalizar, hay que presionar **ENTER**. De esta manera, el área que quedó fuera de nuestra selección se eliminará de la imagen.

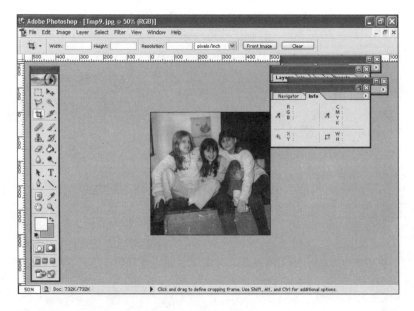

Eliminar impurezas

La herramienta **Clone Stamp** es una de las más útiles al momento de retocar imágenes. Permite corregir defectos e impurezas copiando (o clonando) una parte de una imagen en otra. De esta forma, no solo se puede borrar o pintar una área, sino que permite eliminar el error o defecto de forma mucho más natural y sutil.

Básicamente, el uso de esta herramienta se hace en dos pasos. Primero hay que seleccionar qué parte de la imagen se va a tomar como base para copiar. Luego, se deberá comenzar la copia. Un punto importante es que al usar la herramienta la base o referencia se irá moviendo como se mueva el mouse, por lo tanto no quedará siempre con el mismo color, sino que se irá adecuando al contexto. Veamos un ejemplo de cómo eliminar una rayadura, de una foto escaneada o una imperfección en un rostro.

Borrar una rayadura   PASO A PASO

1 Para solucionar este tipo de detalles, lo ideal es acercarse, aunque no demasiado para evitar perder el contexto en el que se trabaja.

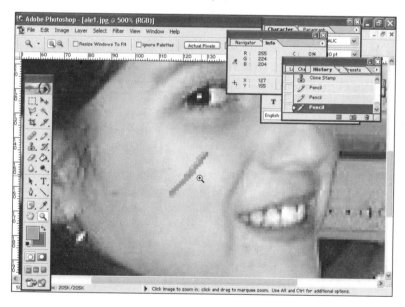

2 Ahora seleccionamos la herramienta **Clone Stamp**, la principal que utilizaremos a lo largo de todo el procedimiento.

UNA COPIA DE RESGUARDO

DATOS ÚTILES

Siempre guarde una copia de resguardo de la imagen antes de realizar cualquier modificación, ya que resultará difícil volver atrás en caso de que algo salga mal.

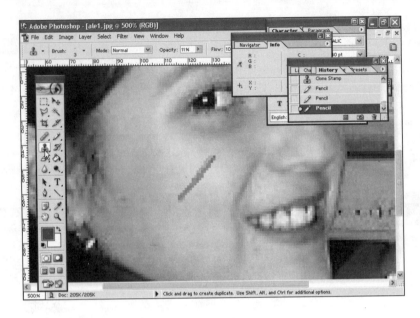

3 También hay que definir el tamaño con el que esta herramienta pintará. Esto dependerá, en este caso, del grosor de la rayadura. Despliegue las opciones de **Brush** y utilice el manejador de tamaño hasta mostrar la selección ideal.

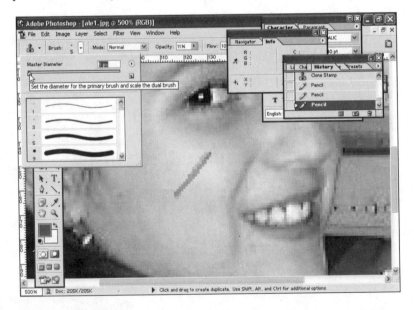

4 Para indicar de dónde tomará el color, hay que presionar **ALT** mientras se hace clic en un sector cercano que esté en buenas condiciones (lo más cercano al lugar de la rayadura, para obtener el mismo efecto de brillo). Veremos que en la paleta de la barra de herramientas se indica el color seleccionado.

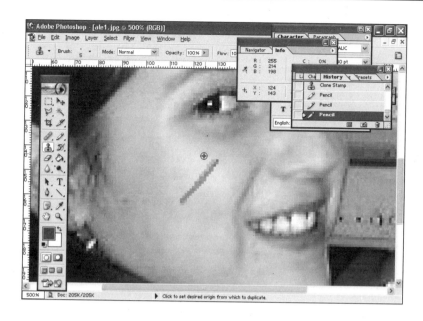

5 Ahora, comenzaremos a borrar la imperfección, haciendo clic sobre ella. Como puede verse, a medida que se desplaza el mouse mientras se va pintando, también se va moviendo la referencia (indicada con una cruz). Realice la tarea con mucho cuidado, y vuelva un paso atras utilizando el historial si lo cree necesario.

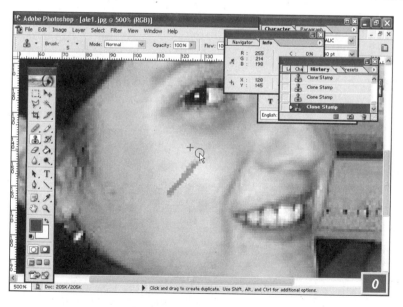

6 Para algunos casos, como este, en los que se necesita mantener ciertos atributos del original (como pueden ser sombras o brillos), se puede bajar el porcentaje de opacidad de la herramienta.

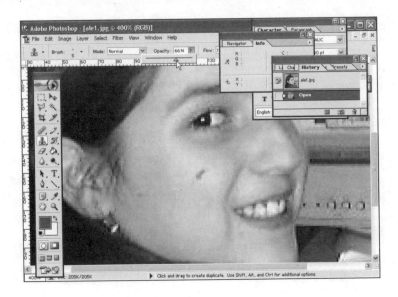

7 Así, al aplicar la herramienta clon, cada vez que se haga clic solo se pintará al 65%, pudiendo lograr efectos mucho más reales al no eliminar por completo la imagen original. Como vemos, el resultado es impecable.

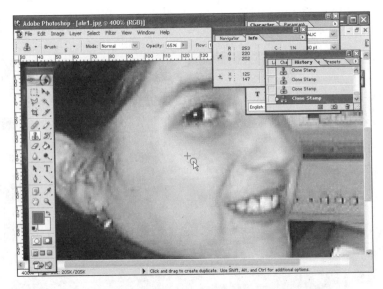

EL TAMAÑO DE LA IMAGEN

DATOS ÚTILES

Al insertar una imagen en un sitio web, podrá definir su tamaño, independientemente del tamaño real que esta posea. Podrá, por ejemplo, insertar imágenes grandes y de alta calidad como botones o iconos. A pesar de que los programas de dise-ño web ofrecen esta posibilidad, es en estos casos en que resulta conveniente reducir el tamaño de la imagen real ya que, de no hacerlo, aumentaremos innecesariamente el tiempo de carga de la página.

Mejorar el color

Las opciones de mejora en el color de las fotografías son muchas y bastante eficaces. Solo es necesario tener una idea de qué usar para cada caso y cómo utilizarlas para que las imágenes queden balanceadas, sin que parezca exagerado. Generalmente es necesario llevar a cabo esta tarea con cualquier imagen escaneada, ya que la misma suele perder las propiedades de brillo y color que contenía en el original en papel.

Dentro del menú **Image/Adjustments** se encuentran varias opciones para el manejo de los colores de la imagen.

- **Levels:** una de las principales herramientas que se pueden utilizar es **Levels**, ajustando los tonos más claros, los medios y los oscuros, modificando el histograma de color.

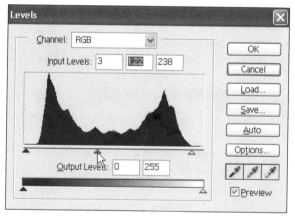

Figura 4. Desplazando los manejadores se pueden controlar estos tres aspectos. Moviéndolos hacia la derecha, se oscurecen, mientras que hacia la izquierda se aclaran.

- **Curves:** una herramienta similar permite transformar la curva tonal total de una imagen. En las imágenes de tipo **RGB**, como es el caso de las imágenes para la Web, la fotografía se oscurece bajando la curva y se aclara, subiéndola.

Además, es posible trabajar con la curva total, seleccionando el canal **RGB**, o con los colores por separado, seleccionando alguno (rojo, azul o verde). Así, es posible ajustar mucho más en detalle los colores.

MAPA DE IMAGEN

Los Mapas de imagen son imágenes que tienen sobre sus superficies vínculos a distintos sitios en Internet. Los programas de diseño web cuentan generalmente con una herramienta para crear este efecto.

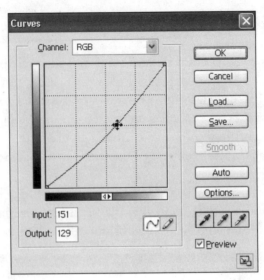

Figura 5. Llevando hacia abajo la curva tonal lograremos oscurecer la imagen. Según cada fotografía, deberemos ajustar las opciones.

• **Color Balance:** con esta herramienta podremos ajustar el equilibrio de colores en una fotografía de manera muy sencilla, pudiendo corregir los principales y más comunes defectos de color.

En el cuadro de diálogo, se trabaja con los tonos oscuros o sombras (**Shadows**), tonos medios (**Midtones**) y tonos claros (**Highligths**) por separado. Luego de marcar una de estas opciones, se comienza a equilibrar los colores; solo hay que desplazar los manejadores y observar los resultados (deberá estar marcada la opción **Preview**).

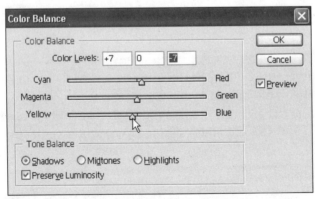

Figura 6. Lo ideal es no exagerar con un color, ya que la foto virará hacia ese tono.

• **Brightness/Contrast:** en este caso, los ajustes que se utilizan son mínimos y para retocar fácilmente o finalizar una imagen. El brillo y contraste son dos herramientas fáciles de usar, pero que no tienen mayores ajustes, por lo que resultan muy básicas.

El brillo agrega luminosidad a una imagen mientras que el contraste aumenta la diferencia entre los tonos claros y oscuros. Se suele usar más el contraste que el brillo y lo ideal es no usar más de tres a cinco puntos de este comando.

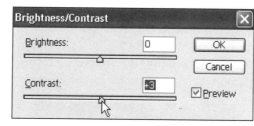

Figura 7. Esta herramienta suele utilizarse con imágenes que ya fueron retocadas.

Filtros

Otra forma de aplicar diferentes efectos sobre una imagen en Photoshop es utilizar filtros. Los distintos filtros se utilizan con diversos fines y, básicamente, permiten modificar en forma rápida una imagen con distintas características.

Todos los filtros disponibles en Photoshop se encuentran dentro del menú **Filter**; muchos de ellos son agregados al programa original, ya que son creados por otros desarrolladores para permitir distintos efectos.

Cada filtro permite ajustar distintos parámetros para adecuar el efecto a lo que necesitemos en cada caso. Los filtros se aplican a la capa en la que se está trabajando.

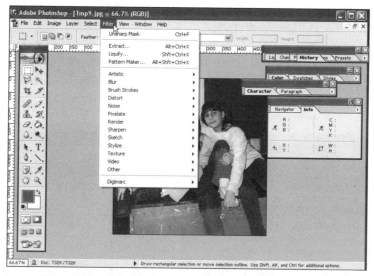

Figura 8. Los filtros están agrupados en categorías, todas dentro del menú Filter.

Los filtros disponibles en Photoshop son muchos y, como ya dijimos, se pueden agregar a través de plug-ins o agregados de distintos fabricantes (algunos gratuitos y otros pagos). Encontrará la versión de prueba de muchos de estos filtros en Internet. Veamos algunos ejemplos de los más utilizados:

• **Filtros artísiticos:** un filtro artístico, por ejemplo, permite transformar una fotografía en una pintura, logrando rápidamente un buen efecto para algunas ocasiones. Pruebe los diferentes parámetros hasta obtener el efecto buscado.

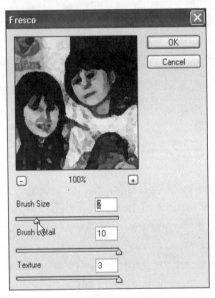

*Figura 9. En este caso, utilizamos el filtro **Fresco**, que permite regular el tamaño del pincel, el detalle y la textura.*

• **Enfoque**: este filtro es más útil que atractivo, ya que permite corregir algunos efectos en el enfoque de las imágenes. Lo que hace es darle mayor nitidez a determinadas zonas de la imagen. Para utilizar esta opción hay que ingresar al menú **Filter** y seleccionar las opciones **Sharpen/Unsharp Mask**. Según cada imagen, habrá que ir modificando los parámetros hasta obtener un efecto natural de enfoque.

MÁS DE UNO

Puede aplicar más de un filtro sobre la misma imagen, pero no se exceda con estas opciones. En muchos casos, la imagen original resulta tener mejor efecto que la retocada.

Figura 10. Si en una imagen no hay foco, no aparecerá con el filtro. Éste sólo mejora o corrige algunos defectos. Hay que usar con moderación para que no parezca forzado.

- **Destramar**: este filtro se utiliza en las imágenes que fueron escaneadas de publicaciones impresas, como libros y revistas. Lo que hace es quitarle a la imagen la trama que se formó al imprimirse; esta trama que no se ve a simple vista, se hace notoria al bajarle la resolución o al acercarse a una imagen. Esta opción no tiene parámetros para definir y solamente hay que aplicar el filtro, desde **Filter/Noise/Despeckle**.

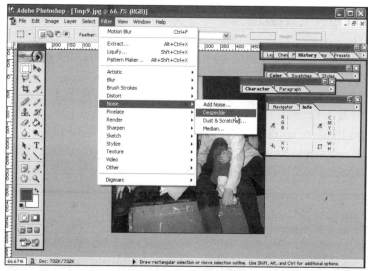

Figura 11. Utilice esta opción siempre que tome imágenes de un libro o revista. También se pueden destramar las imágenes en el momento de escanearla.

- **Desenfoque**: las opciones de desenfoque son bastante útiles en algunos casos. Por ejemplo, para dar mayor importancia a un retrato, es posible desenfocar el fondo (seleccionándolo previamente). De la misma forma puede aplicarse un filtro de desenfoque de movimiento (**Motion Blur**), para simular velocidad.

Los distintos tipos de filtros de desenfoque se encuentran dentro de **Filter/Blur**.

Figura 12. Así, aplicando un desenfoque de movimiento al fondo, se puede destacar mucho más las figuras centrales.

Trabajar con capas

Pasando a un trabajo más específico de diseño, en el que se utilizan muchos elementos distintos para la realización de una imagen, el trabajo con capas resulta fundamental. Las capas permiten mantener separados los elementos y así poder trabajarlos por separado hasta el final del trabajo, donde se unirán para generar el **JPG** o **GIF** final.

Por ejemplo, podríamos tener una foto en una capa, un texto en otra y un logotipo en otra. De esta manera, en caso de querer modificar el texto o retocar la fotografía, simplemente trabajaremos con la capa correspondiente, en lugar de con toda la imagen.

GRABAR UNA IMAGEN

Al grabar una imagen, podremos utilizar la opción Save For Web. Con esta herramienta tendremos la posibilidad de previsualizar la imagen en distintos navegadores.

Cada texto que se escribe o cada elemento que se pega en Photoshop se incluye en una capa separada. Para ver las distintas capas que posee un archivo, hay que visualizar el panel **Layers**. El panel **Layers** permite visualizar u ocultar una capa, bloquear su modificación, vincular varias capas entre sí, modificar su opacidad, así como aplicar distintos efectos. También permite definir el orden de cada capa, ya que cada una se aplica sobre las demás.

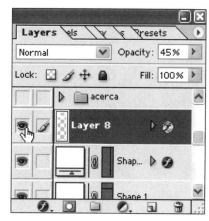

Figura 13. Por ejemplo, se puede ocultar una capa
para, momentáneamente, generar otra imagen.

También resultan muy útiles en el trabajo con muchos elementos, las carpetas de capas. De esta manera, se pueden mantener agrupadas las capas correspondientes a una sección de nuestro sitio y mostrarlas solo en el momento de hacer el **JPG** final.
Para generar una nueva carpeta de capas (**Layer set**), simplemente hay que desplegar el menú del panel **Layers** y allí elegir **New Layer Set...**

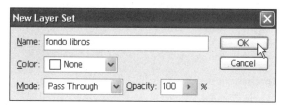

Figura 14. En este cuadro de diálogo, colocaremos el nombre del grupo.
Luego, podremos ir incorporando las nuevas capas dentro de él.

Estas herramientas resultan fundamentales, por ejemplo, al realizar las botoneras de un sitio web. Si cada sección tendrá distintas subsecciones, podríamos hacer un **Layer set** para cada sección donde se incluyan los nombres de las subsecciones. Así, solo deberíamos realizar los elementos comunes una sola vez, quedando visibles siempre. Luego de crear todas las capas, vamos a realizar las imágenes **JPG** para cada sección, ocultando momentáneamente las demás.

Figura 15. *El trabajo con capas resulta fundamental para organizar el contenido de diseños complejos.*

Crear un atajo para varias acciones

Un recurso poco conocido, pero de suma utilidad para este tipo de trabajos es la posibilidad de automatizar tareas. Si aplicamos dos o más tareas frecuentemente sobre todas las imágenes de nuestro sitio, podremos emplear esta opción para asegurarnos de no perder tiempo ni cometer errores. Para esto, Photoshop dispone de dos herramientas básicas: **Actions** y **Batch**.

Por ejemplo, si todas las imágenes de nuestro sitio deben tener un ancho determinado, además de ser **RGB** de **72 dpi**, podríamos generar un comando que las convirtiera con solo presionar una tecla y, para cuando tuviéramos que transformar varias imágenes, establecer cuáles y dejar que Photoshop trabajase solo.

AL MISMO TIEMPO

Al aplicar tareas de automatización con una gran cantidad de imágenes, en lo posible, no realice otros trabajos hasta que Photoshop haya cumplido con la tarea solicitada.

Crear la acción   PASO A PASO

1 Primero, abrimos una de las imágenes a transformar y visualizamos el panel **Actions** si no está a la vista.

2 Las acciones se graban de forma similar a las macros de Office, haciendo todos los pasos que se quieren guardar. Para empezar, generaremos una nueva acción, presionando el botón **Create New Action**.

Imágenes para la Web   4

3 En este cuadro de diálogo, estableceremos un nombre para identificar a la acción. También podremos asignar una tecla con la que se activará la acción. En este caso, **SHIFT+F3**. Para comenzar la grabación, presionaremos **Record**.

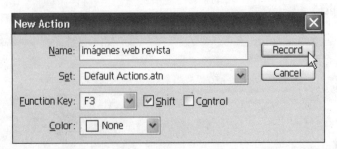

4 Ahora realizaremos todo lo que queremos guardar en el comando. Para empezar, vamos a **Image/Image Size**. Así, como ya explicamos, modificaremos la resolución (llevándola a **72 píxels/inch**) y modificaremos el ancho de la imagen a **450 píxeles**.

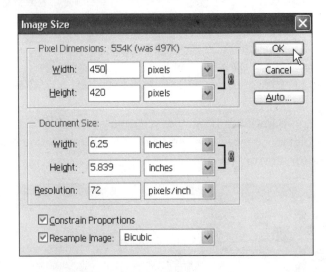

5 Siguiendo la grabación, ahora vamos a guardarla con ciertas características y en una carpeta diferente de la original. Vamos a **File/Save for web**, seleccionamos las opciones de calidad y presionamos **Save**.

EL TAMAÑO EN PÍXELES

Recuerde que la unidad de medida **"píxels"** es la que se utiliza también para definir la resolución de pantalla. Esto le podrá dar una idea más acabada del espacio que ocupará la imagen en el monitor. En el ejemplo, estamos creando una imagen de 450 x 420 píxeles, cuando la resolución típica de un monitor puede ser de 800 x 600 píxeles.

6 Vamos a seleccionar ahora la carpeta de destino en donde se almacenará la imagen y presionamos el botón **Guardar**. Quedará el nombre original de la imagen, con la extensión y el tipo de calidad seleccionado anteriormente.

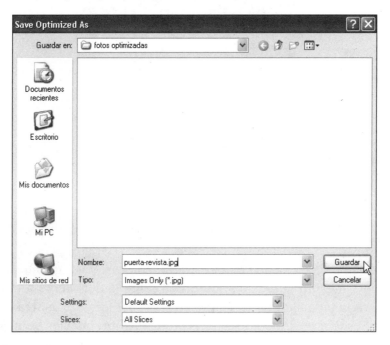

7 Para finalizar la acción, cerraremos el archivo original, sin guardar los cambios.

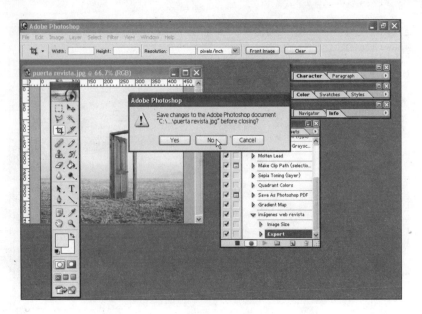

8 Ahora detenemos la grabación de la acción, presionando **Stop playing/recording**. En el menú **Actions**, veremos todos los pasos realizados.

9 Así, ya estará grabada la acción para utilizar con cualquier imagen. Simplemente tendremos que abrir la próxima fotografía sobre la que vamos a trabajar y presionar la tecla para ejecutar la acción. En el primer intento, deberemos controlar que Phothosop realice todos los pasos correctamente. También se puede seleccionar la acción del panel y presionar **Play selection**. Se puede aplicar una acción a todas las imágenes de una carpeta como veremos en el siguiente paso a paso.

Imágenes para la Web

4

Modificar muchas imágenes a la vez — PASO A PASO

1 Diríjase al menú **File/Automate/Batch**.

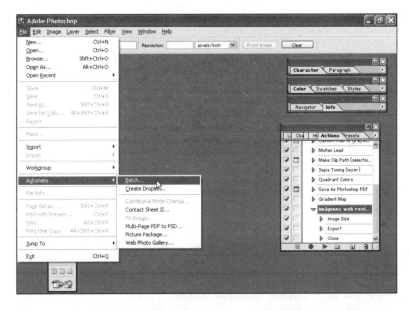

2 En el cuadro de diálogo, primero seleccionamos la acción a aplicar. En este caso, la que creamos anteriormente. Desde el menú desplegable **Action** buscamos y seleccionamos la opción correcta. El paso siguiente será indicar las imágenes sobre las cuáles aplicar la tarea.

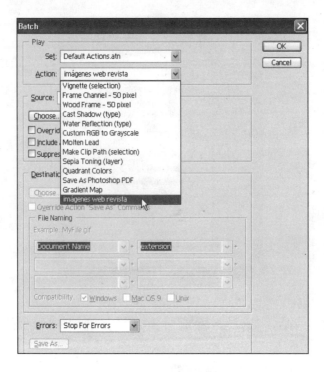

3 En **Source**, elegimos **Folder** y presionamos **Choose**, para indicar la carpeta donde se encuentran las imágenes originales.

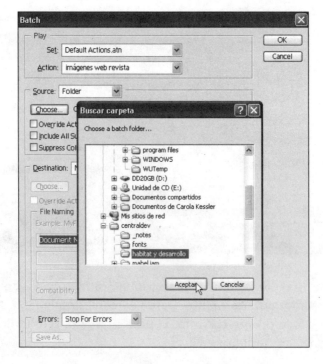

4 Como nuestra acción ya incluía la información acerca de en qué carpeta y con qué extensión guardar las imágenes, no tenemos que seleccionar más parámetros. En caso de no haberlo hecho anteriormente, podríamos seleccionar una carpeta de destino o hacer que se guarden los cambios en el archivo original. Podremos definir esta opción desde el menú desplegable **Destination**, cómo se muestra en la siguiente imagen.

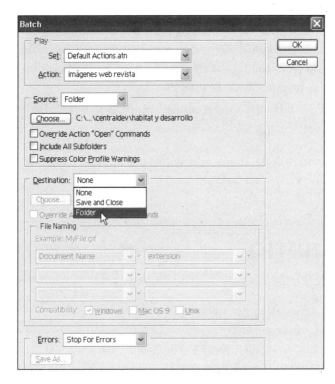

5 Presionamos **OK** y Photoshop comenzará a transformar una a una todas las imágenes de la carpeta indicada.

Resumen del capítulo

Aplicar el tratamiento correcto a las imágenes de nuestro sitio web nos garantizará ofrecer a los visitantes una velocidad adecuada de navegación, sin perder en ningún momento la calidad del diseño. En este capítulo, entendimos cómo trabajar con los diferentes tipos de imágenes y emplear Photoshop para realizar todos los ajustes necesarios, recortar la imagen y aplicar filtros.

Actividades propuestas

Tome dos fotografías de alta calidad (con una cámara digital, o copie directamente una imagen de Internet) y utilice Photoshop para acondicionarlas a su sitio web. Tome en cuenta los siguientes puntos:

» Controlar el tamaño final de la imagen para que pueda visualizarse correctamente.
» La definición de la imagen debe permitir mostrar una imagen de alta calidad, pero que mantenga un peso reducido del archivo para una rápida descarga.
» Elimine todas las impurezas de la imagen.
» Aplique los filtros necesarios para enfocar la imagen y mostrar su contenido de la mejor forma posible.

Las imágenes obtenidas deberán ser adecuadas para poder visualizarse en un sitio web en forma rápida sin perder calidad.

Cuestionario

1/ ¿Cuáles son los dos tipos de imágenes que conoce?
2/ ¿Cuál es la diferencia entre el tamaño y la resolución de una imagen?
3/ ¿Qué formatos de imágenes son recomendados para utilizar en un sitio web?
4/ ¿Con qué herramientas podemos cortar una imagen en Photoshop?
5/ ¿Qué sucede si aplicamos el filtro **Destramar** sobre una imagen?
6/ ¿Para qué se utiliza la herramienta **Clone Stamp** de Photoshop?
7/ ¿Qué significa "trabajar con capas"?
8/ ¿Con qué herramientas podemos modificar varias imágenes a la vez?
9/ ¿Para qué se utiliza la herramienta **Save for web** de Photoshop?
10/ ¿Para qué puede utilizarse un filtro artístico?

Interfaces

La interfaz de un sitio web es uno
de los aspectos que más deben cuidarse.
Esta constituye la primera impresión
que se llevará un visitante del sitio y,
como dicen que "la primera impresión
es lo que cuenta", será muy importante
cuidar tanto los aspectos gráficos,
de funcionamiento y de diseño. En este
capítulo le mostramos cómo hacerlo.

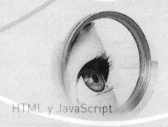

HTML y JavaScript

SERVICIO DE ATENCIÓN AL LECTOR: lectores@tectimes.com

Tipos de interfaces

La interfaz está constituida por el diseño básico del sitio; un diseño que se utilizará tanto en la página principal como en las interiores, en la mayoría de los casos, y por la distribución de los distintos elementos en la página que ayudan a que la navegabilidad y la utilización del sitio sea simple para todos.

Básicamente, los principales ítems que se deben tener en cuenta al diseñar la interfaz de un sitio son los siguientes:

- No es necesario colocar en la página principal del sitio ni en todas las páginas, hipervínculos a todas las secciones del sitio. Esto puede marear mucho al visitante; muchas veces es conveniente, aunque resulte más lento, trabajar con subsecciones en donde, incluso, se puede explicar con mayor detalle qué es lo que se encontrará en cada una.
- Cada sitio requiere un diseño y concepto diferente. Por eso, si una interfaz resultó con un sitio, no significa que vaya a funcionar con todos.
- Es muy importante, aunque parezca simple, tener especial cuidado con la distribución del contenido en la página. Una página con mucho contenido será más difícil de leer.
- Con respecto a los hipervínculos, siempre tiene que haber una barra de navegación en donde se encuentren todas las secciones accesibles del sitio. Muchos sitios utilizan más de una barra de navegación, para diferentes secciones, que bien se podrían haber agrupado todas en la misma barra. Esto causa una gran confusión al usuario.

Figura 1. *Este sitio ha distribuido todos los links a las diferentes secciones por diversos sectores de la pantalla. Algunos en recuadros y otros en pequeñas barras. Lo ideal hubiera sido crear una única barra de navegación y destacar los más importantes.*

Más adelante trataremos cada uno de los conceptos anteriores con mayor detenimiento.

Diseño independiente de la resolución

Uno de los enemigos más odiados de muchos diseñadores es la resolución de pantalla. La resolución representa el tamaño en píxeles del área de visualización en el monitor. Cada usuario puede seleccionar la resolución que más le agrade, dependiendo de su monitor y de su agudeza visual.

El tamaño más común de resolución es de **800 píxeles de ancho por 600 de alto**. Esto significa que, si pretendemos visualizar una imagen de más de 800 píxeles en una pantalla configurada con esa resolución, ella no entrará a lo ancho.

Otro valor que cada vez se está volviendo más común es el de **1024 x 768**. Los usuarios de monitores más grandes (17 pulgadas o más), pueden darse el lujo de emplear resoluciones aún mayores.

Figura 2. En Windows, la resolución de pantalla se cambia desde la ficha **Configuración**, de las **Propiedades de pantalla**. Para acceder a este cuadro, basta con hacer clic derecho sobre el escritorio y seleccionar **Propiedades**.

Como diseñadores web, tenemos la obligación de crear sitios que puedan visualizarse de forma cómoda y correcta en cualquiera de las resoluciones estándar. Tengamos en cuenta que, actualmente, el valor mínimo de resolución que soportan los sistemas operativos más modernos es de **800x600**. Podemos decir que resoluciones menores ya han quedado en el olvido. De esta forma, tendremos una idea acerca de cuál tiene que ser el tamaño de nuestro sitio web.

Habrán visto que muchos sitios recomiendan una resolución determinada o se "defienden" alegando que las páginas están optimizadas para cierta resolución. Nada menos profesional que eso. Un verdadero diseñador tiene que tener la capacidad de crear un sitio que se visualice bien, independientemente de la resolución del usuario. Seguramente no se verá igual siempre, pero nadie va a tomar el trabajo de dirigirse al **Panel de control** para cambiar la resolución actual de su pantalla para poder visualizar correctamente nuestro sitio web.

*Figura 3. TecTimes (**www.tectimes.com**) utiliza un color gris suave en el fondo. La tabla principal, recuadrada con un borde negro y centrada horizontalmente, tiene un ancho fijo, menor a **800 píxeles**.*

Para que nuestro sitio sea independiente de la resolución existen diferentes técnicas. Una de las más utilizadas consiste en diseñar toda la página "al 100%" del ancho de la página. Esto lleva el ancho de todas las tablas de contenido de un borde al otro y permite distribuir los elementos uniformemente. El problema que presenta esto es que el diseño varía demasiado de una resolución a otra, ya que el espacio entre los elementos se "agranda" al aumentar la resolución. Es así como en algunas situaciones, el sitio no visualizará la información correctamente. Como veremos en la siguiente página, una solución más eficaz consiste en diseñar la página con un ancho fijo.

PRUEBAS

Utilice diferentes resoluciones de pantalla en su monitor para controlar que el sitio se visualiza correctamente, o sufre mínimas modificaciones.

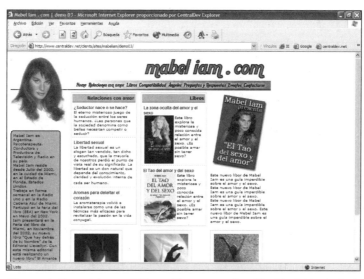

*Figura 4. Este sitio también utiliza un ancho fijo (de **750 píxeles**), pero se ha optado por dejar el fondo no utilizado en blanco.*

Generalmente se utiliza un valor inferior a 800 píxeles (750, por ejemplo), porque las barras de desplazamiento y los bordes del navegador también nos restan lugar. De esta forma, el único cambio que notaremos al aumentar la resolución será que todo se vea más pequeño. En el segundo caso, el fondo puede rellenarse como mejor nos parezca. Hay quienes optan por usar simplemente un color suave como "colchón", utilizar el mismo color que toda la página o bien emplear un fondo para disimular.

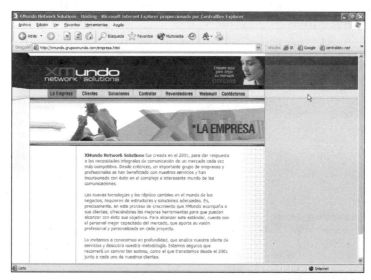

*Figura 5. El sitio de la empresa XMundo (**www.xmundo.net**) utiliza un fondo rellenado con una imagen que simula ser la continuación de la barra de navegación.*

El diseño

A la hora de comenzar con el diseño de la interfaz existen diversar herramientas y técnicas que pueden utilizarse. Si se va a tratar de un sitio muy simple, lo mejor será comenzar directamente con un editor de páginas web, como Dreamweaver. Sin embargo, la mayoría de los sitios requieren un trabajo gráfico más importante por lo que una buena opción suele ser comenzar el trabajo con algún programa de diseño que nos permita definir el estilo gráfico de la página. Estos son algunos de ellos:

• **Photoshop:** esta aplicación es líder en el área de fotografía digital. Su capacidad para el trabajo con capas nos permitirá un total control sobre cada uno de los elementos gráficos que se muestran en la página. Proporciona una gran cantidad de herramientas para optimizar la calidad de las imagenes, realizar retoque fotográfico y para aplicar foto montajes. También se pueden dibujar formas simples a medianamente complejas. Para algunos dibujos un poco más complejos, recomendamos utilizarlo en conjunto con Illustrator.

• **Fireworks:** se trata de un programa desarrollado por Macromedia, totalmente pensado para el trabajo con interfaces con sitios web. Permite trabajar con capas y tanto con elementos de mapas de bits, como vectoriales. Sus herramientas para la Web lo hacen especialmente útil en la creación de botones, rollovers, barras de navegación, menús desplegables y todo tipo de ornamentos. Sin embargo, ese tipo de elementos pueden ser creados también con Photoshop, con mayor precisión y control. Al generar los scripts para los distintos efectos en forma automática, el diseñador pierde el control sobre lo que se está "metiendo" en la página. Nosotros recomendamos que lo mejor siempre es trabajar el código a mano.

• **Flash:** otro programa de Macromedia, pero esta vez totalmente orientado al diseño vectorial para la Web. En este caso, se utiliza tanto para interfaces como para crear banners, botones o todo tipo de elementos gráficos. El resultado final de un trabajo con Flash no es una imagen, sino un archivo con formato propio que requiere que el usuario tenga instalado un reproductor especial en su navegador (Flash Player). Más del 90% de los usuarios de Internet tienen instalado el reproductor de Flash en sus navegadores.

REQUERIMIENTOS

Cualquiera de los programas mencionados en esta página tiene una gran cantidad de requerimientos para funcionar correctamente. Se recomienda tener, al menos, 128 MB de memoria RAM y un procesador Pentium III 500 o superior.

El diseño en Photoshop

En este caso, vamos a aprender cómo diseñar una interfaz medianamente básica en Photoshop. Sin embargo, antes de comenzar a utilizar este programa, o el que hayamos elegido para realizar esta tarea, es muy importante haber hecho un bosquejo o borrador con la idea de la interfaz del sitio con lápiz y papel. Si bien puede parecer anticuado el uso de estos elementos, con las grandes prestaciones de la tecnología actual, todavía no hay programa que pueda igualar el grado de facilidad que brindan los mismos para graficar la idea que tenemos en la mente.

El primer paso siempre consistirá en la definición de las propiedades del documento, es decir, sus medidas. La más importante es el ancho; como dijimos antes, es conveniente comenzar con un ancho de **750 píxeles**. El alto, luego lo podremos modificar más fácilmente, si es necesario. La resolución también es importante; como los sitios web son visualizados en la pantalla de un monitor, no necesitamos de una resolución muy grande. El valor recomendado es de **72 píxeles por pulgada** (**pixels/inch**). El modo de color (**Mode**) debe establecerse en **RGB Color**.

Crear el documento base   PASO A PASO

1 Para crear un nuevo documento en Photoshop, diríjase a **File/New**, o bien presione el atajo de teclado **CONTROL+N**. Introduzca los datos como se muestran en la imagen.

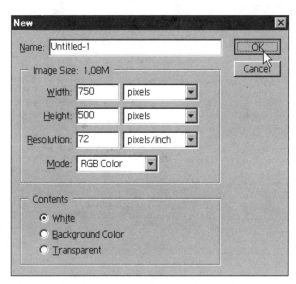

2 Una herramienta que nos será de utilidad en el diseño serán las reglas. Para activarlas, presionemos **CONTROL+R**, o bien diríjase a **View/Rulers**.

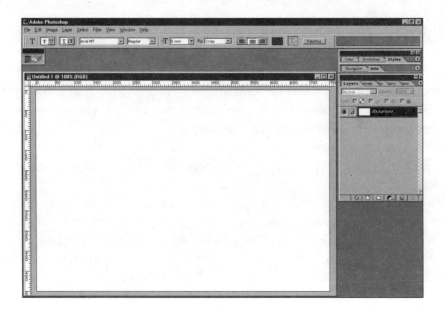

3 Desde las reglas, es posible "arrastrar" guías que permitirán ordenar y alinear los diferentes elementos del diseño. Para ello, posicionémonos sobre una regla (horizonal o vertical), hagamos clic con el mouse y, sin soltar, movámoslo hacia el centro de la imagen para llevar una guía hasta el lugar que deseemos.

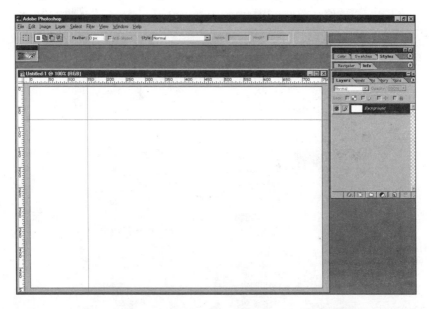

4 Utilicemos la herramienta de selección rectangular (**Rectangular Marquee Tool - M**) para dibujar las distintas áreas de la página (una por vez). Observaremos que la región seleccionada se marcó con líneas punteadas.

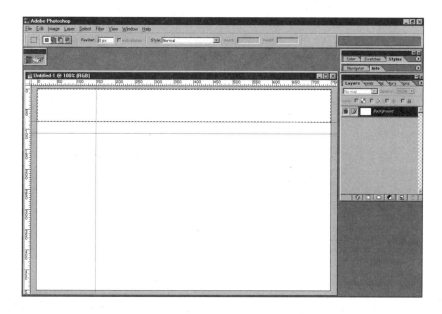

5 Haciendo clic en el ícono del color frontal (**Set Foreground Color**), en la paleta de herramientas, escojamos el color que deseamos utilizar en la sección.

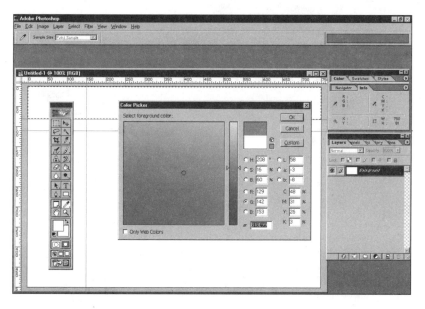

6 Para crear el rectángulo de color, utilizaremos una nueva capa, de lo contrario, pintaremos el fondo. Para ello, dirijámonos a **Window/Layers** para activar la paleta de capas (si es que no está activada). Una vez en la paleta capas, cliqueemos sobre el ícono **Create a New Layer** (crear nueva capa). Haciendo doble clic sobre su nombre podremos cambiarlo.

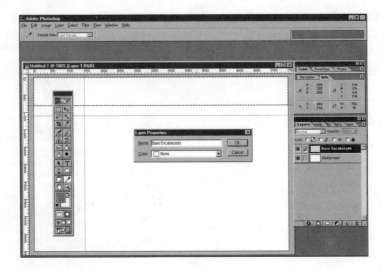

7 Con la nueva capa seleccionada, tomemos la herramienta **Paint Bucket** (Bote de pintura) y utilicémosla para llenar la selección que creamos.

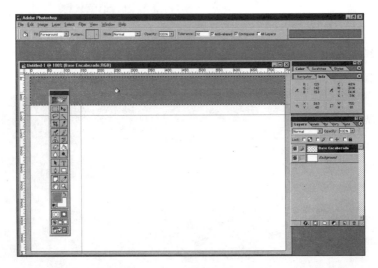

8 Prosigamos de la misma forma con las demás secciones que deseemos definir o pintar con algún color. Guardemos el documento desde **File/Save** o **CONTROL+S**.

LAS CAPAS

El trabajo en capas es una de las características que destacan a Photoshop de otros programas. Podremos modificar el tamaño o la posición de cualquier imagen en todo momento, visualizar u ocultar cualquier capa con solo seleccionar el icono de ojo que se encuentra a su izquierda y trabajar aplicando efectos diferentes a cada una en forma independiente.

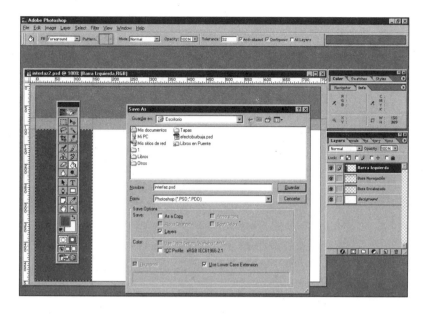

Repitiendo estos pasos, podemos guardar tantas versiones como creamos necesario. Hasta aquí vimos cómo crear el documento que nos servirá de base para el diseño del sitio web. El paso siguiente consistirá en personalizarlo según la imagen que se le desee dar al sitio y añadir nuestro ingrediente creativo.

Vamos a agregar algunas imágenes al archivo **PSD** que creamos, consistentes en el logo de la empresa y una imagen ilustrativa. Estas imágenes pueden haber sido creadas previamente con Photoshop, o con algún otro programa, como Illustrator También podemos crearlas en el mismo documento de la interfaz, a medida que vamos trabajando en él. En este caso el logo lo importaremos a partir de un archivo **AI** (de Adobe Illustrator) y la imagen la traeremos a partir de un **PSD**. También vamos a añadir imágenes en otros formatos.

Añadir imágenes   PASO A PASO

1 En primer lugar añadiremos el logotipo del sitio. Los logos generalmente se realizan en formato vectorial, por ejemplo **AI**. Para añadir el archivo a la interfaz, dirijámonos a **File/Place** y seleccionemos el archivo.

GUARDAR EL PSD

El archivo en formato PSD es el que nos permitirá trabajar con diferentes capas de imágenes. Una vez que guardemos la imagen en formato JPG, las capas se unirán en una sola y no podremos volver a separarlas. Por eso es conveniente siempre guardar el archivo PSD en caso de que surja la necesidad de realizar alguna modificación.

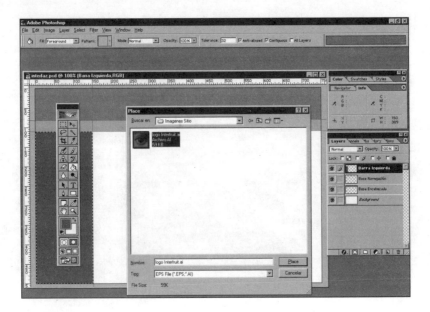

2 Una vez seleccionado el archivo, aparecerá en el área de trabajo, con manejado-res en sus extremos, para definir su tamaño. Como el archivo de origen es de for-mato vectorial, podremos modificar su tamaño sin perder la calidad.

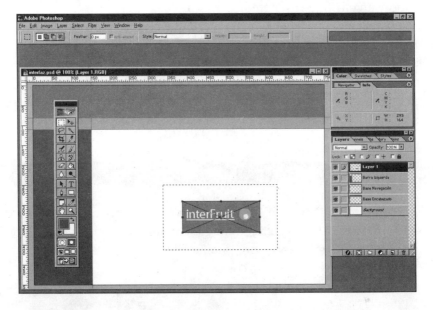

3 Con el tamaño de la imagen ya definido, presionemos **ENTER**. Con esto el dibujo se rasterizará, es decir, se convierte en una nueva capa de mapa de bits. A partir de ahora, si modificamos su tamaño, perderá un poco de calidad.

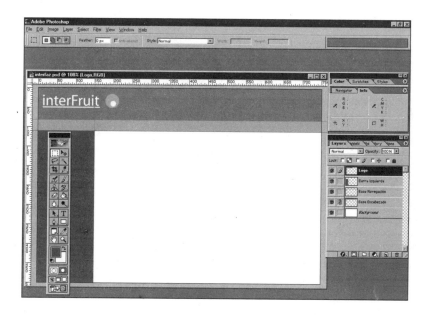

4 El próximo archivo a incluir es un archivo de Photoshop. Para esto, debemos localizarlo en el disco y abrirlo. Una vez abierto, si tiene capas, deberemos acoplarlas, mediante la opción **Layer/Flatten Image**. Si no queremos perder el original, es conveniente que grabemos la imagen acoplada como un nuevo archivo.

5 Presionemos la combinación de teclas **CONTROL+A**, para seleccionar toda la imagen que queremos añadir, o bien, dirijámonos al menú **Select** y cliqueemos sobre la opción **All**. Luego, presionemos **CONTROL+C** para copiar la imagen o **Edit/Copy**.

6 De vuelta a nuestra imagen con la interfaz del sitio, presionemos la combinación de teclas **CONTROL+V** para pegar la selección que copiamos en el paso anterior. Podremos ver que la imagen aparecerá sobre la interfaz, como una nueva capa.

Luego de este último paso, será interesante visualizar la paleta de capas. Aquí veremos que todos los elementos que fuimos añadiendo se fueron agregando uno sobre otro. Si lo deseamos, podemos mover la posición de cualquiera de las capas hacia arriba o hacia abajo para lograr el resultado buscado. Recordemos que también es posible cambiar el nombre a las capas, haciendo doble clic sobre él, para darle una descripción que nos ayude a identificarlas.

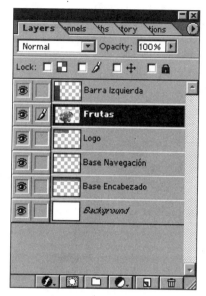

Figura 6. *Disposición de las capas luego de insertar los distintos objetos en la imagen.*

Transformaciones

Luego de haber pegado la imagen de las frutas en nuestro **PSD**, probablemente deseemos modificar su tamaño, su ubicación o ángulo. Para modificar la posición no hay demasiados misterios; puede hacerse de dos formas, siempre seleccionando la capa que queremos mover: la primera consiste en presionar la tecla **CONTROL** (PC) o **Command** (Mac), hacer clic sobre la imagen y moverla. Al soltar la tecla, volveremos a la herramienta anterior. La otra forma consiste en seleccionar directamente la herramienta **Move Tool (V)** y proceder como antes. También es posible utilizar la teclas de dirección en lugar del mouse para lograr movimientos más precisos, de un píxel por vez.

Si deseamos modificar su tamaño o ángulo, existe un comando especial para esto, muy útil y rápido. Se trata de la transformación libre (**Free Transform**). Este se encuentra en el menú **Edit**, bajo el submenú **Transform**, pero podemos acceder a él más rápido mediante el atajo de teclado **CONTROL+T**. Al ejecutarlo, el elemento que haya en la capa seleccionada en ese momento se "rodeará" de manejadores que nos permitirán controlar sus propiedades. Para aplicar los cambios bastará con pulsar la tecla **ENTER**.

Figura 7. Proceso de transformación de una de las capas de la imagen.

En la figura anterior habrán notado que, al rotar la imagen, una esquina de ella quedó superpuesta a la franja anaranjada del encabezado de la página. Eliminarla es muy sencillo. Todavía con la misma capa seleccionada, tomamos la herramienta de selección rectangular y realizamos una selección sobre la esquina sobrante. Acto seguido, presionamos la tecla **DELETE** o **BACKSPACE** y la porción de imagen habrá desaparecido. Recuerden luego, para quitar la selección pulsar el atajo **CONTROL+D**.

Figura 8. Seleccionamos el fragmento sobrante para luego eliminarlo con la tecla DELETE.

Trabajar con texto

Photoshop tiene una gran potencia para lograr excelentes efectos con texto, de muy buena calidad. Obviamente, no es lo mismo un texto creado a partir de una imagen que el texto común HTML. El primero siempre tiene mayor calidad, bordes suavizados y la posibilidad de añadirle efectos simples y complejos y, lo mejor de todo, utilizar cualquier tipografía que nos guste.

El trabajo con texto se realiza con la herramienta **Type Tool**, su uso es muy simple. Bastará con hacer clic en el lugar de la imagen sobre el que queremos escribir para que se habilite un cursor. La barra de herramientas superior permitirá seleccionar la tipografía, sus variantes, el color del texto y el estilo. Si deseamos crear una caja de texto, bastará con "dibujarla" mediante la misma herramienta, ocupando el tamaño que deseemos. En la siguiente figura podemos ver cómo se agregó una caja de texto con el mensaje de bienvenida de nuestra página. La tipografía elegida no se hubiera podido mostrar con lenguaje HTML, ya que no es común que ella esté instalada en los sistemas de los posibles visitantes.

Figura 9. Una caja de texto permite manipular un bloque de texto con mayor facilidad.

SOBRE LAS FUENTES

Las fuentes aplicadas en lenguaje HTML son fuentes tipográficas que deben estar instaladas previamente en la computadora del visitante. Tenga en cuenta que, en caso de no encontrarlas, el navegador empleará otra fuente, cuyo tamaño y formato pueden modificar completamente el diseño presentado por nuestra página web. Por este motivo, no conviene utilizar fuentes exclusivas que tengamos en nuestra computadora.

La barra de herramientas para texto ofrece muchas opciones para manejar el formato de este. En la siguiente guía visual podemos ver cada una de ellas.

Barra de herramientas de Photoshop — GUÍA VISUAL 1

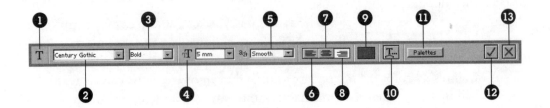

- ❶ Preseteos.
- ❷ Tipografía.
- ❸ Estilo (negrita, itálica, etc.).
- ❹ Cuerpo de la tipografía. La unidad depende de lo que se haya configurado en las opciones.
- ❺ Método de suavizado. Smooth es el predeterminado.
- ❻ Alineación a la izquierda.
- ❼ Alineación al centro.
- ❽ Alineación a la derecha.
- ❾ Color del texto.
- ❿ Warped de texto. Permite dar al texto una forma especial.
- ⓫ Paleta de propiedades. Abre la paleta de texto.
- ⓬ Aceptar cambios
- ⓭ Cancelar.

Del mismo modo, podemos utilizar la herramienta de texto para colocar texto sin necesidad de caja, directamente haciendo clic sobre el lugar en el que queremos comenzar a escribir. De esta forma, podemos colocar los textos para la barra de navegación, como puede verse en la siguiente figura:

TEXTO LEGIBLE

Recuerde que, como mencionamos anteriormente, más importante que lucir la fuente más estética, es emplear un tipo y tamaño de letra que sea legible para el visitante.

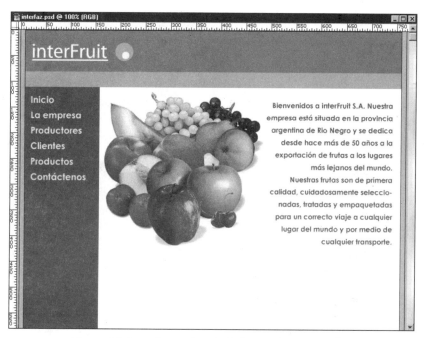

Figura 10. *Los elementos de la barra de navegación
se realizaron mediante la herramienta de texto.*

En la barra de navegación también se trabajó modificando el interlineado, para separar un poco los textos de cada link. Esto puede evitar confundir al visitante al momento de seleccionar una u otra opción. Para ello, se debe seleccionar todo el texto y, desde la paleta de texto (**CONTROL+T**), especificar el valor de interlineado deseado. En este caso se utilizó **30 px**.

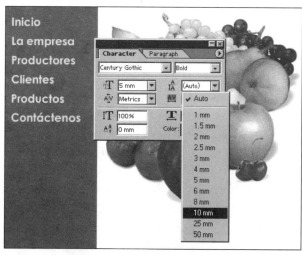

Figura 11. *Ajuste del interlineado mediante las paletas de propiedades de texto.*

Para darle un aspecto más agradable al texto, también se puede jugar con los efectos de capas. Se accede a ellos de diferentes maneras, pero la más cómoda es haciendo clic derecho sobre la capa a la que lo queremos aplicar en la paleta de capas.

Aquí deberemos seleccionar la opción **Blending Options** u **Opciones de Fusión**. En la ventana que aparece podremos seleccionar cualquiera de los efectos e ir probando los cambios sobre la imagen. Recordemos que para ir viéndolos, hay que tener marcada la casilla **Preview**. En este caso utilizamos un efecto **Drop Shadow** y **Bevel and Emboss**.

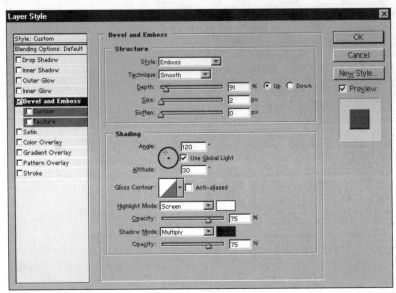

Figura 12. Efectos de fusión de capas aplicados sobre los textos de la barra de navegación.

De Photoshop a la Web

El pasaje de la interfaz que acabamos de crear a Dreamweaver es una de las tareas en las que debemos prestar mayor atención. En principio, debemos tener en cuenta que, en Dreamweaver, para crear el documento HTML, tendremos que emplear tablas, para organizar el contenido. Generalmente se emplean tablas con margen y separación cero. Por ello, debemos tener en cuenta, ya en Photoshop, cómo dividiremos la interfaz en imágenes más pequeñas que ubicaremos en distintas celdas de la o las tablas.

Las guías pueden servirnos de ayuda para dividir la imagen por sectores. Sin embargo, hay que tener cuidado; en el momento del diseño se suelen utilizar las guías para alinear los elementos, por eso, la posición de las guías actuales puede no corresponderse con el lugar por donde debemos dividir una imagen.

En algunas ocasiones puede resultar conveniente trabajar con un documento de diseño y crear una copia para importación, como haremos a continuación. Esto permite mantener las guías originales, en caso que en el futuro queramos hacer algún cambio y trabajar con un documento para importar en el que podremos definir nuevas guías

Uso de slices

Los slices son partes de una imagen que podemos definir para que Photoshop la recorte por ahí cuando la exportamos para la Web. El uso de slices permite automatizar y agilizar el proceso de guardado de cada parte de la imagen. También hace más fácil la actualización en el futuro, ya que los slices quedan marcados en el archivo **PSD**.

Para crear slices, bastará con definir guías por donde queremos recortar los distintos trozos de la imagen. Luego, debemos seleccionar la herramienta **Slice Tool**. Si utilizamos Photoshop 6 o superior, en la barra de opciones de herramientas aparecerá el botón **Slices From Guides**. Haciendo clic sobre él, Photoshop creará slices automáticamente, a partir de las guías que definimos.

La herramienta **Slice** también nos permite definir slices manualmente. Para esto bastará con "dibujarla" sobre el sector de la página que deseemos. Otra herramienta de utilidad es **Slice Select Tool**, agrupada en el mismo botón que la anterior. Con esta herramienta es posible seleccionar slices y moverlos o modificar su tamaño.

En la siguiente figura podemos ver cómo hemos dividido la imagen en slices. Además, eliminamos tres slices de la parte inferior con la herramienta **Slice Select**.

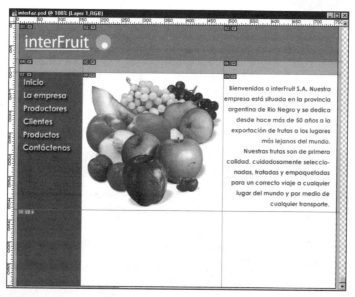

Figura 13. *La imagen dividida en slices, a partir de las guías definidas previamente.*

Exportar con slices

Photoshop tiene un comando muy útil llamado **Save for Web** o **Exportar para la web**. Mediante él se pueden exportar imágenes enteras, divididas en slices o páginas web completas, incluido el archivo html más las imágenes (**slices**) que la componen.

Si bien este último método no nos permite tener un gran control sobre qué es lo que se está exportando, podemos armar páginas web a partir de imágenes complejas con muy poco esfuerzo, y luego utilizarlas en un sitio o bien en otra página, tal vez como un include. Para acceder a este comando hay que dirigirse al menú **File** y seleccionar la opción **Save for Web**. Aparecerá una nueva ventana en donde veremos nuestra imagen. Esta ventana tiene varias pestañas. Las más importantes son **Original** y **Optimized**, en donde podremos ver la imagen original y la optimizada para Internet. En la pestaña **2-Up** se pueden ver las dos versiones lado a lado. Por el momento, trabajaremos con la pestaña **Optimized**.

De la barra de herramientas de la izquierda de esta ventana, podemos seleccionar la herramienta **Slice Select** para seleccionar las distintas slices de la imagen. De esta forma podemos configurar, mediante las opciones de la derecha, las propiedades con las que se guardará cada fragmento de la imagen. En este caso elegimos el formato **GIF** para las imágenes de colores planos y **JPG** para la slice de la foto de las frutas.

Figura 14. La ventana Save for Web permite optimizar las distintas imágenes para mostrar en una página web.

Al hacer clic en el botón **Save**, deberemos elegir nuevas opciones. En la opción **Format** o **Formato**, escogemos **HTML and Images** y en **Slices**, elegimos **All Slices**. El cuadro de diálogo nos pide un nombre para el archivo HTML que será la página que estamos creando con nuestra imagen. Los nombres de los slices pueden configurarse en **Settings**.

Figura 15. *Configuración para guardar una página web con todas las imágenes. Mantenga ordenado los archivos de su sitio en carpetas separadas.*

Una vez que hacemos clic en **Guardar**, podremos dirigirnos al lugar en donde la guardamos y abrir el archivo HTML resultante con nuestro navegador de Internet. El resultado será una página exactamente exactamente igual a la que creamos con Photoshop, con una excelente calidad gráfica y de un tamaño en bytes totales muy liviano. Como mencionamos anteriormente, pruebe modificar la resolución de pantalla de su PC, para visualizar el contenido de la página de diferentes formas.

Resumen del capítulo

Como vimos en este capítulo, la interfaz es la que define el estilo de nuestro sitio. Para su diseño, utilizamos en este caso Photoshop, una herramienta muy completa que nos permite trabajar con imágenes y texto en una alta calidad. Todos los elementos de la página principal fueron creados utilizando las diferentes herramientas. Como vemos, éste es el primer paso a desarrollar al momento de diseñar una página web. Una vez definido el estilo que caracterizará a nuestro sitio (y que deberemos respetar en el resto de las páginas) recién podremos comenzar con la programación propiamente dicha.

Actividades propuestas

Con una serie de fotografías ya elaboradas (al menos 3) y un texto, diseñe la página principal de un sitio web. El mismo deberá tener las siguientes características:

» El nombre del sitio y el logo deben estar visibles.
» Utilice una barra de navegación con 4 o 5 secciones para facilitar el acceso al contenido.
» Debe haber un equilibrio entre el tamaño de las imágenes y la cantidad de texto ingresado. El texto debe presentarse en forma clara.
» Utilices 2 o 3 colores para toda la página, característicos del sitio.

La página de inicio invitará al navegante a visitar los diferentes contenidos y servicios ofrecidos en el sitio web. Es la carta de presentación por lo que tendrá que estar elaborada en forma clara y prolija.

Cuestionario

1/ ¿Para qué se utiliza la barra de navegación de un sitio web?
2/ ¿Qué herramientas se pueden utilizar para diseñar una página web?
3/ ¿Cuáles son las características que diferencian a Photoshop sobre otras herramientas?
4/ ¿Con qué herramienta podemos insertar una imagen en Photoshop?
5/ ¿Cuál es la utilidad de la herramienta **Free Transform**?
6/ ¿A través de qué elemento podemos ingresar un texto en la imagen con Photoshop?
7/ ¿Qué es un slice?
8/ ¿Cómo podemos exportar un slice?
9/ ¿Qué efecto se aplica con la opción **Drop Shadow**?
10/ ¿Podemos guardar el diseño de Photoshop en formato HTML?

Dreamweaver

Si bien todavía existen muchos webmasters
y diseñadores web que emplean otros
programas, Dreamweaver se ha convertido,
por lejos, en la opción elegida por la gran
mayoría. La versión MX incorporó una
funcionalidad que hizo que los webmasters
que disfrutaban editando el código HTML
"a mano", se sintieran realmente
cómodos con el programa. En este capítulo
se explican todos sus secretos.

HTML y JavaScript

Características principales

Dreamweaver puede convertirse en el "centro de control" de nuestro trabajo, ya que desde su interfaz es posible manejar casi todos los aspectos de páginas web que nos interesan, tanto en su lado visual como en su código, manipular distintos sitios a la vez, subir y bajar archivos por medio de FTP y valerse de la ayuda de herramientas avanzadas que permiten generar código JavaScript, ASP o PHP, para funciones especiales.
A continuación, citamos algunas de las funciones que hacen a Dreamweaver tan especial.

- Interfaz visual muy cómoda (sobre todo en la versión para Windows) y ordenada.
- Bastante exactitud entre la vista de diseño del programa y lo que en realidad se ve en el explorador (principalmente en Internet Explorer).
- Edición combinada de código y visual. Permite escribir código y ver los cambios visualmente, al mismo tiempo.
- Editor de código mejorado, heredado de HomeSite. Resalta la sintaxis de los principales lenguajes utilizados en páginas web, como ASP, PHP, JavaScript, HTML, etc.
- Ayuda automática de código. Proporciona menús de opciones desplegables, de acuerdo con el código que estamos escribiendo. Para los que lo conocen, es similar a la ayuda que existe en programas como Visual Studio.
- Muy personalizable. Posee un importante panel de preferencias, a las que se acceden mediante el atajo **CONTROL+U**.
- Administrador de los archivos del sitio, mediante el cual es posible acceder a las distintas páginas con un simple doble clic. Muy cómodo.
- Controla si hay que modificar documentos, al cambiarle el nombre a un archivo, por ejemplo. Lo hace todo en forma automática.
- Cliente FTP integrado, mediante el cual es posible subir los archivos al servidor.
- Editor de estilos CSS.

La interfaz del programa

La versión de Windows presenta tres posibles configuraciones de la interfaz. La primera, y la más recomendada es **Dreamweaver MX Workspace**. Dentro de esta opción, podemos elegir el estilo **HomeSite/Coder-Style**, especialmente indicada para aquellos que están más acostumbrados al trabajo con editores de texto o para quienes eran usuarios de **HomeSite**. Por último, podemos configurar la interfaz como la versión anterior del programa, mediante la opción **Dreamweaver 4 Workspace**.
La versión de Mac OS X del programa solamente ofrece una sola configuración de la interfaz, y es una mezcla entre las interfaces de la versión 4 y la MX, comparadas con

el programa para Windows. Con respecto a las funcionalidades y la forma de uso, como veremos en este capítulo, en todos casos son iguales. Para comenzar, iniciaremos un recorrido por las principales funciones de este programa. En la siguiente guía visual podremos reconocer los distintos elementos de su interfaz.

Interfaz de Dreamweaver   GUÍA VISUAL 1

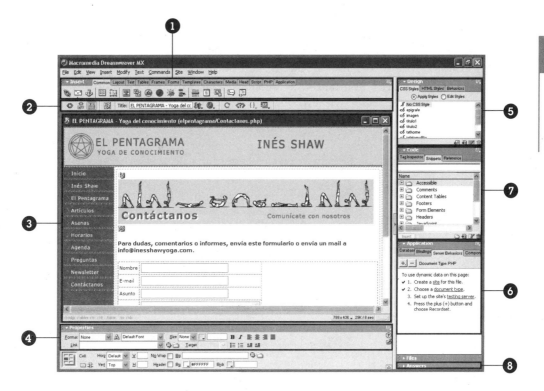

❶ **Panel Insert**. Desde aquí es posible insertar toda clase de elementos. Este panel está dividido en pestañas, de acuerdo con los distintos elementos que podemos insertar: comunes, diseño, texto, tablas, marcos, formularios, plantillas, caracteres, media, script, PHP y aplicación. Se accede mediante `CONTROL+F2`.

❷ **Barra de herramientas**. Desde acá podemos elegir entre las vistas código, combinada o diseño, mediante los tres primeros botones. También existe una cuarta vista que es de utilidad para visualizar páginas dinámicas en ASP o PHP. Aquí también podemos especificar el título de la página, subir el archivo al servidor y otras opciones más.

❸ **Área de trabajo**. Acá es donde diseñamos la página. De acuerdo con el botón de vista que hayamos elegido, arriba a la izquierda, se mostrará el código o el diseño.

❹ **Paleta de propiedades**. Esta es una de las herramientas más importantes del programa. De acuerdo con el sector de la página en que estemos ubicados, o según el elemento que esté seleccionado, la paleta de propiedades se adaptará mostrándonos
las principales propiedades del elemento. Se accede a ella mediante **CONTROL+F3**.

❺ **Panel Design**. Desde aquí se accede a tres pestañas: estilos **HTML**, estilos **CSS** y **Beha-
viors** (comportamientos). La que más utilizaremos será, seguramente, estilos **CSS**.

❻ **Panel Application**. Este panel dispone de paletas de utilidad para la programación
de aplicaciones web, con bases de datos. La primera pestaña permite definir oríge-
nes de datos, para conectarse a bases de datos de cualquier tipo. La pestaña Bin-
dings permite trabajar con los datos obtenidos en la base. Otra pestaña, **Server Be-
haviors**, contiene funciones de utilidad para trabajar con PHP, o ASP.

❼ **Panel Code**. Desde este panel se puede acceder a las pestañas **Tag inspecto**, para
inspeccionar el código; **Reference**, un sencillo diccionario de términos de interés y
Snippets, una especie de librería de plantillas de código HTML o JavaScript.

❽ **Panel Answers**. Este panel muestra la ayuda de Dreamweaver.

Otra ventana importante de Dreamweaver es la ventana de archivos:

Ventana de archivos	**GUÍA VISUAL 2**

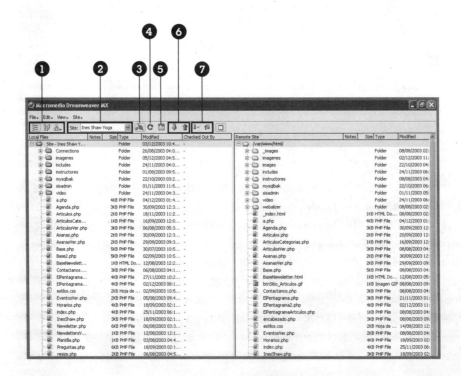

- **Vistas**. Mediante estos tres botones se puede acceder a tres vistas acerca del contenido de los archivos del sitio: **Site Files** (archivos del sitio), **Testing Server** (Servidor de prueba) y **Site Map** (mapa del sitio).
- **Sitio**. Este menú desplegable permite elegir el sitio con el que deseamos trabajar.
- **Conexión/desconexión**. Este botón sirve para conectarse o desconectarse directamente con el servidor FTP que contiene los archivos del sitio.
- **Actualizar**. Refresca los archivos del panel activo. Es útil si realizamos algún cambio desde el Explorador de Windows o desde el Finder, en Mac OS X.
- **FTP Log**. Permite visualizar el registro de FTP.
- **Bajar y subir**. Como sus nombres lo indican, estos botones permiten bajar o subir archivos de y al servidor FTP. Dreamweaver también utiliza la terminología de FTP **Get** y **Put**, por los comandos del protocolo para esta tarea, por lo que en la versión en castellano se tradujeron como **Obtener** y **Colocar**.
- **Check in y Check out**. Permiten bajar y subir archivos, bloqueándolos al mismo tiempo, para que otros usuarios, trabajando en el mismo sitio, no puedan modificarlos. Estos comandos son bastante más lentos que los anteriores.

Configuración del programa

Como todo programa, antes de empezar a trabajar, necesita ser configurado. Por supuesto, las opciones de configuración que proponemos aquí son optativas, pero nuestra experiencia nos indica que ayudan, en gran forma, a optimizar el trabajo y obtener mejores soluciones de cada herramienta. Con cada propuesta de configuración, les explicaremos el porqué.

En primer lugar, para abrir las opciones de configuración, debemos dirigirnos al menú **Edit** y luego seleccionar la opción **Preferences**. En el sistema operativo Mac también se pueden encontrar estas mismas opciones, en el menú **Dreamweaver/Preference**. En la **Figura 1** podemos ver la ventana de **Preferencias** abierta. Pruebe las diferentes opciones, teniendo en cuenta nuestros consejos, para encontrar la configuración que responda de la mejor forma a sus necesidades.

OTRAS OPCIONES

Además de la herramienta de FTP de Dreamweaver, también podremos emplear un programa específico para administrar los archivos de un servidor FTP. Una excelente opción es AceFTP (www.aceftp.com).

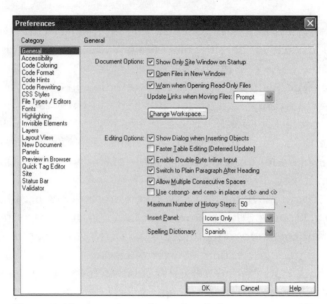

Figura 1. Ventana de preferencias de Dreamweaver MX.

La ventana de **Preferencias** está dividida por categorías, según puede verse en el listado de la izquierda. A continuación iremos navegando por las más importantes para configurar el programa de manera que nos resulte cómodo trabajar con él:

- En la categoría **General**, marquemos la opción **Show Only Site Window on Startup**. Esto evitará que se abra un nuevo archivo en blanco cada vez que abrimos el programa. Generalmente para trabajar, partiremos de plantillas o de documentos existentes, o la mayoría de las veces, trabajaremos realizando modificaciones.
- Desmarquemos también la opción **Faster Table Editing (Deferred Update)**. Esta es una característica que en principio ayuda a que el trabajo con tablas sea más rápido, pero en la práctica ralentiza el proceso de visualización de la tabla, cuando realizamos algún cambio, por ejemplo, en el tamaño de la misma. Es por esta razón, que no la recomendamos.
- En la categoría **Code Format**, recomendamos desmarcar la opción **Indent**. Esta opción hace que el código HTML se tabule automáticamente (o indente, como dicen algunos programadores). En muchas ocasiones, sobre todo si tenemos diseños muy

OPCIONES COMUNES

Muchas de las opciones mencionadas en este capítulo también las podrá encontrar en otros programas de diseño web.

CAMBIOS DE DREAMWEAVER

La versión MX 2004 de Dreamweaver ya no tiene la opción Faster Table Editing. Al parecer, esta **opción** ha quedado activada por defecto en la nueva versión. Puede ser que también encontremos otras diferencias.

elaborados, la tabulación puede hacer muy dficil de entender el código HTML. Además, no tenemos control sobre qué etiquetas HTML se tabulan y cuales no.

• Desmarquemos la opción **Automatic Wrapping**. Esta hace que el texto se "quiebre" a la línea siguiente, al llegar al número de columna especificada en **After Column**.

• Asegurémonos de colocar **CR LF (Windows)** en la opción **Line Break Type**. Podría traernos problemas si subimos el sitio a un servidor que utilice otro sistema operativo.

• Para una mayor prolijidad en el código, es recomendable escribir los nombres de las etiquetas HTML en minúscula. Para ello, podemos seleccionar la opción **<lowercase> en Default Tag Case**. Lo mismo para los atributos: seleccionemos la opción **lowercase="value"** en la opción **Default Attribute Case**.

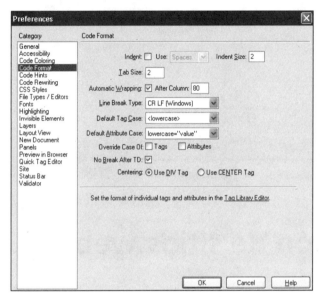

Figura 2. Nuestras prefrencias recomendadas para la categoría Code Format.

• En la categoría **Invisible Elements** podemos seleccionar los elementos invisibles que se representarán en la página. De todas formas, podemos habilitarlos durante el diseño de la página, desde el menú denominado **View**.

• En la categoría **New Document**, seleccionemos el tipo de documento nuevo por defecto. Aquí podemos especificar qué queremos que suceda al presionar la combinación de teclas **CONTROL+N**. De forma predeterminada se abre un cuadro de diálogo para seleccionar el tipo de documento, pero podemos especificar que se abra directamente un documento nuevo del tipo especificado acá.

• En la categoría **Site**, podemos especificar de qué lado de la ventana **Site** mostrar los archivos locales y de cuál, los remotos. Esto lo hacemos desde la opción **Always Show**. Por ejemplo, para mostrar los archivos almacenados en nuestra computadora a la izquierda, seleccionamos **Always Show Local Files on the Left**.

• Si no necesitamos que Dreamweaver nos pregunte si queremos subir o bajar los archivos dependientes, cada vez que realizamos una transferencia de una página web, desmarquemos las opciones **Prompt on Get/Check Out** y **Prompt on Put/Check In**.

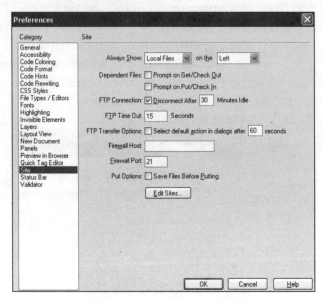

Figura 3. Las preferencias de la categoría Site.

Definición de sitios web

El primer paso para la creación de un sitio web en Dreamweaver es, siempre, definir sus propiedades. Esto consiste en especificar al programa en qué directorio de nuestra computadora lo vamos a guardar, el nombre que le vamos a dar, cuál va a ser su carpeta de imágenes, qué tecnología utilizaremos y otros datos más.

Para definir un nuevo sitio web, sigamos las instrucciones del siguiente paso a paso:

Definir un sitio	PASO A PASO

1 Nos dirigimos al menú **Site/New Site**.

2 Esta ventana tiene dos pestañas, **Basic** y **Advanced** (básico y avanzado). Utilizaremos primero la pestaña **Basic** y luego modificaremos algunas cosas en **Advanced**.

3 En el cuadro de texto **What would you like to name your site?** coloquemos un nombre descriptivo para nuestro sitio. En este caso, vamos a trabajar con el sitio de una empresa llamada **Ampli Red**, así que pondremos su nombre en esta campo.

4 Luego de cliquear en **Next**, se nos preguntará si deseamos utilizar una tecnología de servidor (como ASP o PHP, por ejemplo). Por el momento, marcaremos la opción **No, I don't want to use a server technology**. Luego, hagamos clic en el botón **Next** para continuar al siguiente paso.

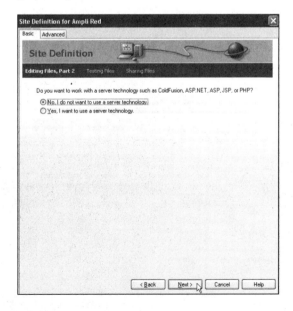

Dreamweaver

6

5 La siguiente pantalla define cómo vamos trabajar con los archivos. Nosotros vamos a trabajar localmente, en nuestra computadora, y luego los subiremos al servidor. Para ello, marquemos la opción **Edit local copies on my machine, then upload to server when ready**. Luego, deberemos seleccionar la ruta en nuestra computadora. Ello lo hacemos en el cuadro que aparece abajo.

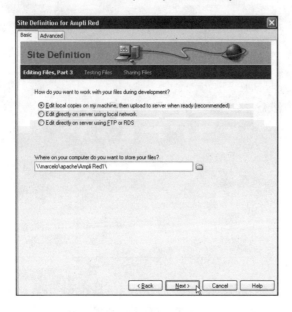

6 Llegó el momento de conectarse al servidor. Nuevamente, emplearemos la opción más común: **FTP**. Elijámosla desde **How do you connect to your remote server?**.

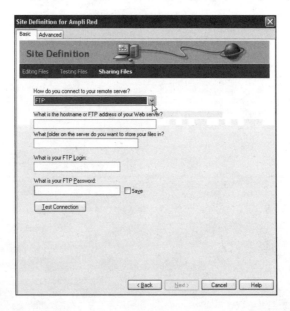

7 Al haber cambiado la opción, la página del asistente se modificará. Acá habrá que colocar los datos de configuración de FTP, como el host, el directorio de inicio, el nombre de usuario y la contraseña, en ese orden, en los cuadros de texto que aparecen.

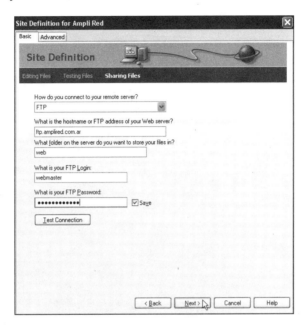

8 Antes de continuar, es recomendable que pulsemos el botón **Test Connection**, para verificar que los datos ingresados sean correctos y que Dreamweaver pueda conectarse al servidor FTP.

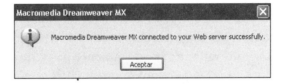

9 Al cliquear en **Next** pasaremos a la configuración de **Check in and check out**. Se trata de una característica de utilidad para el trabajo en grupo. Si vamos a trabajar solos, o creemos que no será necesaria, conviene dejarla deshabilitada.

FLASH SIN FLASH

Dreamweaver permite, desde la versión 4, insertar algunos elementos básicos de Flash, sin necesidad de tener este programa. Esto es posible gracias a que se incluye un pequeño "motor" de Generator, que se encarga de generar los elementos.

10 La última pantalla muestra un resumen con las opciones seleccionadas. Al cliquear en **Done**, habremos terminado. También podemos volver atras, con la opción **Back**, en caso de encontrar algun dato incorrecto.

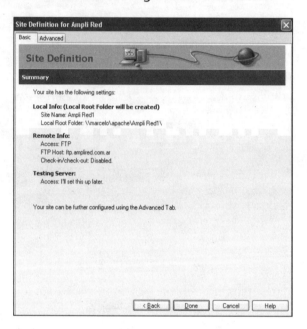

Conceptos básicos

En esta sección aprenderemos algunos conceptos básicos sobre Dreamweaver, los cuales nos serán necesarios dominar para el siguiente paso, que consistirá en el diseño de la plantilla del sitio. Como veremos a continuación, el manejo del programa no es complejo y puede ser comparado al manejo de un programa de características similares, como un procesador de texto.

Editar texto

Al abrir un nuevo documento comprobaremos que ya podemos empezar a escribir en él directamente, como si se tratase de cualquier programa de edición de textos. Las opciones para aplicar formato al texto pueden encontrarse en la paleta de propiedades, la cual se accede desde el menú **Window/Properties** o mediante el atajo **CONTROL+F3**, o presionando las teclas **COMMAND+F3**, en Mac.

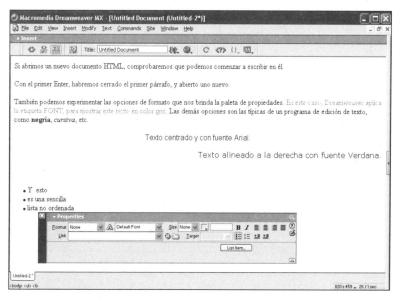

Figura 4. *Escribiendo texto en un nuevo documento HTML de Dreamweaver.*

Al trabajar con las opciones de tipografía, encontraremos "familas tipográficas". Se trata de tipografías similares, para usar en ese orden en el caso de que el usuario que visualiza la página no tenga alguna de ellas instalada en su sistema. Por supuesto, las listas de tipografías se pueden editar, pero esas son las más comunes.

La tipografía se aplica utilizando la etiqueta **<font>**. Sin embargo, como veremos más adelante, esta etiqueta está cayendo en desuso, gracias a las virtudes del lenguaje CSS, de estilos. La etiqueta **<font>** también permite aplicar la propiedad de color de la fuente.

Las demás opciones, como negrita, itálica, alineación, listas ordenadas y desordenadas, son las clásicas de todo programa de edición de texto.

Conviene prestar especial atención a la lista desplegable que aparece arriba a la izquierda, en la paleta de propiedades. Se trata de una lista que nos permitirá elegir entre los distintos tipos de encabezados HTML (Encabezado 1, Encabezado 2, etc.). Conviene utilizar estas etiquetas para definir títulos, subtítulos y sub subtítulos, en una estructura jerárquica. También encontramos el formato de párrafo común (**Paragraph**). Más adelante, en el **Capítulo 8**, aprenderemos cómo personalizar el estilo de los encabezados y párrafos, para que se adapten a la imagen de nuestro sitio.

VISTA TRADICIONAL

Para quienes prefieren la vista tradicional de las versiones de Dreamweaver anteriores a MX, pueden cambiarla desde Edit/ Preferences/General. Aquí hagan clic en el botón Change Workspace y seleccionen la opción Dreamweaver 4 Workspace. Solamente cambiará la forma de visualizar las herramientas, y aparecerá una ventana separada para ver los archivos del sitio, lo que simplificará bastante el trabajo de transferir archivos. El resto de las funciones permanecerán inalteradas. Los cambios se verán la próxima vez que iniciemos el programa.

Una de las propiedades más interesantes de esta barra es **Link**. Esta nos permite seleccionar un texto cualquiera, e insertar un hipervínculo en la página. Para esto bastará con escribir la URL correspondiente en la caja de texto **Link**. Más adelante, en el **Capítulo 7** hablaremos de los links con mayor detalle.

Insertar imágenes

Para agregar una imagen en nuestro documento HTML, dirijámonos a **Insert/Image**. También podemos hacerlo presionando el botón **Image** de la paleta de objetos (en la sección **Common**), o mediante el atajo **CONTROL+ALT+I / COMMAND+ALT+I**.

Aparecerá una ventana de exploración de archivos mediante la cual deberemos localizar la imagen en nuestro disco. Si la imagen está fuera de la carpeta de nuestro sitio web, Dreamweaver nos preguntará si queremos copiarla. Recordemos que las imágenes que utilicemos en nuestras páginas, deberán subirse al servidor, y deberán estar todas, dentro de la misma carpeta raíz del sitio. Ellas se vincularán al archivo, por lo que no podrán ser movidas de su ubicación.

Una vez seleccionada la imagen, esta aparecerá en la página, en el lugar en que estaba el cursor (**Figura 5**). Al seleccionar la imagen, la paleta de propiedades nos mostrará todas las opciones disponibles relacionadas con este elemento.

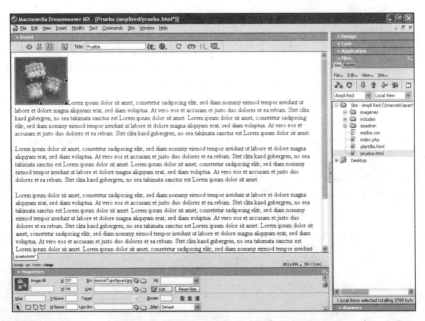

Figura 5. Así es como queda la imagen cuando la insertamos en la página.

Una de las opciones que más utilizaremos será la de alineación (**Align**). Por ejemplo, seleccionemos la opción **Right** (Derecha) para alinear la imagen a la derecha, y obtener el efecto que se puede ver en la **Figura 6**.

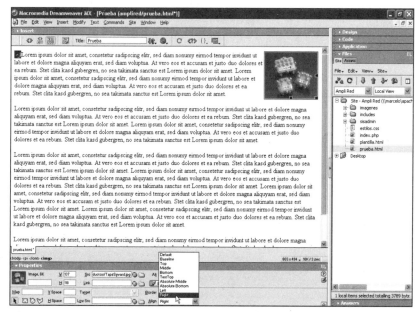

*Figura 6. Mediante la propiedad **Align** podemos controlar la forma en que se alinea la imagen con respecto al texto.*

Otras opciones que encontramos en las **Propiedades** son espaciado vertical y horizontal (**V Space** y **H Space**), **Link** (por si queremos colocar un vínculo sobre la imagen), **Border** (para dibujar un borde alrededor de la misma) y tres botones de alineación respecto a la página: izquierda, centro y derecha.

Trabajar con tablas

Uno de los elementos más utilizados en el diseño web son las tablas. Mediante estructuras diseñadas con tablas HTML, es posible crear todo tipo de diseños más o menos

ORGANIZAR EL ESPACIO

En cuanto al contenido del sitio, organice el espacio de la página de forma tal que sea atractivo leerla. Evite poner textos extremadamente largos.

complejos. Las tablas HTML son muy fáciles de controlar, ya que nos permiten definir el ancho de sus bordes, el margen interno, la separación entre celdas (o margen externo), el color o imagen de fondo de cada una de las celdas y, con un poco de ayuda
del lenguaje CSS, hasta podemos controlar el estilo, grosor y color de cada uno de los
cuatro bordes de cada celda en forma individual.

Para insertar una tabla en Dreamweaver elegimos el ícono correspondiente en el panel
de objetos o nos dirigimos al menú **Insert/Table**. También podremos hacerlo con la
combinación de teclas **CTRL+ALT+T**. Como vemos, los datos que nos pedirá llevan un
nombre parecido o igual al de los atributos HTML:

- **Rows:** cantidad de filas.
- **Columns:** cantidad de columnas.
- **Cell Padding:** margen interno.
- **Cell Spacing:** espacio entre celdas.
- **Width:** ancho.
- **Border:** grosor del borde, en píxeles.

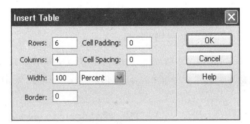

Figura 7. El cuadro de inserción de la nueva tabla.

Para crear una tabla, solo nos restará completar con números todos los datos de este
menú, referidos a la cantidad de columnas y filas. Para editar luego las propiedades
de la tabla, filas o columnas, tenemos la paleta de propiedades. El cuadro de diálogo de inserción de tabla siempre nos mostrará los últimos valores que hayamos in-
sertado, por ello, generalmente, una vez insertada la tabla, tengamos que retocarla o
hacerle alguna modificación de acuerdo con el uso que le vayamos a dar.
En la paleta de propiedades podemos observar además las diferentes características,
según el elemento de la tabla que hayamos seleccionado (celda, fila, columna o tabla). Finalmente, para seleccionar fácilmente una celda, una fila o una tabla completa, es recomendable el uso del **Quick Tag Selector**, que aparece en la parte inferior
izquierda de la ventana del documento abierto.

Las **Figuras 8** y **9** muestran cómo se ve la paleta de propiedades según el elemento de
la tabla que se ha seleccionado. Las propiedades se modifican en cada opción.

Figura 8. En la parte inferior, la paleta muestra las propiedades de una celda. La parte superior está reservada para mostrar las propiedades del texto que se escribe en la celda.

Figura 9. En este caso, la paleta muestra las propiedades de la tabla.

Subir los archivos al servidor

Una vez que terminamos de construir nuestra página o todo nuestro sitio, podemos comenzar a subir los archivos al servidor. Para subir los archivos, si definimos correctamente los parámetros del servidor FTP, bastará con seleccionar la opción **Put** del botón **File Management**, en la barra de herramientas (un botón con un ícono de dos flechas). Haciendo esto, Dreamweaver se conectará al servidor FTP y el documento abierto se colocará en la ubicación correcta. También aparecerá un cartel que nos preguntará si queremos incluir archivos dependientes, o vinculados (**Include depending files?**).

También podemos conectarnos al servidor desde la pestaña **Site** del panel **Files**. Para conectarnos, hagamos clic en el primer botón de este panel (**Connects to remote host**). El ícono cambiará para indicar que Dreamweaver se ha conectado. De esta forma, será mucho más fácil la transferencia, ya que bastará con seleccionar todos los archivos y hacer clic en la flecha que apunta hacia arriba (**Put**).

Si deseamos bajar algún archivo del servidor, también podremos hacerlo seleccionando **Remote View**, del segundo menú desplegable del panel. Luego seleccionemos el archivo que queremos bajar y hagamos clic en la flecha que apunta hacia abajo (**Get**).

Para quienes todavía prefieran la vista de la ventana Files o Site, tradicional de las versiones de Dreamweaver anteriores a MX, en la misma ventana pueden cambiarlo desde el menú **Edit/Preferences/General**. Aquí hagan clic en el botón denominado **Change Workspace** y seleccionen luego la opción **Dreamweaver 4 Workspace**. Solamente cambiará la forma de visualizar las herramientas, y aparecerá una ventana separada para ver los archivos del sitio, lo que simplificará bastante el trabajo de transferir archivos. El resto de las funciones permanecerán inalteradas. Los cambios se verán la próxima vez que iniciemos el programa.

6

Dreamweaver

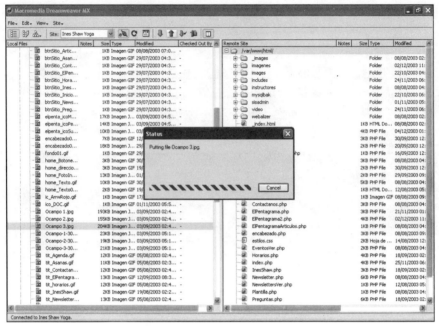

Figura 10. Transferencia de archivos mediante FTP desde la ventana del sitio.

Diseño de la plantilla del sitio

Dreamweaver nos permite trabajar con plantillas de una forma muy cómoda. Sin embargo, hay que prestar atención y tener cuidado porque algunas veces, cuando queramos trabajar con código HTML, las plantillas no nos servirán; es más, por experiencia les decimos que pueden llegar a causarles problemas en muchos casos.

Por ello, explicaremos de forma sencilla cómo emplearlas, aunque nos centraremos en el diseño de la plantilla del sitio mediante otra técnica mucho mejor y más efectiva, que es utilizando **inclusión de archivos**. De todas formas, el diseño de la plantilla es independiente de qué técnica utilizaremos luego, así que ¡adelante!. Veamos cómo pasar un diseño de Photoshop a Dreamweaver.

WEB PHOTO GALLERY

Esta herramienta de Photoshop nos permitirá crear una galería de imágenes para la Web con todas nuestras fotografías muy fácilmente.

De Photoshop a Dreamweaver

Suponemos que, de acuerdo con lo que explicamos en el capítulo anterior, ya tenemos el diseño de la plantilla del sitio hecho en Photoshop. Nuestro desafío ahora, consistirá en "traducir" lo que hicimos como una imagen, a un diseño HTML, para una página web, y así poder comenzar a trabajar con Dreamweaver.

La **Figura 11** nos muestra el archivo PSD (de Photoshop) del cual partiremos, y tomaremos como ejemplo para la creación de la página.

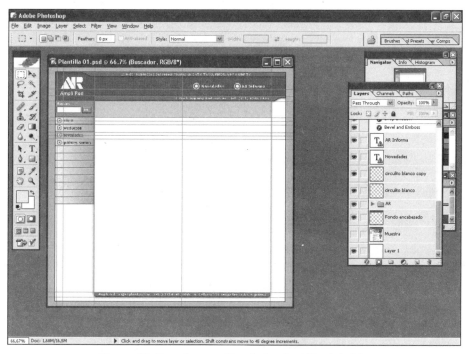

Figura 11. Para la creación de la plantilla del sitio,
partiremos de este diseño hecho en Photoshop.

Claro que, durante nuestro trabajo en Photoshop habremos utilizado herramientas y recursos propios de este programa, como guías y capas, seguramente, que no nos servirán precisamente para el trabajo con Dreamweaver. Sin embargo, tampoco conviene eliminarlos, ya que en algún momento tal vez necesitemos modificar el original.
Entonces, vamos a crear una copia del PSD, con la cual podremos trabajar cómodamente con Dreamweaver. Para ello, dirijámonos al menú **File**, de Photoshop, y seleccionemos la opción **Save As**. Coloquémosle un nombre para diferenciarla. Nosotros le colocamos (**flatten**) entre paréntesis, ya que, como veremos más adelante, utilizaremos esta opción para acoplar las capas (**Figura 12**).

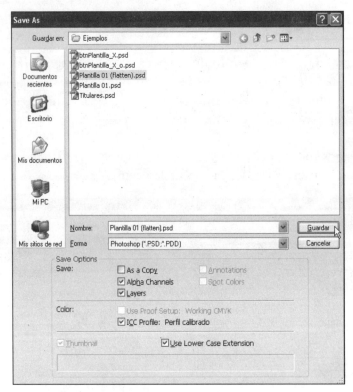

Figura 12. *Guardemos una copia del archivo PSD*
para trabajar más cómodamente con Dreamweaver.

Una vez guardado, nos conviene eliminar todas las guías que utilizamos durante el diseño y que no nos van a servir para el pasaje a Dreamweaver. Aquí hay que prestar especial atención, ya que dependerá de nosotros diagramar cómo traduciremos el archivo PSD al formato para sitios web HTML.

Generalmente nos convendrá utilizar tablas, por lo que una buena idea es, antes de comenzar a diseñar, dibujarse en un papel un posible esquema de cómo será esa tabla que contendrá a nuestro diseño. Por ello, prestemos especial atención en esta etapa, ya que algunas guías actuales podrían servirnos, mientras otras no. Las que creemos que nos servirán o tenemos alguna duda al respecto, dejémoslas como están, ya que luego puede ser difícil volver a colocarlas en el lugar preciso otra vez.

Nosotros utilizaremos en este caso una tabla de 7 filas y 4 columnas, teniendo en cuenta la imagen con la que estuvimos trabajando, por lo que nuestras guías quedarán en principio como se puede ver en la imagen de la **Guía Visual 3** que se encuentra en la página siguiente. La imagen quedo dividida en 28 celdas, que identificaremos mediante los números que se encuentran en su interior.

Celdas en que se divide la pantalla GUÍA VISUAL 3

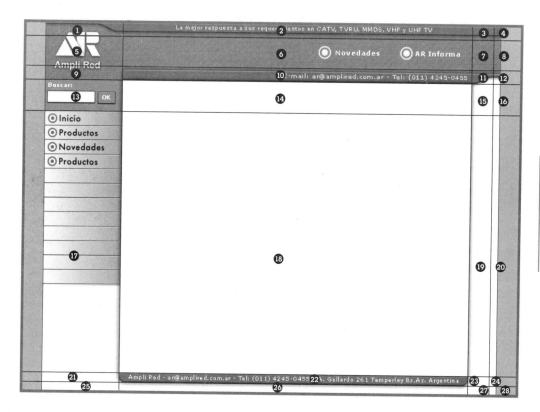

Dreamweaver 6

Ahora tenemos dos opciones. La primera y la más sencilla sería tomar la herramienta **Slice tool**, hacer clic en el botón **Slices From Guides**, de la barra de herramientas y dirigirnos a **Files/Save For Web**. Allí podríamos generar la página HTML automáticamente, y nos quedaría tal cual como se ve en la **Figura 13**.

Sin embargo, el resultado de esta forma no nos deja muchas opciones de personalización. Quien quiera quedarse con este resultado, puede hacerlo, pero la técnica "manual", nos permitirá tener un mayor control sobre el diseño.

¿DESDE PHOTOSHOP?

Obviamente, la técnica que explicamos aquí, consistente en partir de un diseño realizado en Photoshop, es nuestra recomendación para diseños complejos. Muchos sitios sencillos no requieren este trabajo y bien pueden realizarse directamente sobre Dreamweaver.

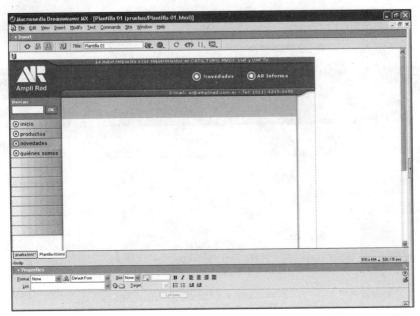

Figura 13. Utilizando la opción de guardar para la Web (*Save for Web*)
de Photoshop, podemos generar la página HTML rápidamente.

Por ejemplo, nosotros necesitamos que el borde derecho de la página llegue hasta el margen derecho de ella y que si la ventana se agranda, ya sea por el usuario, o por el hecho de que la página se está viendo en una mayor resolución de pantalla, también se estire la imagen. También necesitaríamos que se estirara el área de contenido, a medida que el texto que hay que mostrar en ese espacio, aumentara.
Todo esto requerirá un poco de maña y conocimientos, especialmente, sobre tablas, HTML y cómo es interpretado el HTML por distintos navegadores.

Exportar los slices

Lo que haremos ahora será trabajar con Photoshop para exportar cada uno de los sectores de la imagen que necesitamos trabajar. Para esta tarea utilizaremos bastante las guías, el zoom y la función **View/Snap**, especialmente **View/Snap To/Guides**.

Antes de seguir, vamos a acoplar las capas. Para ello, dirijámonos a **Layer/Flatten image**. También guardemos la imagen y tomemos una "foto" en el historial: abrimos la paleta **History** (desde el menú **Window/History**), y pulsamos el botón denominado **Create new snapshot**, con lo cual se crea un punto en la parte superior del historial, al que podremos volver fácilmente cuando queramos.

Comencemos haciendo un buen zoom sobre el primer sector a exportar. Luego, tomemos la herramienta **Crop Tool**, y marquemos ese sector (**Figura 14**).

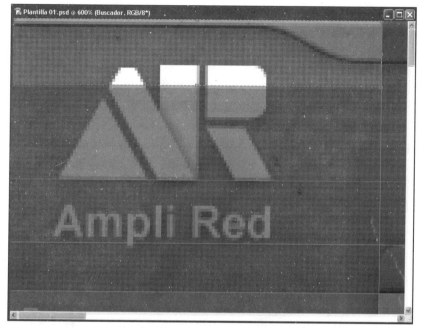

Figura 14. La herramienta Crop Tool permite seleccionar un sector y cortar todo lo que no fue seleccionado.

Con la tecla **ENTER**, efectuaremos el corte de la imagen. A continuación, dirijámonos ahora a la herramienta **File/Save for Web** y guardemos la imagen con el formato que más adecuado nos parezca (JPEG o GIF).

Es recomendable nombrar a cada sector con un número que nos permita identificarlo fácilmente. En este caso, utilizaremos el número de celda al que pertenece ese sector, según podemos ver en la **Figura 15**. Luego, utilizando el snapshot que creamos en el historial, podemos volver atrás. Prosigamos de la misma forma con los demás slices de la imagen. Pero cuidado, con los de la última columna. Como nosotros dijimos que queríamos que el borde derecho de la página se agrandara o se achicara al modificar el tamaño de la ventana, y que permaneciera pegado al margen derecho, vamos a tener que utilizar una imagen de fondo en la última celda de la tabla, en lugar de una imagen colocada en la celda.

Entonces, cuando seleccionemos el slice, debemos asegurarnos de que pueda funcionar perfectamente como fondo, porque si hacemos un buen zoom sobre él, notaremos que tiene un borde que nos perjudicaría (**Figura 16**).

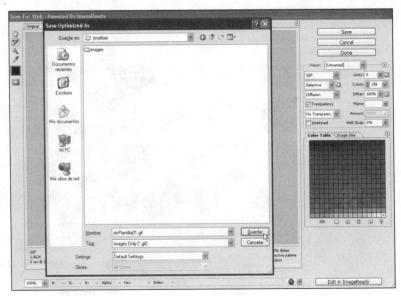

*Figura 15. Mediante la opción **Save for Web** guardamos uno a uno los sectores o slices.*

También debemos tener en cuenta que el borde derecho pueda unirse con el izquierdo para mantener la uniformidad del fondo.

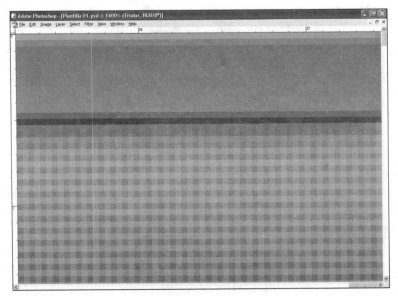

*Figura 16. Si lo que queremos es crear una imagen que pueda utilizarse
como fondo, no nos servirá el borde derecho, que es levemente más oscuro.*

Entonces, vamos a recortar la imagen con especial cuidado, prestando atención a lo que dijimos. Seguimos el ejemplo de la **Figura 17**.

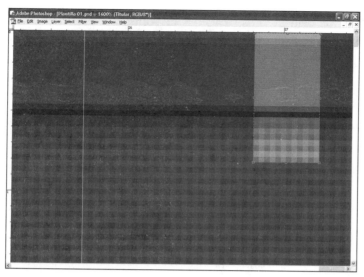

Figura 17. Observen cómo cortamos el sector de la última columna.

Un caso similar se da en la celda 6, en donde también necesitamos un fondo, ya que queremos que el contenido de esta pueda manipularse fácilmente (olvidando, por el momento, los botones Novedades y AR Informa).

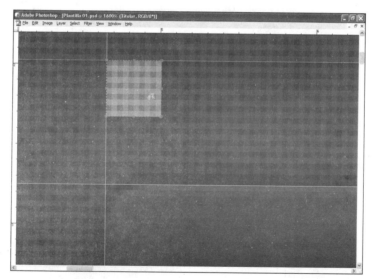

Figura 18. Para este caso, tenemos que tener cuidado
con los bordes derecho e izquierdo, para poder formar el fondo.

Sigamos recortando todos los sectores de la misma forma. Los botones los dejaremos para más adelante, ya que siempre conviene crearlos aparte.

Otros lugares donde utilizaremos imágenes de fondo para las celdas será en las celdas 17 y 19, es decir, a los costados del área del contenido, lugar que será flexible.

De más está decir que no hace falta cortar todos los sectores de imagen. Por ejemplo, donde va el contenido, que es todo blanco, no colocaremos ninguna imagen.

Diseño de la tabla

En este caso utilizaremos una sola tabla, pero puede darse el caso en que necesitemos más de una, incluso tal vez anidadas. Trabajaremos en un diseño al 100%. Esto significa que haremos que el diseño ocupe el 100% del ancho de la página. Para que el contenido pueda visualizarse correctamente en una resolución mínima de 800 píxeles de ancho, deberemos cuidar que el área de contenido no supere esta medida. Para ello, el diseño que creamos en Photoshop fue diseñado con un ancho de 780 píxeles.

Comencemos creando un nuevo documento HTML en Dreamweaver, mediante la opción **File/New**. Antes de continuar, abramos la ventana de propiedades de la página desde **Modify/Page Properties** (o con **CONTROL+J / COMMAND+J**) y especifiquemos el valor **0** para las propiedades **Left Margin**, **Top Margin**, **Margin Width** y **Margin Height** (**Figura 19**).

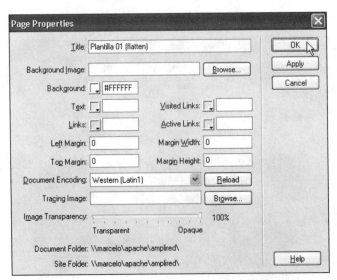

Figura 19. Especificamos el valor cero para todos los márgenes, para tener un mayor control sobre la página.

Para crear una nueva tabla en Dreamweaver, tenemos varios caminos: pulsamos el atajo **CONTROL+ALT+T** (**COMMAND+OPTION+T**, en Mac), hacemos clic sobre el ícono de tabla en la paleta **Insert**, o bien vamos al menú **Insert/Table**. En el cuadro de diálogo que aparece, debemos ingresar los valores con los que trabajaremos, que son los que se pueden ver en el ejemplo de la **Figura 20**.

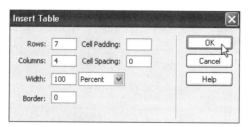

Figura 20. Utilicemos estos valores para crear la tabla.

La primera fila de la tabla es clave, porque aquí estableceremos los anchos de cada una de las columnas. No es necesario en este caso que se especifique el ancho en las demás filas si ya se hizo en la primera. Comencemos entonces agregando la primera imagen (en este ejemplo, denominada **slcPlantilla01.gif)** a la primera celda. Cuando hagamos esto, seguramente nuestra tabla se deformará. Esto es porque ninguna celda tiene un ancho especificado. Comenzaremos por la primera.

Seleccionemos la imagen que acabamos de insertar, haciendo clic sobre ella y veamos la paleta de **Propiedades**; prestemos atención al ancho de la imagen, que figura ahí. Ahora posicionémonos a la derecha de la imagen (pulsando la flecha derecha del teclado), dentro de la misma celda. La paleta de **Propiedades** mostrará ahora las propiedades de la celda en la que se encuentra la imagen. Ingresemos, entonces, el valor del ancho (**W**), con el mismo valor de ancho que tenía la imagen. Veremos que ahora la celda se acomodará exactamente a la medida de la imagen.

Repitamos estos pasos con el resto de las imágenes de la primera fila, excepto con la última. ¿Por qué? Como definimos al crear la tabla un ancho de 100%, esta se adaptará automáticamente al ancho de la ventana, sin importar cuál sea este. Por lo tanto, tiene que haber una columna sin un ancho especificado, la cual será flexible y se agrandará o achicará, de acuerdo con el tamaño de la ventana del navegador del usuario. Esa celda es la que llevará la imagen de fondo.

De acuerdo con los resultados obtenidos, es posible que tengamos que retocar alguna de las imágenes, quizá a causa de algún corte imperfecto. En nuestro caso, combinamos las celdas 7 y 8, para evitar una pequeña falla que se notaba entre el pasaje de una celda a la otra, como causa de que las dos estaban usando un fondo diferente. Podríamos haber combinado la celda 6 también, si no fuera porque queremos colocar contenido en ella y que no sobrepase su límite derecho. Una vez ajustados todos los detalles, la página estará lista. En la **Figura 21** podemos ver el diseño en Dreamweaver, con algunos **ENTER** en el área de contenido, para que pueda apreciarse mejor.

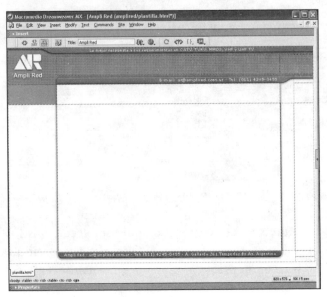

Figura 21. Nuestra plantilla hasta el momento.

Si abrimos la página en un navegador web, podremos comprobar si se ve correctamente. Conviene hacer esto en más de un navegador, como por ejemplo en Internet Explorer y luego en Opera, para corregir los pequeños detalles que puedan quedar. En nuestro caso, tuvimos problemas con las dos últimas filas, ya que el alto de las imágenes es menor que el alto predeterminado de las celdas. No sirvió de nada especificar el alto de las imágenes en la propiedad "alto" de esas celdas, ya que el alto mínimo que puede tener una celda está limitado por el alto predeterminado de la tipografía activa (en este caso la predeterminada) en las celdas que quedan vacías. Nosotros dejamos vacías las celdas de la última columna (celdas 24 y 28), por lo que esto nos impedía disminuir el alto de toda la fila.

Lo que se hace en estos casos es crear una imagen transparente en Photoshop y colocarla en las celdas que quedan vacías. En la sexta fila, el alto requerido es de 16 píxeles, por lo que creamos un **GIF transparente** de 1x16 (ancho por alto) y lo colocamos e la celda 24. En la celda 28, colocamos un **GIF transparente** de 1x14. También es posible utilizar una única imagen gif transparente de un tamaño de 1 x 1 y forzar sus dimensiones, de acuerdo a lo que necesitamos.

Nuestra plantilla está casi lista. En los siguientes capítulos aprenderemos a agregarle más elementos a la página, como la barra de navegación para acceder a cada sección, que todavía falta, los títulos y algunas cosas más que harán que su manipulación y posterior actualización o variación sean realmente tareas muy sencillas. Por último, veremos algunos consejos que tienen que ver con las particularidades propias de la página de inicio.

Figura 22. Al visualizar la página en el navegador, hay que tener cuidado con todos los detalles que puedan aparecer. En caso de que aparezca alguna imperfección en alguno de los slices, habrá que corregirlos con Photoshop.

Diseño de la página de inicio

La página de inicio requiere una mención especial, ya que es bastante diferente al resto de las páginas que componen el sitio. Las páginas internas, o de contenido suelen tener un diseño común, generalmente definido por una plantilla, como veremos más adelante. La página de inicio en cambio, puede ser diferente, por eso generalmente conviene "salirse" un poco de la plantilla. Su función es la de presentar en forma global el contenido y los servicios que ofrece el sitio que estamos diseñando.

Recomendaciones a seguir con la página de inicio

La página de inicio debe responder fácil y rápidamente a los interrogantes "¿Dónde estoy?" y "¿Qué tiene este sitio para ofrecerme?". La respuesta a estas preguntas debe estudiarse con muchísimo cuidado antes de comenzar con el trabajo, ya que dependerá en gran medida del tipo de sitio que estemos diseñando.

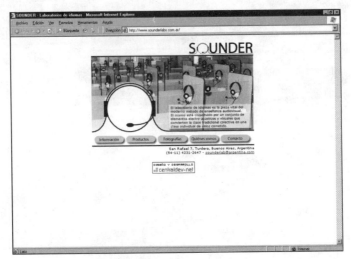

Figura 23. *Este sitio muestra una página de inicio*
con un breve mensaje de bienvenida, ideal para un sitio corporativo.

Generalmente la página de inicio sirve como punto de partida para el resto de las secciones, pero también puede aprovecharse para colocar información o algún recurso de importancia del sitio. Por ejemplo, la página de inicio de un buscador como Google, incluye directamente el formulario de búsqueda, ya que todos los usuarios van a Google para realizar una búsqueda. No sería muy cómodo sí, para realizar una búsqueda, hubiera que cliquear primero en el link para acceder a la sección "Búsquedas". Un caso absurdo de este tipo es el que podemos apreciar en la **Figura 24.**

Figura 24. *¿Qué sentido tiene obligar al usuario a visualizar*
esta presentación en Flash si solo muestra el logo de la empresa?

La página de un diario, por ejemplo, mostrará en su página de inicio las últimas noticias del día, y de las secciones principales. Por otro lado, un sitio corporativo, tal vez pueda utilizar ese espacio para hacer una presentación de la empresa, contar qué es lo que se puede encontrar en el sitio y permitir el acceso al resto de las secciones.

En muchos casos, habrán visto que la página de inicio está antecedida por una presentación, o un mensaje de bienvenida que ocupa toda una página y en la que se obliga al usuario a cliquear un botón que dice "Entrar"; nada más molesto. Imagínense que los visitantes deberán pasar por esa página de bienvenida cada vez que necesiten volver a nuestro sitio, lo cual puede resultar muy molesto para más de uno. Tengamos en cuenta que el usuario de Internet no tiene tiempo para perder viendo pesadas presentaciones de Flash, llenas de música y animaciones, o para leer nuestro mensaje de bienvenida cada vez que entra a nuestra página; por el contrario, esas cosas lo espantarán.

Figura 25. Al acceder a la verdadera página de inicio, nos encontramos con la misma información que en la presentación. ¿Realmente hizo falta ese "envoltorio"?

Resumen del capítulo

Dreamweaver es una excelente herramienta que nos ofrece prácticamente todo lo necesario para realizar el diseño de un sitio web. En este capítulo, conocimos su interfaz y aprendimos a configurarlo para optimizar el funcionamiento de todas las herramientas. También vimos cuales son las ventajas de trabajar con tablas, diseñar una plantilla y enviar las páginas ya diseñadas al servidor. Por último, una serie de recomendaciones a tener en cuenta al momento de editar la página de inicio.

Actividades propuestas

Diseñe la página de inicio de un sitio web, que contenga al menos 2 imágenes, un texto introductorio, y una barra de navegación. El sitio deberá además cumplir con los siguientes requisitos:

» Inserte el nombre del sitio y el logo en la parte superior de la página.
» Utilice una barra de navegación con al menos 4 o 5 secciones.
» Incluya un texto introductorio y una imagen representativa de la página.
» Utilice no más de 2 o 3 colores para toda la página, característicos del sitio.
» Incluya información de contacto (un mail y un teléfono) al final de la página.

Finalmente, elabore sobre la base de la página de inicio, una plantilla que le permita generar las páginas de todo el sitio web.

Cuestionario

1/ Nombre al menos tres características que se destaquen en Dreamweaver.
2/ ¿A través de qué herramientas se puede insertar una imagen?
3/ ¿Qué elementos son necesarios definir para crear una tabla?
4/ ¿A qué interrogantes debe responder una página de inicio para cumplir su función?
5/ ¿En qué formato se almacena una imagen transparente?
6/ ¿De qué forma se transporta un trabajo desde Dreamweaver a Photoshop?
7/ ¿Qué herramienta se utiliza en Dreamweaver para subir los archivos al servidor?
8/ ¿A qué se denomina "familias tipográficas"?
9/ ¿Qué información se encuentra en la ventana **Panel Code**?
10/ ¿Cuál es la utilidad de la herramienta **Remote View** del cliente FTP?

Capítulo 7

Navegabilidad

La navegabilidad es uno de los aspectos
más importantes de un sitio web y muchas
veces no es tenido en cuenta ni estudiado.
Como hemos observado, la mayoría
de los sitios web está compuesto por más
de un documento HTML y, para acceder
a ellos se utilizan los tan conocidos
hipervínculos. En este capítulo se explica
cómo optimizar la conexión
de hipervínculos tanto en el interior del site
como hacia otros sites relacionados.

HTML y JavaScript

¿Qué es "navegar"?

"Navegar" es un término que surge de la metáfora de imaginar a la web como un océano o un mar, en donde el usuario va de un sitio a otro, justamente, como si estuviera navegando en una embarcación. Sin embargo, la metáfora de navegar o surfear la web está cayendo en desuso. Hoy, más bien, los usuarios van directo a la información que buscan. Los usuarios ya no quieren perder tiempo cliqueando muchos links para acceder al contenido que buscan. En síntesis, el sitio web metafórico ya está cayendo en desuso.

Los sitios web actuales tiene un formato más práctico, como un libro o revista, como un documento online. Claro está que, de acuerdo con el tipo de sitio, puede haber diferencias, pero en líneas generales, esto es lo que sucede.

El diseño de la navegabilidad de nuestro sitio comprenderá los siguientes aspectos:

• La organización del contenido y su división en secciones con un nombre intuitivo.

• La traducción de esa organización a una interfaz fácil de utilizar como una barra de navegación, una botonera, o similar.

• La identificación clara de cada una de las secciones.

Sobre este último punto, es importante saber que, gracias a los buscadores, los visitantes podrán entrar a un sitio por cualquiera de sus páginas. De hecho, en la mayoría de los sitios de noticias o contenidos que se actualizan con frecuencia, la "puerta de entrada" no suele ser la página de inicio. Por esto, es importante diseñar el sitio de modo tal que los usuarios puedan saber, ni bien entran, dónde están parados.

Figura 1. La barra de navegación del sitio de Harry Potter no utiliza nombres intuitivos. Por ello, los diseñadores se vieron obligados a aclarar qué se puede encontrar en cada una.

Los links

Sin dudas, uno de los elementos más importantes y que merecen mucha atención, son los links o hipervínculos. Hoy en día, cualquiera sabe que un texto subrayado de color azul y que al pasar el puntero por encima transforma la flecha en una mano, nos transportará a otro documento al cliquearlo.

Qué son y cómo funcionan

Un hipervínculo es una referencia a otro documento. Se pueden activar de varias maneras, pero la más común es por acción directa del usuario, al hacer clic sobre un texto o una imagen, que contienen un hipervínculo.

Agregar hipervínculos con Dreamweaver es muy sencillo. Bastará con seleccionar el texto o la imagen en donde queremos definirlo y dirigirnos a la paleta de **Propiedades**. Allí encontraremos el cuadro de texto **Link**, en donde podremos escribir el URI (Universal Resourse Identifier, Identificador Universal de Recursos), según podemos ver en el menú de la **Figura 2**.

*Figura 2. La paleta de **Propiedades** nos permite
definir vínculos sobre textos o imágenes.*

Un dato importante a tener en cuenta es que, si queremos realizar un vínculo a un sitio externo, deberemos colocar la URL completa:

*Figura 3. Para colocar un link a una página externa,
hay que colocar la URL completa, incluyendo "http://".*

Para que no sea necesario escribir la URL, cuando estamos realizando un vínculo a un archivo dentro del sitio, podemos hacer clic en el ícono de la carpeta que aparece a la derecha de **Link** y seleccionar el archivo desde la ventana que se abre.

También podemos utilizar el puntero que aparece a la derecha para crear un vínculo. Simplemente podemos cliquear sobre el ícono del puntero y, sin soltar, arrastrar
la flecha que aparece hasta el archivo con el que queremos vincular en la ventana de
archivos del sitio (**Figura 4**).

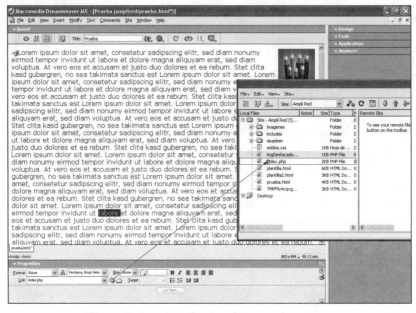

Figura 4. Creación de vínculos con el puntero.

Vínculos relativos y absolutos

Como vimos anteriormente, si queremos crear un hipervínculo a un sitio externo, deberemos colocar la URL completa. En cambio, si queremos realizar un enlace a un documento dentro de nuestro sitio, esto no será necesario.

Es posible crear vínculos relativos, es decir, un vínculo que toma como punto de referencia, la ubicación en el sitio del archivo de origen. Los casos posibles son los siguientes:

- **Archivo en el mismo directorio.** Si queremos realizar un vínculo a un archivo en el mismo directorio que el archivo de origen, bastará con colocar el nombre del archivo. En la **Figura 5** suponemos que nuestro archivo de origen es **index.html** y el archivo al que queremos vincular es **destino.html**.

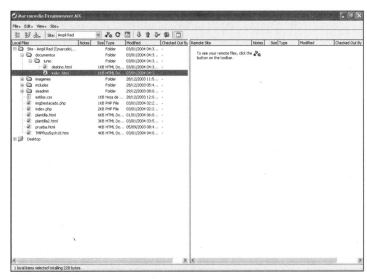

*Figura 5. Para vincular de **index.html** a **destino html**, alcanza con escribir el nombre.*

- **Archivo dentro de un directorio interno.** Si ahora el archivo de destino se encuentra dentro de un directorio, simplemente le anteponemos el directorio: **carpeta/destino.html** (**Figura 6**). Noten que se utiliza la sintaxis de UNIX para directorios.

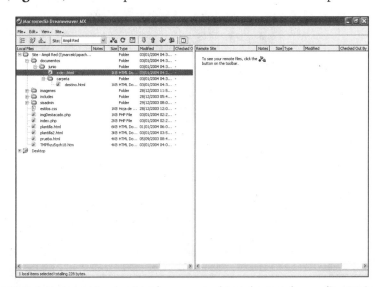

Figura 6. Creación de vínculos a un archivo dentro de un directorio.

- **Archivo en un directorio superior.** Si el archivo de destino se encuentra un nivel por encima (**Figura 7**), nos referimos a ese directorio mediante **../**. Entonces, el link completo es **../destino.html**. Por cada nivel superior siempre debemos agregar **../**, por ejemplo, si se halla dos directorios encima: **../../destino.html**.

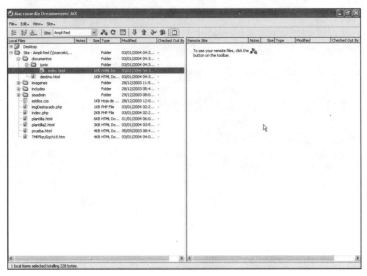

Figura 7. En este caso, el archivo de destino se encuentra en un nivel superior.

- **Archivo en un directorio superior y dentro de otro directorio.** Este caso es similar al anterior, y podemos verlo en la Figura 8. Con **../** nos posicionamos un nivel por encima, y luego escribimos la ubicación: **../agosto/destino.html**.

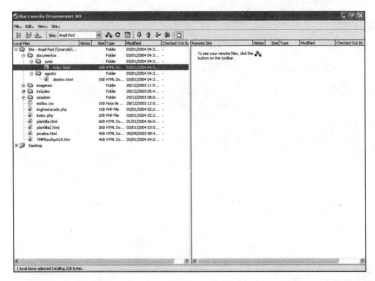

*Figura 8. Otro caso de directorio superior. Ahora, el archivo está dentro de la carpeta **agosto**.*

Los vínculos absolutos, en cambio, no dependen de la ubicación del archivo en el que se encuentren. Un vínculo absoluto funciona igual, y nos lleva a la misma ubicación, esté en el archivo que esté. Los vínculos absolutos toman como única referencia el directorio raíz del sitio. Este directorio es el que se accede al tipear la dirección del sitio web. Por ejemplo, si timpeamos **http://www.google.com**, en nuestro navegador, observaremos que la dirección se transforma en **http://www.google.com/** (se agrega una barra al final). La barra **/** representa al directorio raíz del sitio, en donde se encuentra la página de inicio. Por ejemplo, **/index.html**, representa a un archivo que se encuentra en el directorio raíz. Si utilizamos ese vínculo, en cualquier página, siempre dentro de nuestro sitio, seremos conducidos a ese documento inequívocamente.

Navegabilidad

La navegabilidad define la forma en que nuestro sitio estará organizado para que los visitantes puedan recorrerlo lo más fácil posible y puedan llegar a la sección que quieran de forma rápida y cómoda. Será nuestra obligación estudiar cuidadosamente y diseñar la estructura de navegabilidad de la forma más óptima, de modo que los usuarios puedan encontrar fácilmente lo que necesitan y ubicarse sin inconvenientes en cualquiera de las secciones del sitio.

Es importante recordar que un sitio web puede ser accedido desde cualquiera de sus páginas, no solamente de la página de inicio. Por ello, no podemos permitir que existan "secciones sin salida". En todas las secciones deberá haber un enlace a la home, lo que hará que los visitantes se sientan más seguros. Otra recomendación similar es que se permita a los usuarios acceder a cualquiera de las secciones principales del sitio, desde cualquiera de sus páginas, sin obligarlos a pasar por la home o por secciones que no son necesarias. En todo caso, podría ser necesario subir un nivel, pero no más.

Estructuras de un nivel

Este tipo de estructuras comprende a los sitios más sencillos, en donde, a partir de la página de inicio se desprende un número más o menos pequeño de secciones nada más. Lograr que el usuario se encuentre cómodo en un sitio como este, generalmente es fácil, bastará con mantener un enlace para volver a la home en todas las páginas. Incluso se puede establecer una barra de navegación fija muy simple, que les permitirá a los navegantes ir de una a otra sección rápidamente.

Estructuras de dos niveles

Este tipo de sitios está divididos en secciones y, a su vez, subsecciones. Aquí también tenemos otro caso: los sitios con estructuras de un nivel, pero en donde algunas de las secciones están subdivididas. Para estos casos debemos tener especial cuidado al diseñar la barra de navegación. Lo más común suele ser mostrar los enlaces principales y, al entrar a la sección, mostrar los enlaces que corresponden a las subsecciones. Otra opción muy utilizada consiste en el diseño de una barra de navegación más elaborada, como la que podemos ver en los ejemplos de las **Figura 9** y **Figura 10**. De esta forma, el visitante puede acceder a cualquier sección de nuestro sitio desde la página de inicio. En cualquier caso, al ingresar a una sección o una subsección, se suele incluir un vínculo hacia la página principal. Pero por supuesto, un sitio web puede no estar limitado a dos niveles, como veremos a continuación.

Figura 9. *En este caso, cada pestaña representa una sección. Al cliquear sobre cualquiera de ellas, podemos ver, debajo, la lista de subsecciones.*

VOLVER AL NIVEL ANTERIOR

Si en alguna página no se muestra la barra de navegación con todas las secciones a las que se puede acceder, es necesario indicar claramente cómo regresar al nivel anterior.

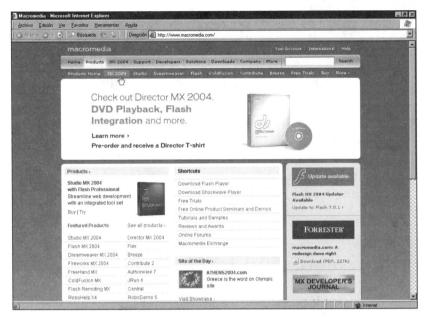

Figura 10. *Este ejemplo es bastante similar al anterior, solo que,*
en este caso, la barra de navegación está diseñada en Flash,
y permite ver las secciones y subsecciones más rápidamente.

Más niveles

Muchos sitios requieren una mayor profundidad. Por ejemplo, un sitio que pertenezca a una gran empresa puede tener la siguiente estructura de navegación: **Inicio > Productos > Cocinas > "Cocina Fuego Fácil" > Características**. Este sería el caso de una empresa que por ejemplo ofrece información acerca de todos sus productos o servicios, aplicando la categorización correspondiente a cada caso. Sin embargo, y para mayor comodidad del visitante, conviene organizar los sitios con la menor cantidad de niveles posibles. Esto nos asegurará que el usuario alcance la información que esta buscando en un principio. En este caso, los dos niveles de primero y segundo orden serían **Productos** y **Cocinas**. Los demás niveles conviene organizarlos como "internos" a **Cocinas**.

Siempre es recomendable entonces diseñar la navegación del sitio con la menor cantidad de niveles posibles. Si algunas secciones importantes se encuentran en un nivel muy profundo, puede ser una buena idea colocar algún banner para acceder rápidamente a esa sección desde una de las páginas principales. Piense siempre la forma de estructurar el contenido para que cualquier usuario pueda acceder con no más de tres clics a la información buscada. Es importante pensar esto antes de comenzar con el diseño de cada página.

Las barras de navegación

Una práctica común consiste en agrupar los enlaces a las distintas secciones de la página en estructuras conocidas como **barras de navegación**. Por supuesto que esta no es la única forma de hacerlo; otros sitios han sabido encontrar formas muy originales de presentar los links sin necesidad de recurrir a la forma clásica de barra de navegación. Es importante que, cuando realicemos el diseño del sitio web, tengamos muy en cuenta este elemento. Su diseño deberá encajar con el resto de los elementos, sin distraer demasiado el punto central de la atención, que es el contenido, pero que a su vez permita, fácilmente, encontrar lo que necesitamos.

Barras de navegación HTML

Llegó el momento de poner manos a la obra. Para ello, vamos a aprender a crear distintos tipos de barras de navegación, utilizando los elementos más simples que tenemos a nuestra disposición: las tablas HTML. Las tablas nos permitirán construir sencillas, pero efectivas barras de navegación, sin demasiadas complicaciones y con la ventaja de su bajo peso, ideales para sitios dinámicos y veloces, en donde no se quiere hacer esperar a los usuarios a que descarguen una docena de botones de colores.

Menú simple con tablas

El menú o barra de navegación más simple que podemos crear consistirá en una tabla de una columna, con tantas filas como elementos necesitemos en nuestro menú. Es conveniente siempre agrupar todas las filas de la barra de navegación en una única tabla, y no utilizar la misma tabla para otros fines ni tampoco utilizar parte de una estructura de tabla superior para crear la barra de navegación.

Crear esta barra de navegación es tan simple como insertar una nueva tabla. Las propiedades de ella dependerán de lo que nosotros necesitemos. En la **Figura 11** podemos ver un caso en el que necesitamos tener nueve elementos y un margen interno de 5 píxeles.

PÁGINAS MÁS LIVIANAS

El uso de una barra de navegación sencilla, sólo con tablas y texto, ayudará a disminuir el peso de las páginas, de modo que permitirá descargarlas más rápidamente. Además, el uso de textos en las barras de navegación, en lugar de imágenes, ayuda a que los buscadores los indexen.

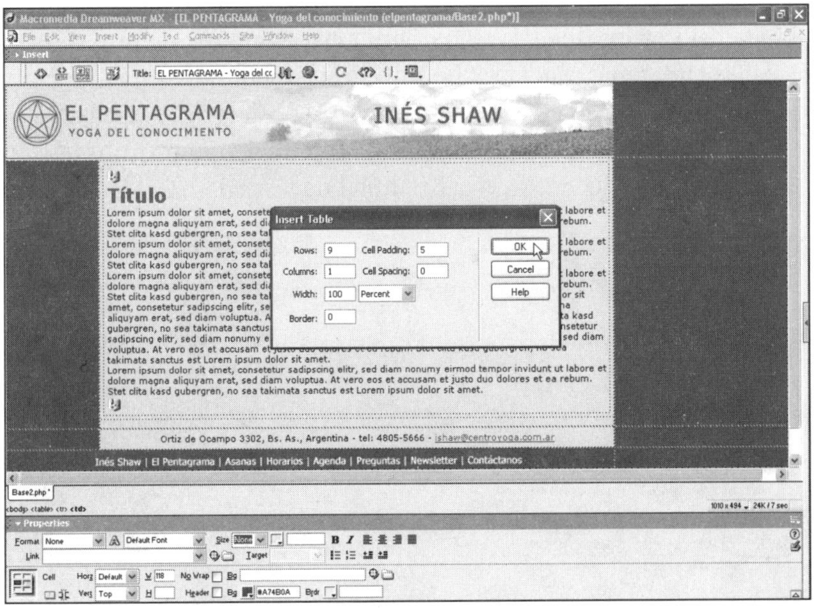

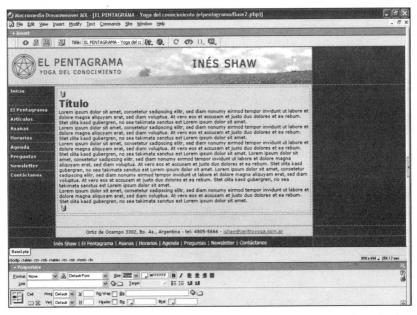

Figura 11. *Creación de la barra de navegación,*
basada en una tabla, según nuestras necesidades.

En las figura siguiente vemos otro ejemplo de cómo emplear las barras de navegación de este tipo. Es muy recomendable este sistema, ya que permite acceder de esta forma a cualquier contenido del sitio desde cualquier lugar.

Figura 12. *La barra de navegación, tal como la imaginamos, va cobrando forma.*

Ahora, solo falta colocar los links. Como vimos anteriormente, definir un link sobre un texto es una de las tareas más sencillas que hay. Simplemente seleccionamos el texto y escribimos el destino del vínculo en el cuadro **Link**, en la paleta de **Propiedades**. Sin embargo, observen con atención lo que ha pasado en la **Figura 13**. El texto tomó el color azul, predeterminado para links, el cual se vuelve difícil de leer en este color de fondo.

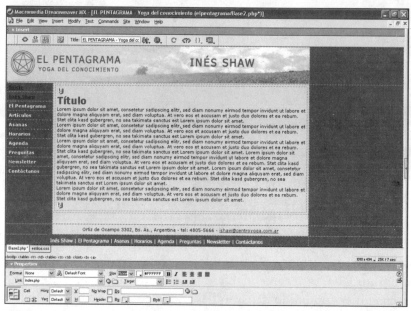

Figura 13. Al insertar un hipervínculo, este se vuelve azul, de forma predeterminada.

Si observan lo sucedido, primero habíamos colocado un color blanco al texto; Dreamweaver lo hizo mediante la etiqueta **<font color="#FFFFFF">**. Pero, al agregar el hipervínculo, la etiqueta **<a>** quedó por encima, prevaleciendo la propiedad de color predeterminada del hipervínculo:

```
<font color="#ffffff"><a href="index.php">Inicio</a></font>
```

Para que el hipervínculo permanezca blanco, deberíamos invertir el orden de las etiquetas, según como se muestra en el siguiente código:

```
<a href="index.php"><font color="#ffffff">Inicio</font></a>
```

En Dreamweaver, esto podemos lograrlo seleccionando la etiqueta **<font>** con el botón derecho del mouse (**OPTION+Clic**, en Mac), en el **Tag Inspector**, en la esquina inferior izquierda de la ventana, y seleccionar la opción **Remove Tag**. Luego, volvamos a seleccionar el texto, y apliquemos nuevamente el color deseado; la etiqueta **<font>** se aplicará ahora dentro del hipervínculo especificado.

Menú con rollovers (con tablas)

Existe otro tipo de menús, que utilizan tablas, pero que incluyen un interesante efecto de rollover. Esto significa que, cuando el usuario pasa el puntero sobre la celda que contiene el vínculo, esta cambia automáticamente de color. Se trata de un recurso sumamente útil, sobre todo porque nos permite crear una barra de navegación muy vistosa con muy poco trabajo y, a la vez, con muy bajo peso.

Para crear esta barra de navegación habrá que programar en HTML, CSS y JavaScript. En primer lugar, veremos el código HTML y CSS que habrá que aplicar en la tabla:

```
<table width="100%" border="0" cellspacing="0" cellpadding="5">
<tr>
<td

    bgcolor="#A74B0A"
    style="border-bottom: 1px solid #000000;"
    onMouseOver="Pintar(this,'#EFE3B9');"
    onMouseOut="Despintar(this,'#A74B0A');"
    onClick="Cliquear(this);"

    >
    <b><a style="color: #FFFFFF; text-decoration: none"
href="index.php">Inicio</a></b>
</td>
</tr>

<tr>
<td>...</td>
</tr>
</table>
```

Observen que el código fuente tiene algunas secciones resaltadas en **negrita**. El color definido en la propiedad **bgcolor**, de la etiqueta **<TD>** es, como ya saben, el atributo de color de fondo de la celda, y es el color que se mostrará de forma predeterminada en ella (**#A74B0A**). Pero veamos que otras cosas interesantes tiene este código.

Por ejemplo, el atributo **onMouseOver** (que significa "al pasar el mouse por encima") permite disparar una función de JavaScript cuando el usuario pasa el mouse por encima de la etiqueta en la que se encuentra, en este caso, cuando pasa el mouse por encima de la tabla. Cuando se produce ese evento, se ejecuta la función **Pintar**, que veremos más adelante, pero, como ya imaginarán, será la encargada de realizar el cambio de color de la celda. Observen que uno de los parámetros que recibe la función **Pintar** es el color hexadecimal **#EFE3B9**, que será el color con el que se pintará la celda.

El atributo **onMouseOut** (cuyo significado es "al sacar el mouse"), realiza la operación inversa, llamando para esto a la función **Despintar**. La función recibe el parámetro del color original, que es con el cual debe quedar la celda al quitar el puntero del mouse de encima. La función **Cliquear** realiza una operación especial; como no es posible asignar un hipervínculo a una celda (no se puede hacer **<a href="index.php"><td>Inicio</td></a>**), es necesario "capturar" el clic que el usuario haga sobre ella y "transmitirlo" a la etiqueta **<a>**. Otros atributos que encontramos, pero que no son importantes son **style**, tanto en **<td>** como en **<a>**. El **style** de **<td>** nos permite dibujar un borde inferior (**border-bottom**) de 1 píxel de grosor, sólido y de color negro (**#000000**). En **<a>** utilizamos **style** para aplicar el color blanco (**#ffffff**) al texto y para evitar que se subraye (**text-decoration:none**). Todos estos atributos pertenecen al lenguaje CSS.

Ahora es el momento de conocer las funciones JavaScript. Recuerden que las funciones de JavaScript suelen colocarse al comienzo de nuestra página, en la etiqueta **<head>**.

```
<script language="JavaScript" type="text/javascript">
function Pintar(src,clrOver) {
    if (!src.contains(event.fromElement)) {
    src.style.cursor = 'hand';
    src.bgColor = clrOver;
    }
}
function Despintar(src,clrIn) {
    if (!src.contains(event.toElement)) {
    src.style.cursor = 'default';
    src.bgColor = clrIn;
    }
}
function Cliquear(src) {
    if(event.srcElement.tagName=='TD'){
    src.children.tags('A')[0].click();
    }
}
</script>
```

Menús desplegables

Existe otro tipo de menús muy solicitados por aquellos sitios que tienen una gran cantidad de información para mostrar a sus visisitantes. Se trata de los menús desplegables y jerarquizados. Estos menús funcionan de manera similar a los menús típicos de cualquier programa de Windows. Su construcción es bastante más compleja, ya que requieren el uso de capas, CSS y JavaScript (ver **Apendice B**). Pero lo cierto es que programar este tipo de menús no siempre es recomendable, ya que existe un gran número de aplicaciones gratuitas, ya hechas y listas para usar.

Uno de los menús desplegables más conocidos y utilizadas es el famoso **HV Menu** (**www.dynamicdrive.com**). Este menú utiliza JavaScript para definir los elementos que lo componen de una manera muy simple. En en el sitio que se muestra en la **Figura 14** podemos ver un ejemplo de utilización de este menú.

*Figura 14. Un ejemplo de sitio que utiliza HV Menú (**www.habitatydesarrollo.org**).*

El código fuente de este menú puede descargarse desde **www.dynamicdrive.com** y utilizarse sin ningun tipo de restricciones. Es muy fácil de configurar y la disposición de los elementos puede verse al abrir el código fuente de cualquier página que lo utiliza. Siguiendo con el ejemplo de la figura anterior, veamos el código fuente que se utiliza en la página **www.habitatydesarrollo.org**.

```
function AfterBuild()(return)
function BeforeFirstOpen()(return)
function AfterCloseAll()(return)

// Menu tree
Menu1 = new Array("¿Quienes somos?", "Contenido.php?IdContenido=1", "", 4, 32, 126);
Menu1_1 = new Array("Misión & Visión", "Contenido.php?IdContenido=40", "", 0, 24, 164);
Menu1_2 = new Array("Equipo HABITAT", "Contenido.php?IdContenido=19", "", 0, 24, 164);
Menu1_3 = new Array("Metodología de trabajo", "Contenido.php?IdContenido=17", "", 0, 24, 164);
Menu1_4 = new Array("Reconocimientos", "Contenido.php?IdContenido=18", "", 0, 24, 164);
Menu2 = new Array("Ecoregiones", "Contenido.php?IdContenido=2", "", 2, 32, 126);
Menu2_1 = new Array("Gran Chaco Americano", "Contenido.php?IdContenido=20", "", 0, 24, 164);
Menu2_2 = new Array("Cuenca del Rio Uruguay", "Contenido.php?IdContenido=21", "", 0, 24, 164);
Menu3 = new Array("Programas y Proyectos", "Contenido.php?IdContenido=3", "", 5, 32, 126);
Menu3_1 = new Array("Red de reservas", "Contenido.php?IdContenido=22", "", 3, 24, 164);
Menu3_1_1 = new Array("Reservas Naturales", "Contenido.php?IdContenido=37", "", 0, 24, 164);
Menu3_1_2 = new Array("Reserva Ecológica El Pozo", "Contenido.php?IdContenido=30", "", 1, 24, 164);
Menu3_1_2_1 = new Array("NaturalESCUELA", "Contenido.php?IdContenido=35", "", 0, 24, 164);
Menu3_1_3 = new Array("Reserva Natural Arroyo Ayuí", "Contenido.php?IdContenido=29", "", 0, 24, 164);
Menu3_2 = new Array("Consorcio Naturaleza", "Contenido.php?IdContenido=23", "", 0, 24, 164);
Menu3_3 = new Array("Forestación y Conservación", "Contenido.php?IdContenido=38", "", 0, 24, 164);
Menu3_4 = new Array("Gran Chaco Americano", "Contenido.php?IdContenido=45", "", 0, 24, 164);
Menu3_5 = new Array("Chiloe, Chile", "Contenido.php?IdContenido=26", "", 0, 24, 164);
Menu4 = new Array("Asóciese", "Contenido.php?IdContenido=4", "", 0, 32, 126);
Menu5 = new Array("¿Cómo se sustenta HABITAT?", "Contenido.php?IdContenido=5", "", 2, 32, 126);
Menu5_1 = new Array("Consorcio Naturaleza", "Contenido.php?IdContenido=27", "", 0, 24, 164);
Menu5_2 = new Array("Club de amigos", "Contenido.php?IdContenido=28", "", 0, 24, 164);
Menu6 = new Array("Concientización y Prensa", "Contenido.php?IdContenido=8", "", 3, 32, 126);
Menu6_1 = new Array("Noticias", "Contenido.php?IdContenido=9", "", 0, 24, 164);
Menu6_2 = new Array("Publicaciones", "Contenido.php?IdContenido=11", "", 4, 24, 164);
Menu6_2_1 = new Array("Periódico", "Contenido.php?IdContenido=12", "", 0, 24, 164);
Menu6_2_2 = new Array("Boletín electrónico", "Contenido.php?IdContenido=13", "", 0, 24, 164);
Menu6_2_3 = new Array("Revistas", "Contenido.php?IdContenido=14", "", 0, 24, 164);
Menu6_2_4 = new Array("Libros, mapas y otros", "Contenido.php?IdContenido=15", "", 0, 24, 164);
Menu6_3 = new Array("Eventos", "Contenido.php?IdContenido=16", "", 0, 24, 164);
</script>
```

Figura 15. *El código fuente nos permite ver la forma en que se arman los distintos elementos del menú.*

Creación de botones

A partir de esta sección volveremos sobre el ejemplo con el que estuvimos trabajando en el capítulo anterior. Vamos a realizar una barra de navegación similar a las que vimos en HTML pero, en este caso, utilizaremos imágenes para darle un estilo más acorde con el resto del diseño. También utilizaremos el conocido efecto de "rollover", intercambiando una imagen por otra al pasar el mouse sobre cada opción de la barra.

Cuando creamos la interfaz con Photoshop, también dibujamos los botones para las diferentes secciones. Sin embargo, no los exportamos como slices, ya que nos será mu-

PROBLEMAS CONOCIDOS

Hay que tener especial cuidado con los menús desplegables, ya que no todos se pueden visualizar correctamente en todos los navegadores. Por más que la mayoría de los navegadores modernos soporta capas y JavaScript, existen diferencias en la forma en que interpretan el código, por lo que también habrá diferencias en cómo se mostrará el contenido.

cho más cómodo tener el PSD de los botones por separado y exportar cada uno individualmente, por si más adelante les queremos realizar alguna modificación o agregar
o modificar alguna sección a la barra de navegación.

Crear los botones base en Photoshop

El primer paso será crear la base de los botones, a partir de la cual crearemos todos
los elementos de la barra de navegación. Para ello volveremos al archivo PSD original de Photoshop (el que tiene las capas aún sin acoplar). En la **Figura 16** podemos
ver este archivo abierto, en el que incluso ya hemos modificado el estilo de uno de
los botones (**Novedades**), para probar cómo quedará el efecto de rollover.

*Figura 16. Esta es la interfaz para la cual crearemos la barra de navegación.
Observen que ya hemos creado también el botón del efecto de rollover.*

El primer paso será entonces tirar las guías alrededor de los botones, ya que los vamos
a recortar. Luego, ocultemos las capas de texto, ya que las volveremos a colocar en el
PSD del botón, como se muestra en la **Figura 17** de la página siguiente.

El siguiente paso será acoplar las capas (desde la opción **Layer/Flatten Image**) y, finalmente, recortar el botón por las guías. Para evitar perder el archivo original, guardemos este nuevo PSD con un nuevo nombre, por ejemplo, **btnPlantilla_X.psd**.

Figura 17. Es importante tomar las medidas exactas, utilizando guías, y la herramienta de medición de Photohsop, de ser necesario, para lograr una buena precisión.

Ahora que tenemos el PSD del botón, agreguemos el texto del primer botón (**Figura 18**). Utilicemos las guías que definimos en el archivo original, para colocar el texto en la posición debida. Es importante que, tanto en el botón normal, como en el "over", el texto quede en la misma posición, para que no aparezca un efecto de desalineamiento (a menos que justamente deseemos un efecto de ese tipo).

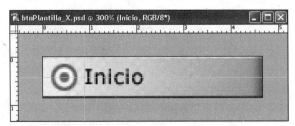

Figura 18. Para este paso es importante una correcta utilización de las guías que definimos en el archivo PSD original.

Finalmente, bastará con elegir la opción **File/Save for Web**, para guardar el archivo en un formato compatible para la Web. En este caso, dado la poca cantidad de colores, utilizaremos el formato **GIF**, que nos permitirá una mejor calidad, a muy bajo peso.

De la misma forma, habrá que seguir con la construcción del resto de los botones de la barra de navegación y guardar todos los archivos. A continuación, veremos cómo crear el efecto para que se note un cambio cuando seleccionamos uno de los botones.

Crear el botón "over"

La creación del botón over es similar a la del botón normal. Bastará con recortarlo desde el PSD original y colocar los mismos textos que en los botones normales, prestando especial atención a la posición del texto, para que no haya problemas de alineación.

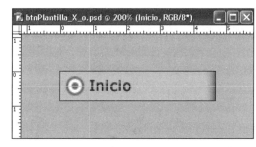

Figura 19. *La construcción del botón over es similar al anterior.*

Crear la barra de navegación en Dreamweaver

Llegó el momento de llevar las imágenes a Dreamweaver, para crear la barra de navegación propiamente dicha. Existen dos formas de hacer esto. La primera es escribiendo el código de JavaScript correspondiente; no es una tarea muy compleja, pero Dreaweaver nos facilita este trabajo mediante un objeto de la paleta de objetos.

En primer lugar, posicionémonos en el lugar en donde irá la barra de navegación, asegurémonos de que la alineación vertical es **Top** (arriba), e insertemos una tabla para contener las imágenes, con las siguientes propiedades: **cellpadding: 0** y **cellspacing: 0** y **width: 0** (ancho), según vemos en la **Figura 20**.

EFECTOS ROLLOVER

Algunos recursos que se pueden utilizar para el efecto "over" pueden ser: añadir brillo de fondo al texto, cambiar los colores, efecto de produndidad, un icono que aparece, etc. Tengamos en cuenta que, muchas veces, bastará con un efecto sutil.

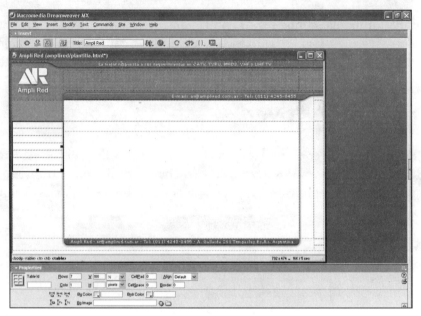

Figura 20. La tabla nos permitirá contener a las imágenes de la barra de navegación.

Una vez que tenemos la tabla, podemos dirigirnos a la primera celda. Hagamos clic en el ícono **Rollover Image**, de la paleta de objetos, o bien dirijámonos al menú **Insert/ Interactive Images/Rollover Image**. En la ventana que aparece en pantalla, deberemos completar cada uno de los siguientes campos:

Image Name: es importante colocar un nombre a la imagen, fácil de identificar, relacionado por ejemplo con la función del botón. Por ejemplo, **imgInicio**, para el botón de Inicio. **imgProductos**, para el de productos, etc.

Original Image: aquí deberemos colocar o seleccionar, mediante el botón **Browse**, el archivo del botón en el estado normal.

Rollover Image: del mismo modo que antes, aquí debemos colocar la imagen que deberá reemplazar a la original al pasar el mouse por encima.

Preload Rollover Image: esta opción permite que las imágenes rollover sean precargadas al abrirse la página, para no tener que esperar a que bajen de Internet en el momento justo en que el usuario pasa el mouse por encima.

Alternate Text: este es el texto alternativo que debe llevar toda imagen. Es muy importante colocarlo, tanto para garantizar un correcto funcionamiento de nuestro sitio, como para que los motores de búsqueda puedan indizar el texto de los botones.

When Clicked, Go To URL: acá deberemos escribir o seleccionar la URL de destino a la que será dirigido el usuario, al cliquear sobre el botón. También podremos emplearla para vincular el boton a una dirección de correo electrónico.

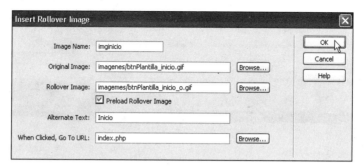

Figura 21. Configuración de la imagen rollover.

Siguiendo estos pasos, podemos colocar, una a una, todas las imágenes rollover que componen la barra de navegación. Finalmente, la página quedará como podemos verla en la **Figura 22**, con todos los botones de la barra en funcionamiento. Mantiene así una coherencia todo el diseño de la página.

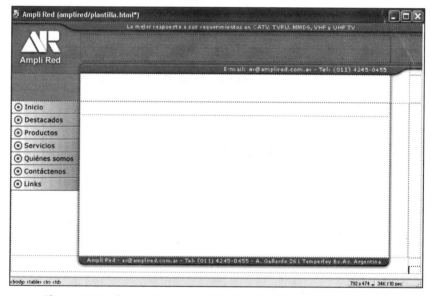

Figura 22. La barra de navegación terminada, en Dreamweaver.
Aún nos faltará probar su funcionamiento en un navegador Web.

Si queremos probar que su funcionamiento sea correcto, no podremos hacerlo desde el mismo Dreamweaver. Para ello, guardar nuestro trabajo habrá que abrir el archivo HTML desde un navegador como puede ser Internet Explorer u Opera; si tenemos todo bien configurado, en la definición del sitio, esto sucederá automáticamente cuando pulsemos la tecla **F12**. En la **Figura 23** podemos apreciar el resultado final. Pero es mucho más aún lo que podemos crear empleando en conjunto Photoshop y Dreamweaver.

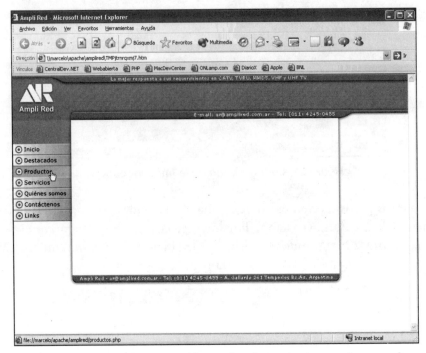

Figura 23. *La barra de navegación, en funcionamiento, en el navegador.*

Menús avanzados

Existe un tipo especial de rollover mediante el cual es posible cambiar más de una imagen. La técnica es similar, aunque en este caso, deberemos hacerlo a mano, ya que Dreamweaver no posee una función para hacerlo directamente.

En el caso de la **Figura 24** vemos el archivo PSD con el cual trabajaremos. La idea es que, por defecto, en el área de la derecha, se muestre el logo de la compañía. Pero cuando pasamos el mouse por alguno de los botones de la izquierda, la imagen de la derecha cambie por una que esté directamente relacionada con el botón. Observen que, además, también deberá cambiar el color del botón.

PROBAR LA BARRA DE NAVEGACIÓN

Antes de publicar nuestro sitio, probemos cómo se visualiza en varios navegadores. Es posible que en algunos el efecto funcione de manera diferente y que en versiones viejas, el efecto directamente no trabaje.

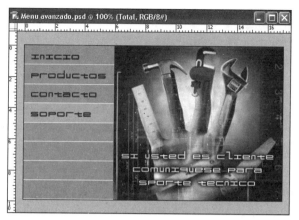

Figura 24. *Este menú tendrá un efecto rollover sobre el botón,*
pero también hará que cambie la imagen de la derecha.

Suponemos que a esta altura no habrá demasiados problemas para crear las distintas imágenes que compondrán esta página HTML. Una idea, para crear las distintas imágenes que se mostrarán con cada botón es utilizar distintas capas, e ir dejando visible la que corresponda cada vez que exportamos una de las piezas.

Una vez que tenemos las distintas imágenes, comencemos creando una tabla en un nuevo documento HTML, en Dreamweaver, como la que se puede ver en la **Figura 25**.

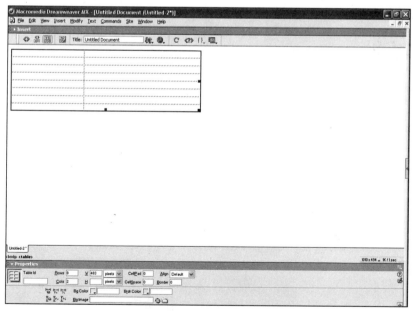

Figura 25. *Esta tabla nos permitirá contener cada uno*
de los elementos del menú de nuestro sitio.

Ahora, insertemos las imágenes una debajo de la otra, en la primera columna. A medida que las vamos insertando, también tendremos que colocarles el nombre, en la paleta de Propiedades, como vemos en la **Figura 26**.

Figura 26. *Es muy importante colocar el nombre de la imagen, en la caja de texto que aparece al comienzo de la paleta de Propiedades.*

También insertemos la imagen principal, que se mostrará a la derecha, dándole un nombre, por ejemplo, **imgPrincipal**. Seguidamente, coloquemos los distintos hipervínculos sobre cada uno de los botones.

Nuestra página HTML nos deberá quedar como la que se puede ver en la **Figura 27**.

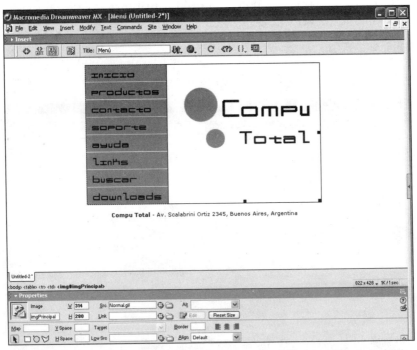

Figura 27. *La página HTML parece lista, pero aún falta modificar el código.*

Una vez hecho esto, pasemos a la vista código de Dreamweaver. Acá habrá que modificar el código de todas las etiquetas **<A>**, es decir, los hipervínculos de los botones. El código modificado, finalmente debería verse así:

```
<td><a href="Soporte.php"
onMouseOver="document.images.imgSoporte.src='imagenesP/btnSoporte_o.gif';doc
ument.images.imgPrincipal.src='imagenesP/imgSoporte.gif'"
onMouseOut="document.images.imgSoporte.src='imagenesP/btnSoporte_n.gif';docu
ment.images.imgPrincipal.src='imagenesP/imgNormal.gif'"
><img src="imagenesP/btnSoporte_n.gif" name="imgSoporte" width="169"
height="35" border="0"></a></td>
```

Observen las propiedades más importantes de este código: **onMouseOver** y **onMouseOut**. Estas propiedades permiten definir acciones JavaScript ante los eventos que realice el usuario: al pasar el mouse sobre el hipervínculo y al quitarlo. Por ejemplo, vemos que es obligatorio insertar la imagen dentro de un hipervínculo, dado que la etiqueta **<img>** no soporta los métodos utilizados.

Resumen del capítulo

Como vemos, la navegabilidad es un aspecto sumamente importante al momento de diseñar un sitio web. Y está compuesta por una serie de aspectos a los que debemos prestar especial atención antes de comenzar a trabajar en el diseño mismo: la estructura general del sitio, la forma de utilización de los hipervínculos y la barra de navegación. Combinando correctamente todos los elementos, ayudaremos a que el usuario se sienta más a gusto con el sitio y acceda fácilmente a la información buscada (y tenga ganas de acceder nuevamente en el futuro). Una vez definido el tipo de contenido que tendrá el sitio, será necesario establecer un determinado nivel de secciones. Luego, y sobre la base de esta información, crearemos los botones de navegación para que se pueda acceder lo más fácilmente a cada una de las secciones.

En el próximo capítulo, veremos algunas opciones interesantes que nos permitirán optimizar la plantilla original de nuestro sitio web.

OTROS USOS

El código utilizado para el menú avanzado también puede aplicarse a otros usos, por ejemplo, para una mini galería fotográfica. Esta aplicación se utilizó en el sitio de la inmobiliaria **www.enlacostadelsol.com**, para ampliar las fotos de las propiedades.

Actividades propuestas

Desarrolle un sitio que tenga una estructura de solo dos niveles. El sitio debe cumplir además con las siguientes características:

» Inserte el nombre del sitio y el logo en la parte superior de la página.
» Utilice una barra de navegación con vínculos hacia, al menos, tres secciones.
» Incluya un texto introductorio y una imagen representativa de la página de inicio.
» Genere el contenido de las otras tres secciones del sitio que incluyen texto e imágenes. En todas las páginas debe mostrarse la barra de navegación.
» Una de las secciones debe ser una guía de sitios recomendados, con capturas de pantalla de los sitios y el vínculo que redireccione correctamente hacia cada sitio.
» Incluya al final de la página información de contacto (un mail y un teléfono).

Pruebe subir las páginas del sitio a un servidor y navegar todos los vínculos creados.

Cuestionario

1/ ¿A qué se denomina "link"?
2/ ¿Qué diferencias existen entre un vínculo relativo y un vínculo absoluto?
3/ ¿Cuáles son las características de un sitio con estructura a dos niveles?
4/ ¿Cuáles son los parámetros que se utilizan al aplicar el tag HTML "Font"?
5/ ¿En qué momento se emplean las propiedades **onMouseOver** y **onMouseOut**?
6/ ¿En qué situaciones puede utilizarse el efecto rollover?
7/ ¿Puede diseñarse una barra de navegación en formato HTML?
8/ ¿En qué momentos se emplea el tag HTML "A href"?
9/ En la dirección de un sitio web, ¿qué significa la barra diagonal (/)?
10/ ¿Para qué puede utilizarse un menú desplegable?

Optimizar la plantilla

El propósito de este capítulo
es conocer técnicas y recursos que nos
permitirán construir una plantilla
muy versátil y flexible. Nuestro objetivo
será lograr que la plantilla se pueda
actualizar muy fácilmente, y que permita
también actualizar todas las páginas
de nuestro sitio rápidamente
y sin demasiadas complicaciones.

HTML y JavaScript

SERVICIO DE ATENCIÓN AL LECTOR: lectores@tectimes.com

¿Para qué sirve una plantilla?

Muchos webmasters diseñan la plantilla del sitio y la toman como base para crear, una a una, las distintas páginas. Generalmente abren ese archivo, utilizan el comando **File/Save As**, y lo guardan como un nuevo archivo, con el que trabajarán. El mismo procedimiento lo suelen repetir con todas las páginas del sitio, por más que el sitio tenga 50 páginas HTML. Pero ¿qué sucede si un día hay que agregar una nueva sección a la barra de navegación, cambiar de posición el logo o realizar cualquier otro cambio? Bueno, no quedará más remedio que repetir esos cambios, 50 veces, en todos los archivos HTML y volver a subirlos al servidor. Realmente, es una tarea que a cualquiera le resultará muy tediosa.

Las plantillas de Dreamweaver parecerían llegar con una solución a este problema. Dreamweaver guarda las plantillas como archivos DWT; luego lo que nosotros hacemos es crear documentos HTML (o ASP, PHP, etc.) basados en un DWT determinado. La información de la plantilla se mantiene, mediante etiquetas propias de Dreamweaver, en el archivo HTML. De esta forma, cuando se necesita hacer algún cambio, bastará con hacerlo en el archivo DWT y Dreamweaver se dará cuenta que deberá actualizar ese o esos cambios en todos los archivos que usen esa plantilla. Este proceso es mucho más rápido, ya que nos evita tener que repetir un mismo cambio en todos los archivos del sitio, y bastará con hacerlo en un solo lugar. Sin embargo, el punto en contra de esta técnica es que una vez que Dreamweaver actualizó, por ejemplo, los 50 archivos de nuestro sitio, habrá que subirlos nuevamente al servidor. No sería demasiado problema si estuvieran todos en la misma carpeta, fueran bastante livianos y nuestra conexión fuese medianamente rápida, aunque existe una técnica mejor que veremos en este capítulo.

Uso de estilos CSS

Parece mentira, pero todavía se siguen viendo sitios importantes, cuyos webmasters aún pareciera que no han comprendido las ventajas de emplear CSS. Los estilos **CSS** (Cascade Style Sheets, Hojas de Estilos en Cascada) nacieron a partir del **World Wide Web Consortium** (W3C, **www.w3c.org**), el organismo que define los estándares de Internet, como una respuesta para agilizar y optimizar la tarea de aplicar estilos a los distintos elementos que conforman un documento HTML. En su página en Internet, encontraremos muchísima información al respecto.

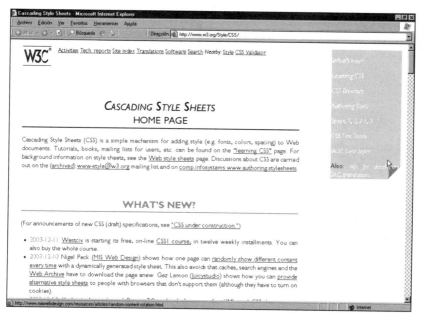

Figura 1. La página del W3C dedicada a CSS, en www.w3c.org/Style/CSS.

En términos generales, la idea de usar el lenguaje CSS es que un documento HTML se realice sin añadir ninguna información de estilos más que las etiquetas o **tags** que provee el lenguaje de forma nativa. Luego, mediante un archivo externo de estilos, será posible definir las características de formato de cada una de las etiquetas.

Las características de los estilos se codifican mediante el lenguaje CSS, cuyas normativas son dictadas por el W3C, y del cual aprenderemos sus principales características.

Cómo se definen

Existe dos formas de definir los estilos. La primera consiste en utilizar las etiquetas **<style>** y **</style>**, para encerrar entre ellas el código CSS de definición de los estilos. El código CSS definido de esta forma, se suele escribir entre comentarios HTML para evitar que los navegadores viejos que no soportan estilos, muestren, erróneamente, el código CSS. Esto se realiza, por lo general, dentro de la sección **<head>**.

Optimizar la plantilla 8

PROBLEMAS DE IE

CURIOSIDADES

Aunque Internet Explorer es el navegador más utilizado de Internet, no es el que mejor respeta las normas del W3C, sobre todo, en lo que se refiere a CSS. Para tener una idea, tratemos de visualizar la página de la **Figura 1** con otro navegador (Opera, por ejemplo), para poder verla como realmente fue diseñada. Como pueden ver, esta es una de las principales razones por las que siempre recomendamos probar las páginas en distintos navegadores.

```
<head>
<title>Nombre del documento</title>

<style>
<!--

/* Definición de estilos CSS */

-->
</style>

</head>
```

En el lugar que pusimos **/* Definición de estilos CSS */** es en donde escribiremos el código, que aprenderemos a continuación. De paso, también aprenderemos que todo lo
que se escriba entre **/*** y ***/**, representa un comentario en CSS.
La segundo forma de definir los estilos es mediante un archivo externo, que deberá
tener la extensión CSS. Ese archivo contendrá únicamente código CSS; es decir, no será necesario el uso de la etiqueta **<style>** ni de ninguna otra, en ese archivo. Luego, será posible vincular el archivo de estilos al archivo HTML mediante la etiqueta **<link>**,
como podemos ver en el ejemplo del siguiente código:

```
<link rel="stylesheet" type="text/css" href="estilos.css">
```

En el fragmento de código anterior, el valor de la propiedad **href** es el vínculo al archivo de estilos que puede estar en el mismo directorio que el archivo HTML, o en cualquier otro lugar. Esta línea también suele recomendarse colocar en la sección **HEAD**, como todo lo que no es contenido visible en la página.
Existe una tercera manera de aplicar estilos, aunque en este caso no se definen en forma general, para varios elementos de la página, sino para uno en particular. Esta forma consiste en utilizar la propiedad **style** en el elemento en que queremos aplicar un
estilo. Veamos un ejemplo de cógido:

```
<a href="index.html" style="color: #666666">Página de inicio</a>
```

También es posible definir más de un estilo a la vez, separándolos por punto y coma
(;) como vemos en el siguiente ejemplo:

```
<a href="index.html" style="color: #666666; font-weight: bold;">Página de
inicio</a>
```

Conceptos básicos

Llegó el momento de aprender el lenguaje CSS. No lo confundamos con un lenguaje de programación, ya que no se parece en nada, simplemente tiene sus reglas, que hay que seguir, para que las cosas funcionen como nosotros queremos.

Para definir estilos, es necesario un identificador o selector, que indique a qué elemento se aplicará el formato. Las propiedades de formato se colocan entre llaves y separadas por punto y coma. Las propiedades y sus respectivos valores se separan con punto y coma. Veamos la forma genérica:

```
selector{propiedad01: valor01; propiedad02: valor02; propiedad03: valor03;}
```

El código también puede escribirse en varias líneas, para una mejor comprensión, como puede verse en el siguiente ejemplo:

```
selector{
   propiedad01: valor01;
   propiedad02: valor02;
   propiedad03: valor03;
}
```

Los espacios y tabulaciones son opcionales, y solo son recomendables para una mayor comprensión del código y de cada una de las subfunciones. También encontraremos algunas propiedades que llevan varios valores, los cuales se separan con espacios (como el caso de la propiedad **border: 1px solid #000000**, por ejemplo).

Selectores

Los selectores pueden ser tanto etiquetas HTML como selectores propios, con nombres creados por nosotros mismos. Para los nombres de los selectores se admiten aquellos caracteres que estan dentro del rango A a Z y 0 a 9. La especificación CSS2 determina que el código es insensible al cambio de mayúsculas por minúsculas, a excepción de las partes del código que no están bajo control de la especificación como URLs, nombres de clases, identificadores o fuentes.

En la siguiente tabla, veremos los distintos tipos de selectores que pueden crearse:

SELECTOR	SIGNIFICADO
*	Afecta cualquier elemento.
E	Afecta cualquier etiqueta de tipo E
E F	Afecta cualquier etiqueta de tipo F que es descendiente de E.
E > F	Afecta a las etiquetas F que son hijas de E.
E:first-child	Afecta a la primera etiqueta hija de E.
E:first-letter	Permite aplicar un estilo especial a la primera letra dentro del elemento E.
E:link, E:visited	Afecta al elemento E si E es una etiqueta que contiene un hipervínculo que todavía no ha sido visitado (:link) o que ya fue visitado (:visited).
E:active, E:hover, E:focus	Afecta a la etiqueta E durante ciertas acciones del usuario.
E:lang(c)	Afecta el elemento E si el documento está en el idioma c (especificado en la etiqueta <HTML>).
E+F	Afecta cualquier elemento F inmediatamente precedido por una etiqueta E.
E[esto]	Afecta cualquier etiqueta E con la propiedad "esto", cualquiera sea su valor.
E[esto="aquello"]	Afecta las etiquetas E cuya propiedad "esto" tiene el valor "aquello".
E[esto~="aquello"]	Afecta a las etiquetas E cuyo valor del atributo "esto" es una lista de valores separados por espacios en donde uno de esos valores es "aquello".
DIV.algo	Para HTML solamente. Es similar a DIV[class~="algo"].
E#algo	Afecta cualquier elemento E con su propiedad id="algo".
.algo	Para cualquier elemento que tenga su propiedad class="algo".
#algo	Para cualquier elemento que tenga su propiedad id="algo".

A continuación veremos algunos casos particulares, que necesitan una breve explicación, y sus ejemplos respectivos para poderlos comprender mejor.

Modificar un elemento

Supongamos que queremos modificar todos los párrafos de texto de manera tal que utilicen una fuente de tipo Arial con un tamaño de 12 píxeles:

```
P {font-family:Arial; font-size:12px}
```

Etiquetas descendientes

Una etiqueta es descendiente de otra si se encuentra en un nivel inferior. En el siguiente ejemplo, la etiqueta **\<p\>** es descendiente de **\<div\>**, de **\<ul\>** y de **\<li\>**:

```
<DIV>
  <UL>
    <LI><P>Esto es un texto.
    <LI><P>Esto es otro texto.
  </UL>
</DIV>
```

Si deseamos que el estilo afecte a las etiquetas **\<p\>** que descienden de **\<ul\>**, por ejemplo, podemos escribir el siguiente código:

```
UL P {/*Definición del estiolo*/}
```

Los selectores también se pueden combinar, por ejemplo, supongamos que tenemos una subclase de la etiqueta P llamada "especial" y queremos afectar solo a esa:

```
UL P.especial {/* Definición del estilo */}
```

Etiquetas hijas

Una etiqueta hija es una descendiente directa de la que se encuentra en el nivel inmediatamente superior, y cada una se aplica en relación a este nivel. En el ejemplo anterior, **\<P\>** es hija de **\<LI\>**, **\<LI\>** es hija de **\<ul\>** y **\<ul\>** es hija de **\<div\>**.

8

Optimizar la plantilla

MÁS PROBLEMAS DE NAVEGADORES

ATENCIÓN

Comentamos antes que no todos los navegadores interpretan el lenguaje CSS de igual manera. Pues también sucede que algunos tampoco respetan todas las normas de declaración de selectores. Como imaginarán, Internet Explorer es uno de ellos.

First-child

Se refiere a la primera etiqueta hija. Siguiendo el ejemplo anterior, podríamos aplicar un estilo al primer elemento de una lista solamente de la siguiente forma:

```
UL:first-child {/* Definición del estilo */}
```

Formato de links

La especificación de CSS2 permite definir formatos diferentes para los links según su estado. Veamos un código de ejemplo que modifica los colores:

```
A:link {color: blue; text-decoration:none;}
A:active{color:red;}
A:hover {color: orange; text-decoration:underline;}
A:visited {color: #AAAAAA; text-decoration:none}
```

En la siguiente definición especificamos diferentes formatos para los hipervínculos en los estados normal (**link**), activo (**active**), con el mouse encima (**hover**) y visitado (**visited**).

Estilo según el lenguaje

Si nuestro sitio se compone de páginas en distintos idiomas, podemos aplicar un estilo diferente para las páginas en cada uno de esos idiomas. Para eso, deberemos primero haber definido el idioma mediante la propiedad **lang** dentro de la etiqueta **<html>**. Por ejemplo, para español, el código sería: **<html lang="es">**.

Selectores adyacentes

Un elemento es adyacente de otro cuando uno está a continuación del otro, como en se muestra en el código del siguiente ejemplo:

```
<H1>Primer elemento</H1>
<H2>Segundo elemento</H2>
```

Para este caso, podemos definir, por ejemplo, que cuando un elemento **h2** aparezca inmediatamente después de un **h1**, se aplica el siguiente estilo:

```
H1+H2 {margin-top: -5mm;}
```

En este ejemplo, se disminuye la separación de las etiquetas **<h1>** y **<h2>** cuando **<h2>** está precedida por la etiqueta **<h1>**.

Estilo con propiedad

Si queremos aplicar un estilo a una etiqueta que contiene una determinada propiedad, podemos utilizar el selector **elemento[propiedad]**. En este caso no importa el valor que tenga dicha propiedad. Si queremos crear un selector que dependa del valor de una propiedad, utilizamos la sintaxis **elemento[propiedad="valor"]**. Este selector afectará a las etiquetas **<elemento propiedad="valor">**.

Por último, si el valor de la propiedad es un conjunto de valores separados por espacios utilicemos **elemento[propiedad~="valor"]**.

Selectores propios (clases)

Uno de los casos más comunes es cuando queremos crear un selector propio para utilizar con cualquier tipo de etiqueta. Este tipo de selectores podrá definir cualquier tipo de propiedades y aplicarlos al estilo mediante la propiedad **class**. Para definir un selector propio, hay que comenzar con un punto, pero no se usa el punto al utilizarlo en la etiqueta.

```
.textoGrande{font-size: 14px; color: blue;}
```

Luego, para usar este estilo:

```
<P class="textoGrande">Un texto grande</P>
<LI class="textoGrande">Otro texto grande</LI>
```

También es posible utilizar la propiedad **style** dentro de cualquier etiqueta. Esto hace que sea mucho más cómoda la declaración de un estilo que se va a utilizar una sola vez. Veamos un ejemplo de cómo aplicar esta etiqueta:

```
<P style="font-style:italic;font-size:14pt;color:navy;">Algun texto por
aquí</P>
```

8

Optimizar la plantilla

Para mayor información sobre selectores, no dejen de consultar, como referencia permanente, la página **www.w3.org/TR/REC-CSS2/selector.html**.

Estilos para textos

Comenzaremos conociendo algunas de las propiedades de formato para texto. En la siguiente tabla podemos ver las propiedades más comunes y algunos posibles valores, a modo de ejemplo. Presten atención, especialmente, a los valores que utilizan medidas, como el tamaño de fuente, o el interlineado. En CSS, cuando se especifica algún número como valor, es imprescindible indicar su unidad, de lo contrario, esa propiedad no será tomada en cuenta. Las unidades utilizadas se dividen en relativas y absolutas. Aquí vemos las utilizadas en CSS2:

Relativas:
- em: tamaño relativo al de la fuente utilizada en el elemento en que se utiliza. Si se utiliza para especificar el tamaño de una fuenta (por medio de la propiedad **font-size**), se toma como referencia el tamaño de la fuente del elemento padre.
- xm: tamaño relativo tomando como referencia la altura de las letras minúsculas.
- px: píxeles, unidad relativa, sobre la base de la resolución de pantalla.

Absolutas:
- in: inches (pulgadas).1 pulgada equivale a 25,4 milímetros.
- cm: centímetros
- mm: millímetros
- pt: points (puntos). Los puntos utilizados por CSS2 equivalen a 0,35 milímetros o 1/72 pulgadas.
- pc: picas. 1 pica equivale a 12 puntos, 4,23 milímetros o 1/6 de pulgada.

DESCRIPCIÓN	PROPIEDAD	EJEMPLOS POSIBLES VALORES
Tipo de fuente	font-family	Arial, Verdana, Helvetica, sans-serifGeorgia, "Times New Roman", Times, serif
Tamaño de fuente	font-size	12px 1cm 15mm
Estilo	font-style	italic normal oblique

DESCRIPCIÓN	PROPIEDAD	EJEMPLOS POSIBLES VALORES
Interlineado	line-height	24px
		12cm
		normal
Peso de la fuente (negrita)	font-weight	normal
		lighter
		bold
		bolder
Variante	font-variant	normal
		small-caps
Color de fuente	color	#006666
		blue
		rgb(0,255,64)
Transformación	text-transform	capitalize
a mayúscula o minúscula		uppercase
		lowercase
Decoración	text-decoration	underline
		overline
		line-through
		blink
		none
Color de fondo	background	#00ffff
Alineación	text-align	left
		right
		center
		justify
Sangría	text-indent	3pt
		3cm
		2px
Alineación vertical	vertical-align	bottom
		top
		middle
Espaciado entre palabras	word-spacing	2px
		3em
		4cm
Espaciado entre letras	letter-spacing	1px
		1em
		1mm

Estilos para tablas, filas, encabezados de celdas y celda

La especificación CSS2 define el "modelo de caja". Esto significa que cualquier elemento de la página HTML se comporta como una caja, en dos dimensiones, con un espacio para el contenido, un margen interno, un borde y un margen externo, que delimita con los demás elementos. Con CSS es posible definir las propiedades de cada uno de los elementos que componen "la caja".

DESCRIPCIÓN	PROPIEDAD	EJEMPLOS POSIBLES VALORES
Color de fondo	background	#006666
Margen interno	padding	4px
		1cm
		15mm
Ancho del Borde	border-width	1px
		thin
Color del Borde	border-color	#003366
Estilo del Borde	border-style	none
		dotted
		dashed
		solid
		double
		roove
		ridge
		inset
		outset
Margen externo	margin	2em
		4px

Márgenes

Para especificar el margen de cada uno de los bordes se utiliza **margin-top**, **margin-right**, **margin-bottom** y **margin-left**. El valor puede ser un valor fijo o un porcentaje del ancho de la caja. También podemos utilizar **margin** solamente para ahorrar un poco de código:

```
BODY { margin: 2em }          /* Todos los margenes valen 2em */
BODY { margin: 1em 2em }      /* top y bottom = 1em, right y left = 2em */
BODY { margin: 1em 2em 3em } /* top=1em, right=2em, bottom=3em, left=2em */
```

Margen interno

Se refiere a la distancia que existe desde el contenido hasta el borde de la caja. Si el borde es 0, entonces el límite del borde coincide con el límite del margen interno. Si el margen interno es 0, el limite del contenido coincide con el limite del margen interno, que es donde comienza el borde. Su declaración es similar a margin, pero utilizamos las siguientes propiedades para definir cada lado independientemente: **padding-top**, **padding-right**, **padding-bottom**, **padding-left**. También contamos con **padding**, para especificar todas las propiedades de una sola vez.

Borde

Las propiedades del borde se dividen en ancho (**width**), color (**color**) y estilo (**style**). Hay que ser cuidadosos y aplicar las propiedades en ese orden, ya que el navegador aplica el formato en tiempo real y requiere dicho orden. A su vez, tambien se pueden especificar propiedades diferentes para cada uno de los cuatro bordes.

Para el caso del ancho, podemos utilizar **border-top-width**, **border-right-width**, **border-bottom-width** y **border-left-width**, o bien, **border-width** solamente. Es posible establecer tres valores literales para el borde:
- **thin**: borde fino.
- **medium**: borde medio.
- **thick**: borde grueso.

También se puede especificar el valor utilizando unidades como px, pt, em, etcétera. Las propiedades del color se especifican utilizando **border-top-color**, **border-right-color**, **border-bottom-color** y **border-left-color** o **border-color** simplemente. Si un elemento tiene un borde especificado, pero no un valor **border-color**, utilizará el color de la propiedad **color** o el color por defecto del texto. En el siguiente código de ejemplo, el borde resultante será una línea sólida de color azul:

```
P {color:blue; border-style:solid;}
```

Optimizar la plantilla

8

BORDE EN PÍXELES

Es recomendable definir las medidas de los bordes en píxeles, para tener una mayor exactitud en cuanto a cómo queremos que luzca. Las opciones thin, medium y thick no nos dejan muchas posibilidades para ello.

El estilo del borde (propiedad **style**) define el tipo de línea a utilizar. La propiedad a utilizar es **border-style**, aunque también, como en los casos anteriores, se la puede definir en forma independiente para cada uno de los bordes.

Los posibles valores de **border-style** son:

- **none**: ningún borde.
- **dotted**: borde punteado.
- **dashedd**: borde con guiones.
- **solid**: el borde es una línea sólida.
- **double**: dos líneas sólidas.
- **groove**: muestra un borde con sombra.
- **ridge**: efecto opuesto a groove.
- **inset**: efecto 3D.
- **outset**: efecto 3D opuesto a inset.

También podemos utilizar las formas abreviadas de la propiedad **border**, **border-top**, **border-right**, **border-bottom** y **border-left**. El orden de los valores aplicados será **width**, **style**, **color**. El código por ejemplo sería:

```
TD {border-top: 1px solid #DDDDDD;}
```

Si lo deseamos, podemos especificar las propiedades de todos los bordes de una sola vez:

```
TD {border: medium, dashed, blue}
```

Color de fondo

La propiedad de **background** permite especificar un color para el fondo. El color puede expresarse por medio de su nombre en inglés, pero es mejor hacerlo utilizando el valor en hexadecimal, para definir el color preciso y evitar posibles confusiones.

Veamos cómo crear estilos utilizando las heramientas para estilos CSS de Dreamweaver.

DATOS ÚTILES

CSS VS. HTML

A pesar de que muchas propiedades de CSS tienen el mismo nombre que en HTML, no siempre son compatibles. Por ejemplo, aplicar la propiedad border de CSS a una tabla resultará en un borde todo a su alrededor, mientras que la misma propiedad aplicada con HTML coloca un borde a toda la tabla, y también, a cada una de las celdas. Además, con la propiedad border de HTML no se puede definir el estilo ni el color, como sí se puede con CSS.

Crear y aplicar estilos en Dreamweaver

Hasta aquí vinimos manejándonos únicamente con código para definir los estilos CSS y sus propiedades pero, para mayor comodidad, podemos aprovechar la herramienta que incluye Dreamweaver para manipular estilos CSS de todo tipo.

Para crear un nuevo archivo de estilos, bastará con dirigirse al menú **File** y seleccionar la opción **New**. Allí seleccionemos la categoría **Basic Page** y luego **CSS**. Cliqueemos en el botón **Create**, que se muestra en la ventana de la **Figura 2**.

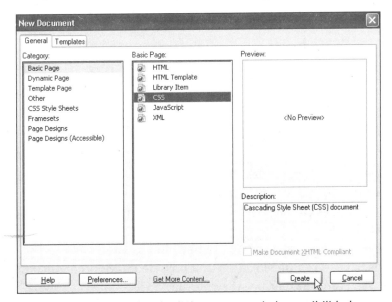

Figura 2. *Este cuadro de diálogo es una de las posibilidades para crear una nueva hoja de estilos.*

Una vez que creamos la hoja de estilos, guardémosla como **estilos.css**. Podemos guardarla en el directorio raíz del sitio; otros webmasters acostumbran crear una carpeta denominada **assets**, en donde guardan todos los archivos accesorios, como hojas de estilos, archivos de flash, imágenes, y demás. Cualquier lugar dentro de la estructura del sitio será válido. Para crear y modificar estilos, utilizaremos la paleta de estilos. Esta pueda abrirse desde **Window/CSS Styles** o con el atajo de teclado **SHIFT+F11**.

La paleta de estilos permite ver tanto los estilos que haya definido en un documento, como los que se hayan vinculado. Funciona tanto para documentos HTML, como para archivos CSS, como la utilizaremos en esta ocasión. En la **Guía visual** de la página siguiente, podemos ver esta paleta en detalle.

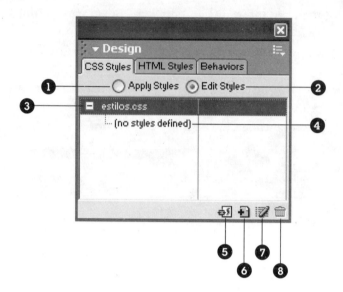

❶ Selección de la vista **Apply Styles** (Aplicar Estilos), para aplicar los estilos disponibles sobre los elementos seleccionados.

❷ Selección de la vista **Edit Styles** (Editar Estilos), para editar los estilos disponibles.

❸ Archivo activo.

❹ Listado de estilos. En este caso aún no hay ninguno definido.

❺ **Attach Style Sheet**. Crea un vínculo a una hoja de estilos en el documento activo.

❻ **New CSS Style**. Permite crear un nuevo estilo CSS.

❼ **Edit Style Sheet.** Dependiendo de si lo que se haya seleccionado en la paleta (archivo de estilos o estilo), permite modificar un archivo de estilos o un estilo CSS.

❽ **Delete CSS Style.** Elimina el estilo CSS seleccionado.

Comenzaremos creando el estilo para el texto normal. Supondremos que deseamos que toda la tipografía de nuestra plantilla sea "Verdana". Para ello, realizaremos una definición de estilos para el elemento **<body>**, ya que todo el contenido de la página estará contenido dentro de este elemento.

Veamos entonces cómo crear un estilo utilizando esta herramienta.

1 Dirijámonos a la paleta que se denomina **CSS Styles** y luego hagamos clic en el botón **New CSS Style** (Nuevo Estilo CSS).

2 En la ventana que aparece, debemos colocar el nombre del elemento que queremos modificar. En este caso vamos a definir un estilo para el elemento **<body>**, así que escribamos **body** (sin los signos de apertura y cierre) en la caja de texto **Tag**. En la sección **Type** seleccionemos la opción **Redefine HTML Tag**. Y, en la sección **Define In**, elijamos la segunda opción, **This Document Only**.

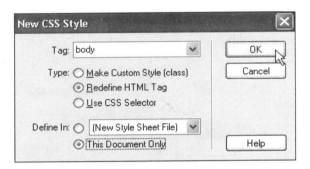

3 Aparecerá la ventana de definición de estilos (denominada **CSS Style definition for body**). En esta ocasión trabajaremos con la categoría **Type** únicamente, para definir aquellas propiedades referidas al texto.

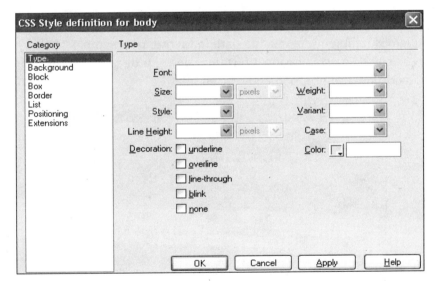

Optimizar la plantilla 8

NOMBRES DE PROPIEDADES

Los nombres que utiliza Dreamweaver para las propiedades de los estilos en la ventana de definición no son los mismos que se utilizan en el lenguaje CSS. Si desean luego ver el código generado, pueden abrir el archivo CSS.

4 Despleguemos la lista **Font** y seleccionemos la famila de fuentes **Verdana, Arial, Helvetica, sans-serif**. Si deseamos, podemos elegir cualquier otra, crear una nueva lista de fuentes, o escribirla directamente. Recordemos que, si queremos utilizar una fuente cuyo nombre contenga más de una palabra (como Times New Roman) debemos escribirla entre comillas.

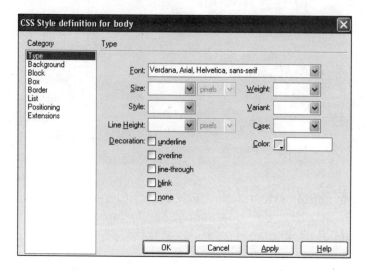

5 Coloquemos también una medida para la fuente, por ejemplo 11 píxeles, y escojamos un color. En esta ocasión, utilizamos un color de la paleta de colores de grises. Cuando finalicemos, hagamos clic en **OK**.

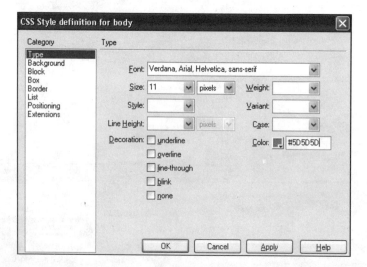

Una vez finalizados los pasos, habremos definido el primer estilo CSS. Si observamos la paleta de estilos y el documento CSS, podremos ver que el estilo ya se ha creado.

Sin embargo, como veremos a continuación, será más cómodo trabajar creando nuevos estilos directamente sobre la plantilla, para poder ir probándolos. Entonces, por el momento, guardemos los cambios cerremos el archivo **estilos.css** y pasemos a la plantilla.

La plantilla aún no tiene un vínculo a la hoja de estilos, así que vamos a crearlo. En la paleta de estilos CSS, hagamos clic en el botón **Attach Style Sheet** (el primero de abajo). Aparecerá una ventana, en la cual tendremos que escribir la URL del archivo CSS o cliquear en el botón **Browse** (Examinar), para localizarlo en el disco (**Figura 3**).

Figura 3. *En esta ventana definimos la URL del archivo de estilos.*

Una vez que hayamos vinculado el archivo CSS, la paleta de estilos se actualizará. Ahora mostrará una nueva entrada: **estilos.css**, que al desplegarla mostrará los estilos disponibles; en este caso, mostrará la definición de estilo para el elemento **<body>**.

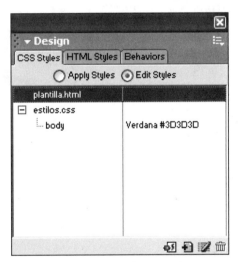

Figura 4. *La paleta de estilos CSS ahora muestra
los estilos definidos en el archivo vinculado.*

Para probar los estilos, una buena idea es crear un texto modelo y así poder ir comparando distintas opciones. Como todavía no nos ocupamos del sector de contenido, no nos habremos dado cuenta todavía que, si introducimos texto quedará muy pegado al borde izquierdo, donde están los botones (**Figura 5**).

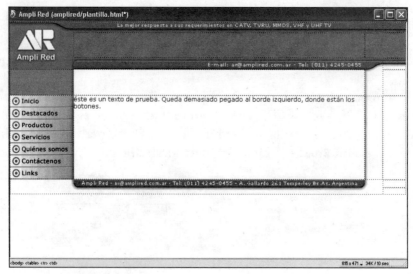

Figura 5. *El texto queda "pegado" al borde, porque la tabla tiene la propiedad cellpadding="0".*

Para solucionar este problema, insertaremos una tabla de 1 x 1, con **cellpadding="4"**. Para conservar la medida de la columna contenedora, asegurémonos que el ancho de la tabla sea el ancho de la columna (en nuestro caso, 597 o, general, 100%).

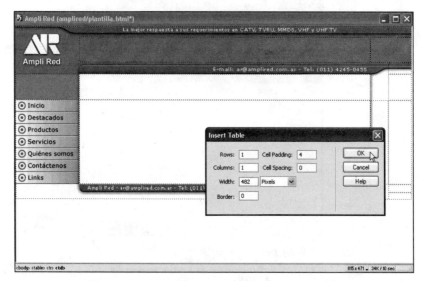

Figura 6. *Esta tabla evitará que el texto quede demasiado pegado al borde de la celda.*

Una vez que tenemos la tabla, podemos empezar a crear nuevos estilos y probarlos hasta encontrar el que sea acorde con el diseño de nuestro sitio.

Texto y tipografía

La elección de la tipografía adecuada y el diseño de la parte de texto de toda página web exigen el mismo cuidado que el diseño de cualquier otro elemento de ella. Aquí, las reglas a seguir son prácticamente las mismas que en cualquier otro medio. Principalmente, hay que tener en cuenta que se debe mantener el criterio entre todas las páginas del sitio, utilizar los mismos estilos para párrafos, subtítulos y demás y no usar todas las tipografías que tengamos a nuestra disposición. De hecho, lo recomendable será trabajar con una sola tipografía o familia o, a lo sumo, dos.

También será nuestro desafío en este punto tratar de elegir otras propiedades, como el color, el interlineado, el espaciado y demás. Todo esto ayudará a mantener un sitio prolijo, ordenado y fácil de utilizar por todos los visitantes, ya que siempre se sentirán cómodos y a gusto con las páginas que les ofreceremos.

Definir estilos para el texto

Si vemos el texto del ejemplo que introducimos en el sitio de la **Figura 7**, podremos ver el espacio que, de forma predeterminada, dejan todos los navegadores entre párrafo y párrafo. Pero lo cierto es que esto también podremos controlarlo. Para eso haremos un sencillo cambio en la etiqueta **<p>**.

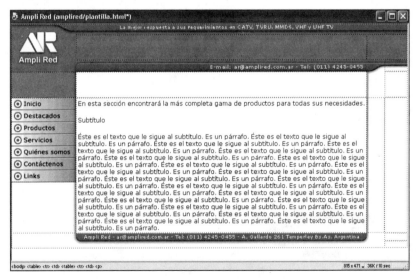

Figura 7. El espacio entre párrafo y párrafo predeterminado es de dos líneas.

Para esto, procederemos a crear un nuevo estilo, como lo hicimos anteriormente. Bastará con cliquear en el botón denominado **New CSS Style**, de la paleta de estilos, y definiremos el estilo del elemento **<p>**. No hace falta definir las tipografía y el color, porque ya lo hicimos con la etiqueta **<body>**, que está por encima de **<p>**, pero conviene definir de nuevo el tamaño (**Size**), ya que no todos los navegadores interpretarán el tamaño definido mediante la etiqueta **<body>**.

Pasemos ahora a la categoría **Box**; aquí desmarquemos la casilla **Same for All**, de la sección **Margin**, y coloquemos el valor **0** en las cajas de texto **Top** y **Bottom**. De esta manera, estamos indicando que no deje margen por encima ni por debajo de los elementos **<p>**. Los cambios deberán quedar como se muestra en la ventana de la **Figura 8**.

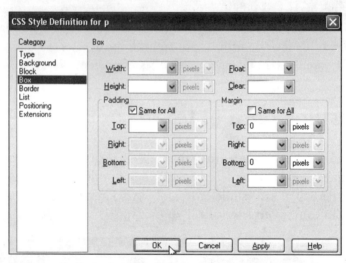

Figura 8. Con estas propiedades y los valores que se ven en la figura, evitaremos el doble espaciado entre párrafos.

En el ejemplo de la **Figura 9** podemos ver el resultado del estilo aplicado a la plantilla. Sin embargo, para comprobar los verdaderos resultados de la aplicación del estilo siempre hay que ver la página en el navegador, ya que Dreamweaver no muestra con exactitud todos los estilos. Para ello, bastará con pulsar la tecla **F12**, o dirigirse al menú **File/Preview in Browser**, y elegir el nombre de nuestro navegador.

ESPACIO ENTRE PÁRRAFOS

De manera predeterminada, el espacio que los navegadores dejan entre párrafos es de dos líneas pero, como vimos, podemos controlarlo. Sin embargo, tengamos en cuenta que muchas veces esto puede dificultar la lectura, sobre todo con fuentes chicas.

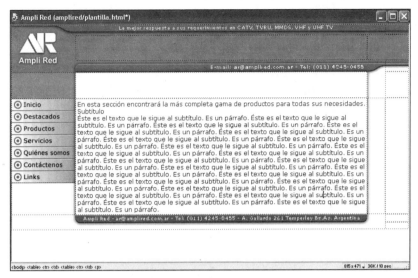

Figura 9. El estilo de párrafo aplicado a nuestra plantilla.

Ahora, habrán observado que hemos definido un subtítulo; para definir encabezados de cualquier tipo (título, subtítulo, sub subtítulo, etc.) es altamente recomendable utilizar las etiquetas que nos provee el lenguaje HTML para tal fin: **<h1>**, **<h2>**, **<h3>**, etc. Para convertir un párrafo o un fragmento de texto a alguno de estos encabezados, como sucede ahora en nuestra plantilla, bastará con seleccionarlo y elegir el encabezado correspondiente. En este caso utilizaremos **<h2>** para definir un subtítulo (**Figura 10**).

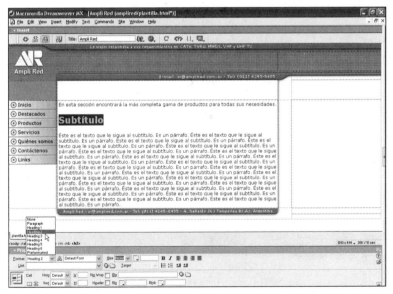

Figura 10. Aplicamos el formato Heading 2 al subtítulo.

Efectuaremos algunos cambios al estilo del elemento **<h2>**: reducir un poco su margen inferior, achicar el tamaño del texto y cambiarle el color (**Figura 11**).

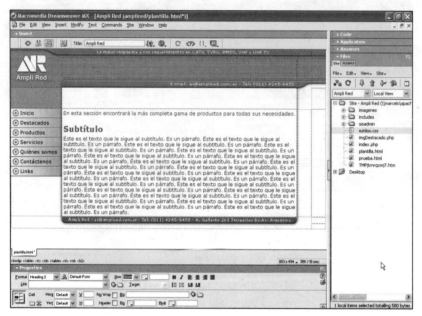

Figura 11. El estilo del encabezado 2 (H2).

Definir clases

Hasta aquí hemos estado modificando los estilos de elementos HTML existentes. Pero, como hemos aprendido, también es posible crear "clases" o selectores propios. Estos selectores se aplican a los elementos mediante la propiedad **class="NombreSelector"**, y en el archivo CSS, su nombre aparece con un punto al comienzo.

Definir clases no guarda ningún secreto, de hecho, definir sus propiedades es exactamente igual a como lo veníamos haciendo. Lo que haremos ahora, para ejemplificar su creación, será una clase para aplicar a la fila de una tabla que queremos utilizar como destacada. Para ello, seguiremos el siguiente **Paso a paso**.

Crear una clase CSS   PASO A PASO

1 Asegurémonos que, en la paleta de estilos (CSS Styles) tenemos seleccionado el archivo **estilos.css**, y hagamos clic en el botón **New CSS Style**.

2 En la nueva ventana que aparece, escribamos el nombre de la clase y marquemos la opción **Make Custom Style (class)**. En **Define In**, seleccionemos la opción superior y el archivo de estilos que estamos utilizando.

3 Luego de hacer clic en el botón **OK**, definamos las propiedades relacionadas con el estilo, segun como vimos anteriormente.

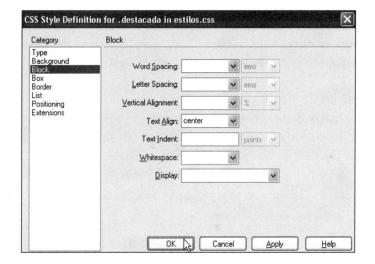

4 Para finalizar, hagamos clic en el botón **OK**.

Ahora que tenemos nuestra clase creada, podremos aplicarla. Hay varias formas de aplicar una clase. La más común es seleccionando una etiqueta HTML y aplicarla desde la vista **Apply Style**, de la paleta de estilos CSS (**Figura 12**).

LISTA DE ESTILOS

En la vista Apply Styles de paleta de estilos (CSS Styles) sólo se mostrarán las clases definidas por nosotros y no las redefiniciones de etiquetas HTML, ya que no podemos usar una etiqueta como controlador de estilo para aplicarlo a cualquier elemento.

ATENCIÓN

Optimizar la plantilla

8

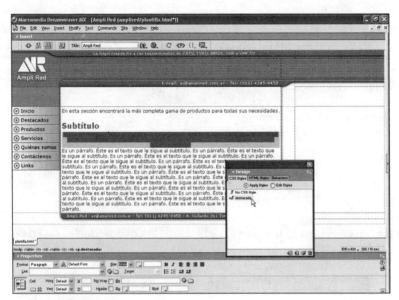

Figura 12 *Aplicamos una clase CSS seleccionando todo un párrafo*
*y cliqueando sobre el nombre de la clase en la sección **Apply Style** de la paleta de estilos.*

La forma más sencilla de aplicar un estilo, tal vez, sea utilizando el selector de tags, en la parte inferior izquierda de la ventana de Dreamweaver. Simplemente seleccionemos la etiqueta a la que queremos aplicar el estilo, hagamos clic derecho sobre ella y seleccionemos **Set Class**, y el nombre de la clase, del menú desplegable que aparece. Si en algún momento deseamos quitar el estilo, podremos hacerlo seleccionando la opción **None**.

Figura 13 *Aplicar un estilo por medio del selector de tags.*

También es posible asignar un estilo a un fragmento de texto que seleccionemos, aún sin seleccionar ninguna etiqueta HTML en particular. Sin embargo, lo que hará

Dreamweaver en este caso, será aplicar el estilo utilizando la etiqueta **<span>**. Para quien no la conoce, esta etiqueta, sencillamente, no hace nada por sí sola, se utiliza para definir sectores o capas y aplicarles estilos, como en este caso.

Uso de includes

Hemos llegado a uno de los temas más interesantes e importantes en el uso de plantillas. Al comienzo de este capítulo prometíamos explicar una técnica de uso de plantilla más eficiente que la que propone Dreamweaver. Se trata del uso de **includes**.

Esta técnica consiste en utilizar archivos externos para todo aquello que forme parte de la plantilla, y vincularlos luego a cada uno de los archivos. Lo que haremos nosotros será partir la plantilla en dos. La primera parte abarcará desde el comienzo del código HTML, hasta el punto justo antes de que comience el área de contenido. La segunda parte será lo que quede, hasta la finalización del archivo.

Para esta tarea habrá que trabajar con el código HTML, y una buena idea será añadir comentarios que indiquen el comienzo y el fin del área de contenido.

Guardaremos los dos fragmentos de código en archivos separados. Una buena idea será guardarlos en una carpeta **includes**. Con respecto a la extensión de los archivos, será recomendable guardarlos en algún formato de página dinámica, como PHP o ASP, siempre y cuando nuestro servidor lo soporte. Esto nos permitirá un mayor control sobre la plantilla. Si no, tendremos que guardarla como HTML, lo cual es igualmente válido, aunque le quitará un poco de funcionalidad a la plantilla. El hecho que prefiramos un lenguaje dinámico nos permitirá modificar el titular de la página, de acuerdo con la sección. Si no podemos guardarla como PHP o ASP, habrá que colocar el encabezado en cada una de las páginas.

Para este ejemplo, guardaremos los fragmentos de la plantilla como **encabezado.php** y **pie.php**, en la carpeta **includes**. El único inconveniente de esta técnica será que no podremos modificar los archivos **encabezado.php** y **pie.php** con Dreamweaver en el modo visual, ya que forman fragmentos. Lo que tenemos que hacer es realizar los cambios en **plantilla.html** y luego actualizar los cambios copiándolos a los archivos fragmentados.

ANTES DE USAR INCLUDES

Es muy importante, antes de comenzar a adaptar nuestras páginas para el uso de includes, conocer las características de nuestro servidor web. Si tendremos soporte para ASP o PHP, no habrá problemas; si no, habrá que buscar uno con SSI.

Optimizar la plantilla

8

Creación de páginas

Ahora que ya tenemos los includes, podemos empezar a crear páginas basadas en la plantilla. La forma de hacer esto variará, de acuerdo con el tipo de archivo (según sea ASP, PHP o HTML). En el caso de páginas **ASP** se suele utilizar Server Side Includes (SSI):

```
<!--#include file="Archivo.asp"-->
```

Deberemos tener en cuenta que el uso de **file** solo permite incluir archivos que están en el mismo directorio o en un nivel inferior. No es posible utilizar, por ejemplo, **file="../Archivo.asp"**, para incluir un archivo en un directorio superior.

También se puede utilizar una referencia absoluta, utilizando **virtual**:

```
<!--#include virtual="/includes/Archivo.asp"-->
```

Con esto podremos incluir cualquier archivo desde cualquier ubicación en nuestro sitio web. Si vamos a trabajar con páginas de tipo **PHP**, utilizaremos la función denominada **include()**, como muestra el siguiente ejemplo:

```
<?
include ("Archivo.php");
?>
```

Aquí sí podemos utilizar referencias relativas y absolutas con total libertad. Por ejemplo:

```
<?
include ("../../includes/Archivo.php");
?>
```

Si no tenemos la posibilidad de trabajar con archivos ASP ni PHP, al menos necesitaremos tener soporte para SSI (Server Side Includes), en nuestro servidor.

En ese caso, la vinculación de los archivos se deberá realizar de la misma forma que lo hicimos con ASP, y deberemos consultar con el servicio de soporte de la empresa de hosting, qué extensiones están habilitadas para SSI; por lo general, **.shtml**.

Por ejemplo, para crear la página de inicio de nuestro sitio (**index.php**), nuestro archivo quedará de la siguiente forma:

```
<?
include ("includes/encabezado.php");
?>


<!-- Contenido de la página de inicio -->


<?
include ("includes/pie.php");
?>
```

Para esto, habrá que trabajar en la vista código, eliminando previamente todo el código que haya agregado Dreamweaver.

En el caso de **ASP**, o **shtml** la página quedará así:

```
<!--#include file="includes/encabezado.php"-->

<!-- Contenido de la página de inicio -->

<!--#include file="includes/pie.php"-->
```

Lo interesante de esto será que, si creamos el archivo en Dreamweaver, podremos ver el contenido vinculado de la plantilla en el modo de edición visual, aunque no modificarlo. El ejemplo de esto lo tenemos en la **Figura 15**. Sin embargo, presten especial atención a la forma en que escribimos el código en los dos ejemplos anteriores, ya que, de otra forma, Dreamweaver no lo entenderá y no mostrará nada. A continuación, veremos cómo trabajar con plantillas dinámicas.

DATOS ÚTILES

INCLUIR EN ASP

Noten que el funcionamiento de los includes en ASP se realiza mediante el lenguaje SSI. Esta es una diferencia con respecto a PHP, ya que la inclusión de archivos se realiza luego de que el script ASP fue procesado.

8

Optimizar la plantilla

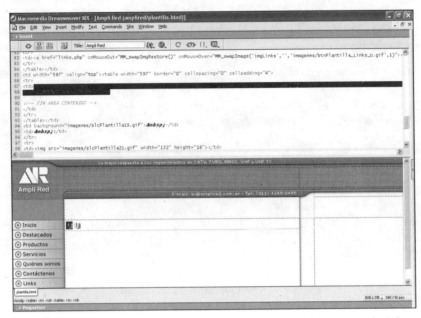

Figura 14. En la vista combinada de Dreamweaver podemos ver el código
que vincula los archivos de la plantilla y el resultado, o sea, la página
tal como se verá en cualquier navegador web, en la parte inferior.

Modificar estilos

Una utilidad muy importante de Dreamweaver es que desde cualquier archivo en el
que hayamos vinculado archivos pertenecientes a la plantilla, que a su vez contenían
vínculos a archivos de estilos, también podremos modificar los estilos. No será
necesario entonces modificar los estilos individualmente de cada página.

Podemos comprobarlo, por ejemplo, en el archivo **index.php**. Abramos entonces la paleta de estilos CSS; allí podremos comprobar que existe un vínculo al archivo denominado **estilos.css**, y podremos modificar todos los estilos que haya definidos en él.
Compruebe los resultados logrados en cada página luego de realizar la modificación.

DREAMWEAVER E INCLUDES

Dreamweaver permite visualizar los
archivos incluidos tanto mediante PHP
como con SSI. Sin embargo, es fundamental, para que funcione en PHP, escribir el código entre los tags <? y ?>
sin otro código PHP.

ONWEB

En el sitio **onweb.tectimes.com** encontrará más información relacionada
con los temas tratados en este libro.

Plantillas dinámicas

Si pudimos utilizar un formato dinámico (PHP o ASP, por ejemplo) en los archivos del encabezado y pie de página, podremos aprovechar las características de este lenguaje para introducir pequeños cambios en estas, de acuerdo con la página en la que sean aplicados. Tomemos el caso del título de página, que aparece en el archivo de encabezado. Podemos modificar el archivo **encabezado.php** de la siguiente forma:

```
<?
if (!isset($titulo)) $titulo = "Ampli Red";
?>


<html>
<head>
<title><?=$titulo?></title>
...
```

La llamada, en cada una de las página del sitio será así:

```
<?
$titulo = "Ampli Red - Página de inicio";
include ("includes/encabezado.php");
?>
```

¿Qué es lo que hacemos con esto? En las páginas de nuestro sitio definimos, al comienzo, una variable llamada **$titulo**, luego hacemos la llamada al archivo, por medio de la función **include()**. En **encabezado.php** encontramos una expresión condicional (**if**) que, en caso de encontrarse con que la variable **$titulo** no fue definida **!isset($titulo)**, colocará un título predeterminado. En el lugar del título, entonces, se imprimirá el valor de dicha variable (**<?=$titulo?>**).

8

Optimizar la plantilla

EN ASP

Como en ASP primero son procesadas las líneas de código del script y luego son incluidos los archivos, será imposible crear plantillas dinámicas de la misma forma en que lo hicimos con PHP. Para ello habrá que utilizar otras funciones.

ATENCIÓN

También se pueden lograr algunas características dinámicas sin necesidad de definir variables externas, por ejemplo, utilizando el nombre de archivo como referencia.

Supongamos que tenemos un grupo de archivos que pertenecen a la sección **Productos**, cuyos nombres son los siguientes:

- **productos_listado.php**
- **productos_antenas.php**
- **productos_receptores.php**
- **productos_transmisores.php**

Nuestra intención será que todas las páginas de esa sección lleven el mismo titular, llamado **titProductos.jpg**. Pero, ¿cómo sabremos el nombre de la sección? Con un poco de ayuda de PHP será suficiente:

```
<?
if (strpos($HTTP_SERVER_VARS["SCRIPT_NAME"],"productos")) $seccion =
"Productos";
elseif (strpos($HTTP_SERVER_VARS["SCRIPT_NAME"],"index")) $seccion =
"Inicio";
elseif (strpos($HTTP_SERVER_VARS["SCRIPT_NAME"],"servicios")) $seccion =
"Servicios";
?>
```

La función **strpos()**, de PHP, devuelve verdadero si, el texto del segundo argumento está contenido dentro del primero. En este caso, el primer argumento representa el nombre del script PHP; si la palabra "productos" es encontrada en el nombre del archivos (por ejemplo en "productos_antenas.php"), entonces ya sabemos que la sección es productos (**$seccion = "productos"**).

Luego, en donde haya que mostrar el titular de la página, podemos utilizar el valor de la variable **$seccion**. Ésto podemos realizarlo de dos formas diferentes:

1 - Mediante expresiones condicionales o switch-case

```
switch ($seccion){
  case "Productos":
    $echo "<img src=\"imagenes/titProductos.jpg\" alt=\"Productos\">";
    break;
  case "Servicios":
    $echo "<img src=\"imagenes/titServicios.jpg\" alt=\"Servicios\">";
    break;
  case "Inicio"
    $echo "<img src=\"imagenes/titInicio.jpg\" alt=\"Inicio\">";
    break;
  default:
    $echo "<img src=\"imagenes/titInicio.jpg\" alt=\"Inicio\">";
    break;
}
```

2 - Aprovechando el valor guardado en la variable, para armar el nombre de la imagen

```
echo "<img src=\"imagenes/tit". $seccion .".jpg\" alt=\"". $seccion ."\">";
```

Obviamente se puede lograr el mismo resultado, tanto con PHP como con ASP. Lo importante es que nuestro servidor soporte el uso de alguno de estos lenguajes o, al menos SSI, que también nos será de mucha utilidad.

Resumen del capítulo

En este extenso capítulo vimos cómo optimizar la plantilla, para que las páginas de nuestro sitio brinden a los navegantes la forma más sencilla de acceder a la información, y para permitir la rápida actualización del diseño del sitio. Descubrimos para ello las principales propiedades que nos permiten modificar su código fuente y en particular la utilización de los includes . Además conocimos algunas características de las planillas dinámicas. En el próximo capítulo, veremos cómo trabajar con otra herramienta que le imprimirá un mejor diseño a nuestro sitio: Flash.

8

Optimizar la plantilla

Actividades propuestas

Defina todas las características de una plantilla en Dreamweaver sobre la base de los siguientes puntos:

» La plantilla de estilos debe encontrarse en un archivo externo y tener vínculo a todos los archivos del sitio.
» El texto debe tener un estilo determinado para los títulos y otro para el texto.
» Genere un margen para los textos de no menos de 4 puntos.
» Desde la plantilla, defina un mismo titular para todas las páginas.
» Los hipervínculos deben cambiar de acuerdo con su estado.
» Defina dos o tres colores principales del sitio en esta planilla.

Una vez diseñada, compruebe que los cambios de la plantilla de estilos afectan a todas las páginas del sitio, modificando una o dos opciones desde la misma plantilla.

Cuestionario

1/ ¿Para qué se utiliza una plantilla?
2/ ¿A qué se denomina lenguaje o código CSS?
3/ ¿Dentro de qué sección se define generalmente el código CSS?
4/ ¿Qué significa que una etiqueta sea descendiente de otra?
5/ ¿Para qué sirve y en qué forma se utiliza la etiqueta **lang**?
6/ ¿Qué propiedad se utiliza para definir el color de fondo de una tabla?
7/ ¿Para qué se utilizan los **includes**?
8/ ¿Cómo podemos hacer que una plantilla defina un mismo título para todas las páginas que no posean ninguno?
9/ ¿Cuál es la función de la etiqueta **p**?
10/ ¿Utilizando qué propiedad se puede aplicar una clase?

Flash en la Web

Más que una moda, la utilización de Flash en la Web es una realidad cada vez más sostenida. Hoy, muchos sitios requieren esta tecnología para comunicar de forma eficaz sus ideas. Veremos en este capítulo cómo es posible aprovechar este programa en todas sus variantes para principiantes y expertos.

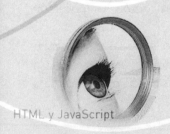

HTML y JavaScript

¿Qué nos permite Flash?

Flash es un programa sumamente versátil. Su utilización no está limitada a la Web, si-no que se extiende mucho más allá, logrando muchísimas posibilidades para comunicar ideas. Veamos algunas opciones:

- Hacer ilustraciones animadas, simples y complejas.
- Desarrollar películas con animación con una duración y un peso óptimo.
- Diseñar botones, banners y hasta sitios web completos, totalmente interactivos.
- Incorporar acciones para hacer interactuar al usuario con la película.
- Usar sonidos en las películas.
- Desarrollar productos completamente interactivos.
- Hacer presentaciones animadas.
- Generar CDs con las películas y todo tipo de interacciones.

Principales ventajas de Flash

- Elementos con un peso (y tiempo de descarga) óptimo.
- Posibilidades de interacción con el usuario, con diseños totalmente funcionales.
- Utilización de gráficos vectoriales, más livianos y con alta resolución.
- Gran cantidad de usuarios de Internet tienen instalado el plug in de Flash, debido a su gran popularidad, lo que hace que sea altamente compatible.

¿Sitios completamente hechos en Flash?

Algunos desarrolladores prefieren hacer, según los objetivos de cada proyecto, sus sitios web exclusivamente en Flash. De esta forma, se generan los sitios como una aplicación completa que se abre dentro del navegador.

Por supuesto que esta elección dependerá de cada sitio, pero no suele ser recomendable para diseñadores poco experimentados. Los sitios hechos completamente en Flash suelen requerir muchos elementos de diseño, por lo que resulta difícil mantener bajo el peso del sitio, lo que retarda el tiempo de descarga.

En general, en estos casos, se puede hacer un sitio en Flash y otro HTML, ofreciendo ambas opciones en la home para todos los visitantes.

Principales elementos

Usar Flash es bastante más simple de lo que parece. Solo hay que conocer algunos elementos y a partir de ellos organizar el trabajo para que todo esté en el lugar correcto y en su debido tiempo. Podríamos decir que los objetos que se generan en Flash son películas interactivas, por lo que muchos de los elementos y herramientas utilizadas tienen relación con la edición de video.

Veamos cuáles son los principales elementos que usaremos en el trabajo con Flash.

La pantalla principal   **GUÍA VISUAL 1**

Flash en la Web   9

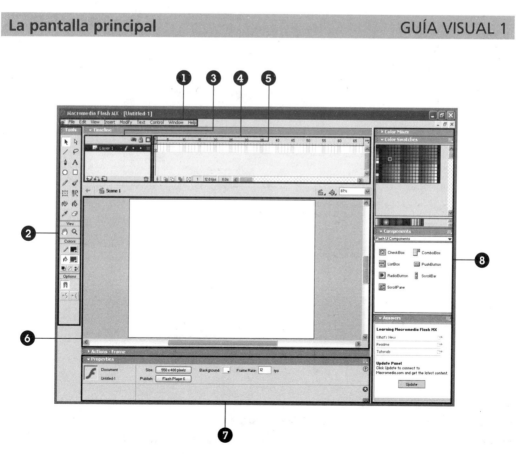

1. Menús con los comandos.
2. Toolbar o Barra de herramientas.
3. Capas.
4. Timeline o Línea de tiempo.
5. Frame o Fotograma.
6. Stage o Escenario.
7. Panel Properties.
8. Paneles auxiliares (se pueden mover y cerrar).

Escenario (Stage)

Es el área de trabajo donde se van colocando los elementos que se visualizarán en la película. El tamaño del escenario es el tamaño que tendrá el elemento que generaremos. Por ejemplo, para realizar un banner, deberemos asignarle un tamaño de 468 x 60 píxeles. Para esto, vamos al menú **Modify/Document**. Allí, colocaremos el tamaño exacto de la película; además, podemos asignarle un color de fondo, así como la velocidad de proyección. En general, para Internet se utilizan entre **8** y **12 fps** (frames per second).

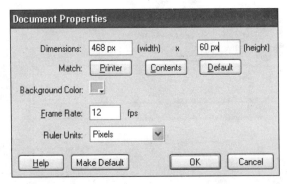

Figura 1. Es preferible definir las propiedades
de la película al comienzo del trabajo.

Capas (Layers)

Las capas se utilizan para separar los elementos y mantenerlos organizados. Por ejemplo, se puede poner una trama de fondo en una capa, las imágenes en otra y el texto en otra. La visualización de los elementos dependerá del orden de las capas en las que se encuentren. Cada capa funciona como una hoja transparente donde se colocan distintos elementos y se van ubicarlo una encima de la otra, de forma que los objetos que se encuentren en el mismo lugar del escenario se superpondrán y se verá el que se encuentre en la capa superior.

Figura 2. Para incorporar una nueva capa, hay que presionar Insert Layer. Para colocar un elemento en una capa particular, esta tiene que estar activa o seleccionada.

Línea de tiempo (Timeline) y Fotogramas (Frames)

La línea de tiempo nos permite manejar el desarrollo temporal de la película. Al igual que en el cine, las animaciones de Flash se componen de una cantidad de fotogramas que, al reproducirse uno tras otro, dan la sensación de movimiento.
La línea de tiempo es fundamental para la creación de animaciones y películas interactivas, ya que a través de ella podremos organizar temporalmente nuestra película.

En la parte superior de la pantalla de Flash encontraremos la línea de tiempo y las capas, como una tabla de doble entrada, que nos permitirá ver la organización de estas dos variables, temporales y espaciales. En la línea de tiempo veremos los fotogramas (en cada uno pondremos lo que queremos visualizar en ese momento de la película) y el cabezal de lectura, que nos indicará qué fotograma estamos visualizando en ese momento.

Símbolos (Symbols) e Instancias (Instances)

Los símbolos son los "personajes" que "actuarán" en la película. Pueden ser imágenes, animaciones o botones. Estos elementos tienen características particulares que los hacen mucho más aptos que los objetos comunes para el trabajo con animaciones y trabajos complejos. Los símbolos son unidades inalterables, que se archivan en la Librería, lo que permite tenerlos disponibles en cualquier momento y en distintas circunstancias. Así, un símbolo puede tener diversas copias de sí mismo en una película, llamadas **instancias**. Cada vez que se coloca un símbolo en alguna escena, se crea una instancia de ese símbolo. Las instancias se modifican sin modificar el símbolo maestro.

*Figura 3. La **Librería** común contiene muchos símbolos disponibles en Flash.*

Figura 4. Además, cada archivo puede tener su propia librería con los símbolos que se van creando e importando.

Escenas (Scenes)

Las escenas permiten mejorar la organización de películas complejas. Al igual que una película, un archivo de Flash se puede dividir en diferentes escenas, que se reproducirán una tras otras o en el orden según ciertos comandos de interactividad.

Las herramientas

La barra de herramientas contiene todos los elementos necesarios para desarrollar y modificar el contenido gráfico de las películas. La barra de herramientas de Flash está dividida en los cuatro siguientes sectores principales:

• **Tools:** con las herramientas de dibujo, texto, pintura y selección.
• **View:** opciones para visualizar (**Zoom** y **Mano**).
• **Colors:** para seleccionar los colores de borde y relleno.
• **Options:** con las opciones propias de la herramienta seleccionada.

La barra de herramientas   GUÍA VISUAL 2

❶ Puntero de selección.
❷ Puntero de subselección.
❸ Línea.
❹ Lazo de selección.
❺ Pluma.
❻ Texto.
❼ Óvalo.
❽ Rectángulo.
❾ Lápiz.
❿ Pincel.
⓫ Modificar objeto.
⓬ Transformar relleno.
⓭ Tintero.
⓮ Balde de pintura.
⓯ Gotero.
⓰ Borrador.
⓱ Mano.
⓲ Zoom.
⓳ Color de borde.
⓴ Color de relleno.
㉑ Opciones de la herramienta seleccionada.

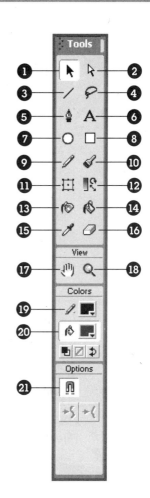

Flash en la Web   9

ATAJOS PARA HERRAMIENTAS

Como muchos programas de diseño, Flash también tiene atajos para las herramientas que consisten en una única tecla. Muchos de ellos son similares a los de otros programas, como por ejemplo Photoshop, por lo que no será difícil aprenderlos.

Los distintos fotogramas

Ya dijimos que en los fotogramas de la línea de tiempo hay que ir colocando los elementos que queremos que se visualicen en ese momento de la película. Sin embargo, si por ejemplo, hay elementos que se van a visualizar constantemente o en varios fotogramas no hay que realizar cada elemento en cada uno, sino que hay opciones para simplificar esta tarea e indicarle al programa cómo actuar. Veamos entonces las distintas posibilidades de los fotogramas en la línea de tiempo y cómo se visualiza cada uno:

- **Blank keyframe:** cuando se genera una nueva película, esta tiene un frame en blanco, sin contenido. Los **blank keyframes** son aquellos que no tienen contenido.

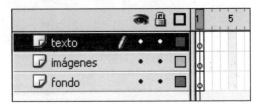

Figura 5. Al comenzar, cada capa tiene un blank keyframe (identificado con un círculo en blanco).

- **Keyframes:** al incorporar un elemento en un fotograma, este inmediatamente se transforma en un **keyframe** o fotograma clave.

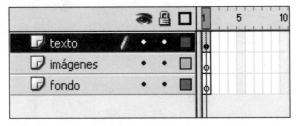

Figura 6. En la capa texto incorporamos contenido, por lo que se transformó en un keyframe (identificado con un círculo negro).

IMAGINAR LO QUE SE VE

Aunque parezca complicado, el manejo de los distintos fotogramas es bastante sencillo. Solo hay que pensar que en cada frame deberemos colocar lo que queremos que se visualice en ese momento de la película. Así, deberemos completar las distintas capas.

- **Frames:** como el texto ingresado se repetirá en todo la película, simplemente lo copiaremos al resto de los frames, seleccionándolo y desplazándolo hasta el frame 20 manteniendo presionada la tecla **ALT**. Los fotogramas comunes sólo reproducen el contenido del fotograma clave que los antecede.

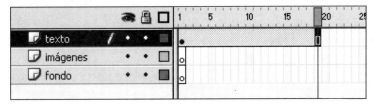

Figura 7. Así, el texto quedará visible hasta el fotograma 20.

Es importante aclarar que cada capa tiene su propio frame para cada momento.

Incorporar un objeto

Ya hablamos sobre los símbolos, aquellos objetos que se utilizarán en las animaciones. Luego de generar un objeto en Flash, para que se convierta en símbolo y se incorpore en la Librería, deberemos seleccionarlo e ir a **Insert/Convert to new symbol**.

En el cuadro que se abre, deberemos asignarle un nombre y seleccionar qué tipo de símbolo se trata, de acuerdo a las siguientes opciones:

- **Movie clip:** son como pequeñas películas dentro de la principal que se ejecutan de manera independiente de la timeline.
- **Button:** este tipo de símbolo es capaz de responder a estímulos del mouse y para cada una de estas alternativas pueda modificar su apariencia.
- **Graphic:** son gráficos estáticos, que luego pueden servir para generar animaciones o pequeñas presentaciones para un sitio.

Figura 8. En este caso, utilizaremos un gráfico simple,
que luego nos servirá para realizar una animación simple.

Agregar movimiento

Ahora utilizaremos una herramienta muy importante en Flash para generar distintos efectos de movimiento: **Motion tweening**. Con ella, solo necesitaremos incorporar el objeto e indicar de dónde hasta dónde se quiere desplazar y en cuántos fotogramas haremos el efecto para que Flash ejecute todos los fotogramas necesarios en el medio. Veremos esta herramienta con un ejemplo muy sencillo: colocaremos un símbolo en un sector de nuestro banner y haremos que se desplace hasta el otro extremo.

Crear el movimiento   PASO A PASO

1 En una capa vacía, en el primer fotograma, incorporaremos un símbolo de la librería, arrastrándolo directamente con el mouse desde allí hasta el lugar del **Escenario** donde comenzará su movimiento.

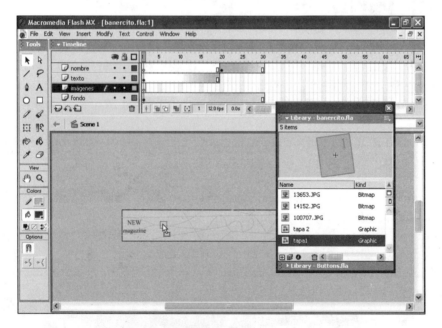

MÁS ANIMACIONES

En este ejemplo, vimos una animación muy sencilla, pero combinando esta herramienta con otras, podrá lograr efectos muy interesantes. ¡A experimentar!

2 Con el fotograma seleccionado, vamos al menú **Insert/Create Motion Tween**.

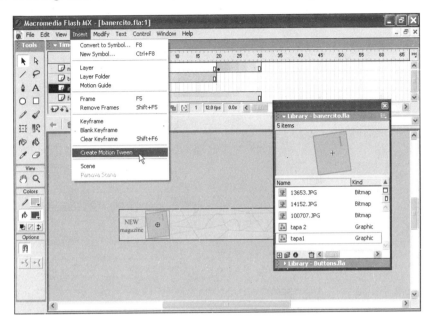

3 En el número de fotograma donde va a terminar el movimiento, hacemos clic derecho y seleccionamos la opción **Insert Keyframe**.

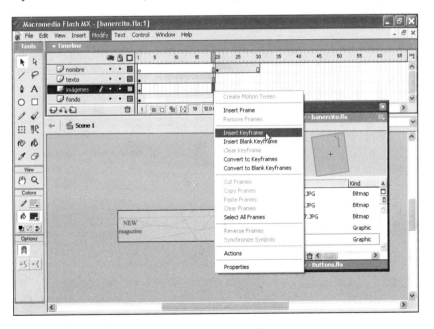

4 Ahora desplazamos el objeto indicando el lugar donde va a finalizar el movimiento.

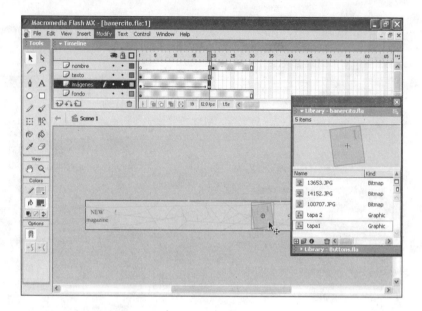

5 Así, Flash indicará la animación en la timeline con una línea con flecha y al ejecutar la película verá el movimiento desde un lugar al otro del banner.

De Flash a la Web

El archivo generado es del tipo **FLA**. Sin embargo, para su distribución es necesario exportarlo a un archivo de tipo **SWF**, necesario para publicar una película en la web.

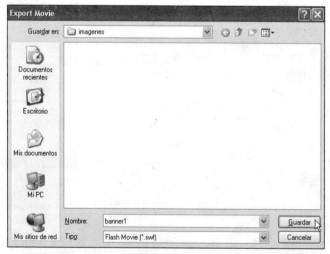

Figura 9. *Es necesario exportar las películas a formato **SWF** para que luego las podamos incorporar en nuestro sitio.*

Luego de probar que todo funcione en forma correcta, simplemente deberemos exportar nuestra película a dicho formato, yendo al menú **File/Export Movie**. En el cuadro de diálogo, hay que seleccionar la carpeta, elegir el tipo de archivo Flash Movie (***.swf**), asignarle un nombre y aceptar. Luego, indicaremos las opciones de exportación como se muestra en la **Figura 10** y se realizará el proceso.

Figura 10. Aquí deberemos establecer el orden de las capas y la compresión a aplicar a las imágenes JPG y al sonido, entre otras opciones. También podemos indicar con qué versión de Flash es compatible.

Resumen del capítulo

Flash es una herramienta muy completa que nos permitirá generar animaciones de alta calidad. En este capítulo vimos los conceptos básicos: los elementos que componen una animación, los pasos a seguir para insertar un objeto y aplicarle movimiento, y los aspectos a tener en cuenta antes de subir la animación a un sitio web.

ACCIONES

Las películas interactivas se basan en acciones, que permiten colocar comandos que realicen diversas actividades. Se pueden aplicar acciones a botones y otros símbolos, desde el panel **Actions**.

Flash en la Web · 9

Actividades propuestas

Con el logo del sitio, genere una animación que sirva de presentación. Tome en cuenta las siguientes consideraciones:

» El logo debe desplazarse de un lugar a otro del escenario.
» Una vez finalizada la animación, debe mostrarse un texto con el nombre del sitio y la dirección web.
» Pruebe implementar diferentes efectos a la escena.

Al finalizar, pruebe incluirla en su sitio web. Desde Internet, calcule el tiempo que demora en cargar y visualizar la animación para probar su conveniencia.

Cuestionario

1/ Nombre tres funcionalidades de Flash
2/ ¿A qué se denomina escenario?
3/ ¿Para qué se utilizan las capas o layers?
4/ ¿Para qué se utilizan los fotogramas?
5/ ¿A qué se denomina símbolos?
6/ ¿Qué diferencia hay entre un **keyframe** y un **blank keyframe**?
7/ ¿Qué herramienta de Flash se utiliza para generar efectos de movimiento?
8/ ¿Cuáles son los dos formatos de archivo de una animación Flash? ¿Qué diferencia existe entre ambos?
9/ ¿Para qué se utilizan las escenas?
10/ ¿A qué se denomina instancias?

Técnicas avanzadas con Photoshop

El propósito de este capítulo será aprender algunas técnicas de diseño con Photoshop, que nos serán de utilidad para diseñar distintos elementos de nuestras páginas web, retocar imágenes y mucho más.

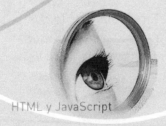

HTML y JavaScript

SERVICIO DE ATENCIÓN AL LECTOR: lectores@tectimes.com

Titulares de sección

Este proyecto nos servirá para crear los titulares de nuestras páginas. Los titulares son las imágenes que identificarán a cada sección con su nombre y alguna ilustración. Por lo general será conveniente el uso de una tipografía que ya esté en uso en el sitio. Vamos a construirlos utilizando el nombre de la sección, una imagen de fondo y algunos efectos para hacerlo más elegante, trabajando con Photoshop.

Crear el titular   PASO A PASO

1 En primer lugar crearemos una nueva imagen utilizando Photoshop. Nos dirigimos para esto al menú **File/New**.

2 En la ventana que se abre, especifiquemos las dimensiones. Nosotros decidimos hacer una imagen del ancho igual al ancho del área de contenido. Asegurémonos que la resolución esté en **72 pixels/inch** ó **72 pixels/pulgada** y que el modo de color esté en formato RGB, como muestra la imagen.

3 Para ilustrar el titular vamos a buscar alguna imagen que defina fácilmente lo que queremos representar. Para el caso de "Contáctenos", por ejemplo, vamos a usar la imagen de un teléfono. Por el tamaño y las dimensiones de nuestra imagen, siempre será conveniente que la imagen sea más ancha que alta, que se pueda achicar sin perder detalles o calidad y que pueda llenar buena parte de la imagen.

4 Utilicemos la herramienta de selección (**Rectangular Marquee Tool**), para seleccionar la parte de la imagen que vamos a utilizar. Si vamos a usarla toda, utilicemos el atajo **CONTROL+A**, para seleccionar todo.

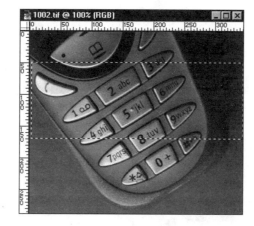

5 Presionemos el atajo **CONTROL+C**, para copiar la selección.

6 De vuelta en el archivo nuevo que habíamos creado, presionemos el atajo de teclado **CONTROL+V**, para pegar la selección realizada.

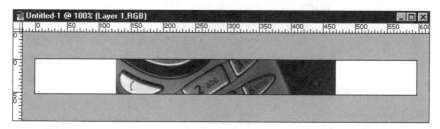

7 Movamos la nueva capa a una ubicación conveniente. Si deseamos achicarla o rotarla, utilicemos el atajo **CONTROL+T**, o **Edit/Free Transform**.

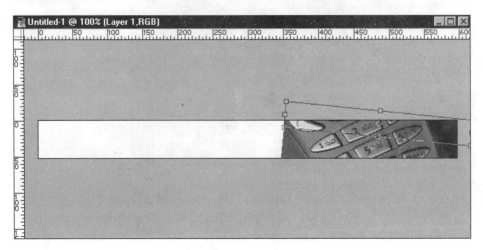

8 Para aplicar la transformación, pulsemos la tecla **ENTER**.

9 Hagamos clic en el cuadrado del color frontal, y escojamos alguno para el color que utilizaremos como fondo en nuestro titular.

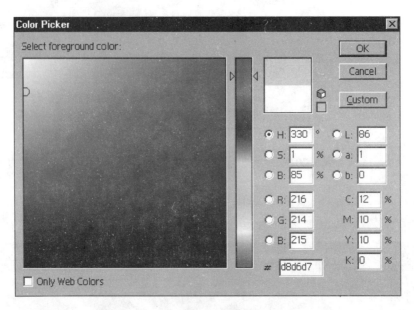

10 Seleccionemos la capa de fondo, y con la herramienta **Paint Bucket Tool** (el balde de pintura), rellenemos con el color seleccionado.

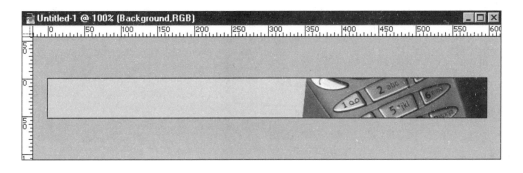

11 Según podemos observar en el paso anterior, la transición entre la imagen y el fondo nos ha quedado muy rígida. Para solucionarlo, realicemos una selección como la que muestra la imagen, sobre la capa que contiene la foto:

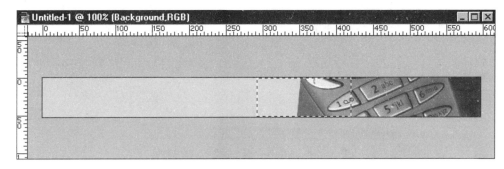

12 Dirijámonos ahora a **Select/Feather** y apliquemos un valor que permita suavizar la transición. Puede ser entre 4 y 20, pero habrá que probar, según la imagen.

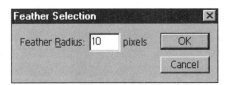

13 Ahora vamos a eliminar una porción de la foto (la que está seleccionada), y con ello podremos ver el efecto de la opción **Feather**. Si no nos agrada el resultado, podemos volver al paso 12, gracias a la paleta **History** (**Window/History**).

FEATHER

El efecto que crea la opción **Feather** es la disminución progresiva de la opacidad de la capa hacia los bordes de la misma. Es un efecto muy interesante, que puede utilizarse para suavizar los bordes de algunas imágenes.

Técnicas avanzadas con Photoshop **10**

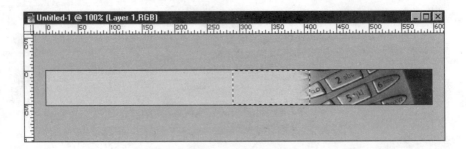

14 Cuando estemos listos, borremos la selección mediante el atajo **CONTROL+D**.

15 Tomemos la herramienta de texto, escojamos color, tipografía, tamaño de fuente y demás propiedades, y escribamos el nombre de la sección.

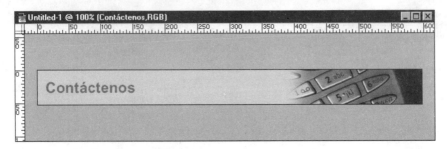

16 Un recurso interesante es el uso de las opciones de fusión de Photoshop, para aplicar un pequeño efecto a la capa del texto. Para esto, con la capa del texto seleccionado, y desde la paleta de capas, hacemos clic derecho y seleccionamos **Blendig Options** u **Opciones de fusión**.

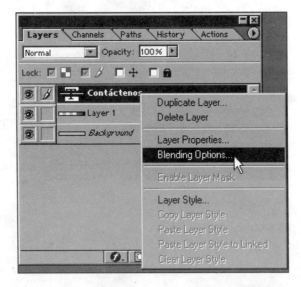

17 En este caso aplicaremos el efecto **Drop Shadow**, que aplica una sobra por debajo de la capa. Observen con atención la opacidad que empleamos **(Opacity)** y la distancia **(Distance)**. Presionemos **OK** para aplicar el efecto. De todas maneras podremos visualizarlo mientras lo aplicamos.

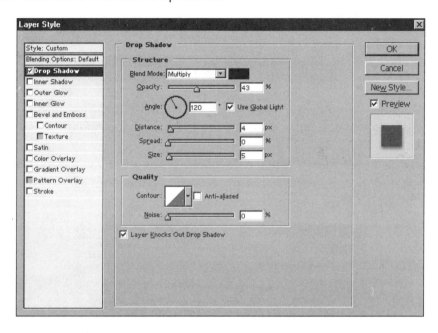

Con esto, el titular ha quedado terminado. El resto de los titulares puede hacerse de la misma forma, incluso tomando como base el mismo PSD. A continuación seguiremos trabajando con el mismo titular, aplicándole el efecto de líneas de TV.

Efecto líneas de TV

Este es un efecto muy popular y utilizado, sobre todo en los sitios que tienen una orientación más tecnológica, lo mismo que la variante que veremos más adelante, uti-

Técnicas avanzadas con Photoshop **10**

VARIANTES VÁLIDAS

El efecto líneas de TV pretende simular el espacio que hay entre cada línea en un tubo de televisión. También puede lograrse un efecto similar utilizando líneas perpendiculares, en lugar de sólo horizontales.

lizando líneas cruzadas. La idea es simular una imagen vista a través de una pantalla de TV, o un monitor. Para este truco comenzaremos trabajando con una imagen cualquiera y después lo explicaremos aplicándolo al titular del proyecto anterior.

El efecto consiste en crear un nuevo canal, en donde se define una selección. Luego se carga esta selección en la imagen y se rellena con negro.

Efecto líneas de TV	PASO A PASO

1 Comenzamos abriendo la imagen a la que deseamos aplicar el efecto. También puede aplicarse a una capa de un archivo **PSD** con el que estamos trabajando.

2 Activemos la paleta de **Canales** o **Channels**, desde el menú **Window/Channels** y creemos uno nuevo, haciendo clic en el botón **Create New Channel**. Se creará un canal nuevo, en color negro, llamado **Alpha 1**.

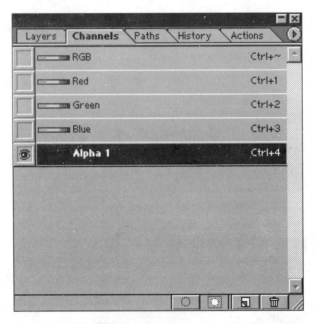

3 Hagamos un buen zoom en el canal y creemos una selección de un píxel de alto. Para esto podemos ayudarnos de dos formas. La primera puede ser mediante la herramienta de selección rectangular, seleccionando el estilo **Fixed Size**, en la barra de herramientas, y especificando 1 píxel en el alto (el ancho no es importante). La segunda opción puede ser mediante la herramienta de selección **Single Row Marquee Tool**, que se encuentra compartiendo el mismo botón que la herramienta anterior.

4 Dirijámnos ahora al menú **Edit** y seleccionemos la opción **Fill**. Allí seleccionemos **Use White**, para rellenar la selección de blanco.

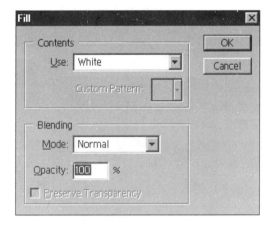

5 Una vez que rellenamos de blanco, eliminemos la selección desde **Select/Deselect** o, más fácil, con el atajo de teclas **CONTROL+D**.

Técnicas avanzadas con Photoshop   10

CANALES

Una imagen está compuesta por varios canales. En las imágenes RGB (Red, Green, Blue), cada canal representa la información, en valores de negro, para cada color. El uso de canales auxiliares permite añadir distintos efectos.

DEFINICIONES

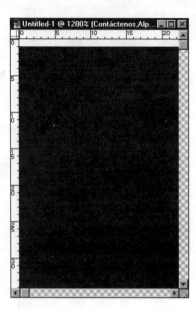

6 Tomemos ahora la herramienta **Rectangular Marquee Tool**, con sus opciones por defecto (**Style Normal**) y seleccionemos una región que abarque un píxel de línea blanca y un píxel de línea negra. El alto total debe ser de 2 píxeles; el ancho en este caso no es importante definirlo.

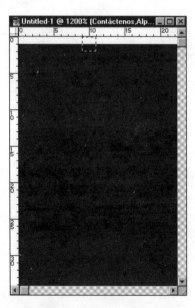

7 Con esa selección activa dirijámonos a **Edit/Define Pattern**. Se nos pedirá un nombre para el mismo; coloquemos el nombre **Líneas TV** y hagamos clic en **OK**.

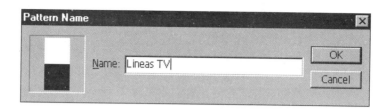

8 Seleccionemos toda la imagen mediante el atajo de teclado **CONTROL+A** y dirijámonos al menú **Edit/Fill**. Desde el menú desplegable **Use**, escojamos la opción **Pattern**, y en **Custom Pattern** seleccionemos el pattern que creamos en el paso anterior (generalmente aparecerá al final de la lista).

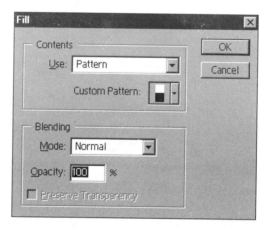

9 La imagen quedará cubierta de líneas blancas y negras.

Técnicas avanzadas con Photoshop   10

10 En la paleta de canales, volvamos a la vista normal, haciendo clic sobre el canal **RGB**. Volveremos a ver la imagen sobre la que estamos trabajando.

11 Activemos la paleta **Capas** o **Layers** y creemos una nueva capa por encima de la imagen a la que queremos aplicarle el efecto. Para crear la nueva capa de la paleta, presionamos **New Layer**.

12 Ahora cargaremos la selección definida en el canal Alpha 1. Para esto dirijámonos al menú **Select/Load Selection** y, en la ventana que aparece, en la opción denominada **Channel**, escojamos el canal **Alpha 1**.

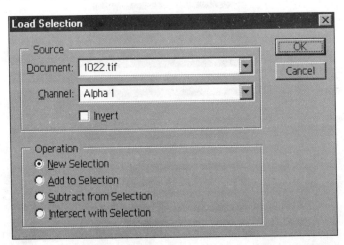

13 La imagen por el momento quedará un tanto irreconocible, debido a la selección, compuesta por líneas de 1 píxel de alto.

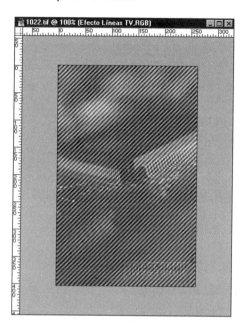

14 Dirijámonos ahora a **Edit/Fill** y rellenemos la imagen con color Negro (Black).

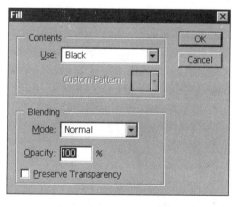

Técnicas avanzadas con Photoshop **10**

15 Eliminemos la selección mediante el atajo **CONTROL+D**.

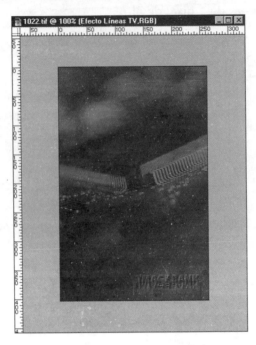

16 Si deseamos que el efecto sea menos intenso, podemos variar la opacidad de la capa que tiene el efecto, desde la opción que se muestra en la siguiente imagen.

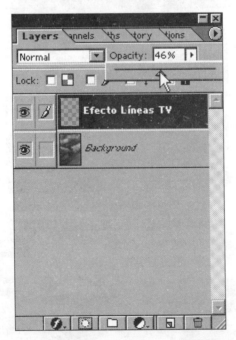

Variante para crear texturas

Un efecto parecido puede ser utilizado para crear texturas. En este proyecto vamos a variar un poco el efecto, utilizando tanto líneas verticales como horizontales para crear una textura que pueda permitirnos rellenar el fondo de una página o una celda de tabla.

Crear una textura   PASO A PASO

1 Crearemos una nueva imagen de 3 píxeles de ancho por 3 de alto. Como será muy difícil trabajar con ella, aumentemos el zoom a 1600% (el máximo de Photoshop).

2 Rellenemos el fondo con algún color que nos guste.

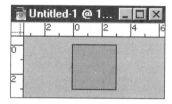

3 En la paleta de **Capas** o **Layers**, creamos una nueva capa. Luego, tomamos la herramienta **Single Row Marquee Tool** y trazamos una línea horizontal, justo por el medio de la imagen (o sea, de 1 píxel de alto).

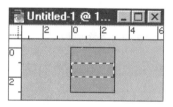

4 Seleccionemos otro color para rellenar esa selección. Luego, dirijámonos a **Edit/Fill** y escojamos **Use Foreground** color, para rellenar la selección con el color frontal.

BORDE DE LAS TEXTURAS

Al generar una imagen como ésta, tenga en cuenta que se pegarán varias juntas para formar el fondo. Por lo tanto, revise que los bordes queden correctamente para acoplarse al resto.

Técnicas avanzadas con Photoshop · 10

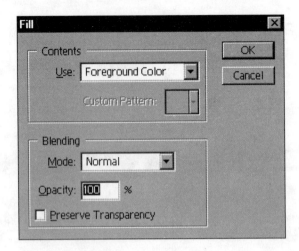

5 Creemos ahora una nueva capa. Luego, utilicemos la herramienta **Single Column Marquee Tool**, que comparte el botón con la herramienta anterior.

6 Hagamos una selección de una columna justo en el centro de la imagen.

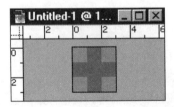

7 Repitamos el paso 4, rellenando la selección con el mismo color. Finalmente, quitemos la selección. La imagen nos debería quedar así:

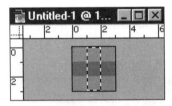

8 Activemos ahora la capa que contiene la línea horizontal y modifiquemos su opacidad (**Opacity**) hasta un valor cercano al 50% (hay que probar según el color usado y el efecto que se quiere lograr). Repitamos lo mismo para la capa con la línea vertical. No es necesario que ambas capas tengan la misma opacidad. También podemos jugar utilizando los **Blending modes**. En esta ocasión la capa superior tiene una opacidad de 39% y un **Blending mode Multiply**. La capa del medio tiene opacidad 58% y **Blendig mode Normal**.

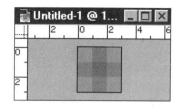

9 Para finalizar, exportemos la imagen para la web, en formato **GIF**. Para ello vayamos al menú **File** y seleccionamos la opción **Save For Web**. Definimos la opción más conveniente y presionamos el botón **Save** para guardar el archivo.

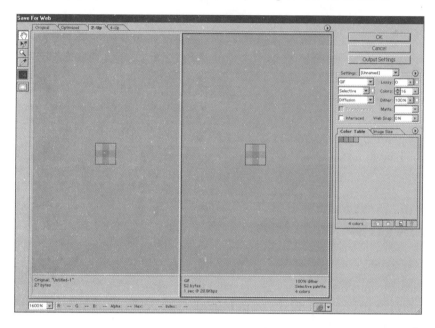

Una vez terminada la textura, podemos probarla aplicándola como fondo de una página web, para ver el efecto que se logra al repetirla. Del mismo modo, podemos lograr otros efectos muy interesantes trabajando con líneas de un píxel de ancho, o cuadrados o, incluso, otro tipo de formas más complejas. Pruebe diferentes combinaciones de forma y color hasta encontrar la que más le agrade. Siempre recuerde que la textura debe permitir la lectura de los textos.

Técnicas avanzadas con Photoshop **10**

FONDOS

DATOS ÚTILES

Para una buena lectura, trate de que las imágenes de fondo sean claras y sin demasiadas formas. De esta manera, podrá colocar texto y elementos en las páginas y éstos se visualizarán fácilmente.

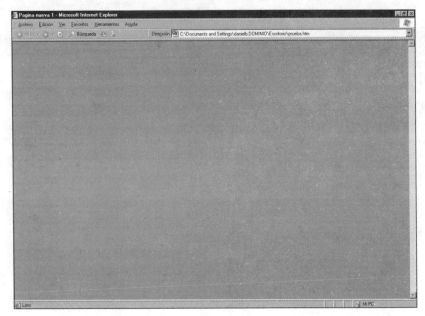

Figura 1. *Aplicación de la textura como fondo de una página web.*
La imagen en realidad es solo un pequeño cuadrado que se repite sucesivas veces.

Botones

En este proyecto nos dedicaremos a la creación de botones simples y sencillos. Como podrán comprobar existen infinitas variantes para la creación de botones; la idea del proyecto es servir como punto de partida para que conozcan las herramientas más usuales y de esta forma definir los botones del sitio de acuerdo a la personalidad del sitio.

Creación de un botón	PASO A PASO

1 Comenzaremos, como siempre, creando una nueva imagen en Photoshop. En este caso utilizaremos una imagen de 100 x 23 píxeles.

2 Creamos una nueva capa y realizamos una selección sobre ella con la herramienta de selección rectangular **(Rectangular Marquee Tool)** que sea un poco menor al área total de la imagen, como vemos en la siguiente figura. Para esto seguramente será más cómodo trabajar sin la opción **Ajustar** o **Snap**, en inglés. Para ello vamos al menú **View** y desmarcamos la opción **Snap**.

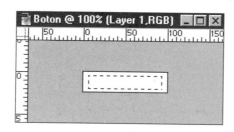

3 Seleccionemos entonces un color gris y rellenemos toda la selección como muestra la imagen, ya sea mediante la herramienta **Paint Bucket** o con la opción **Fill** del menú **Edit**, y luego seleccionando **Use Foreground color**.

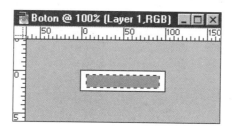

4 Hagamos clic derecho sobre la nueva capa que creamos y seleccionemos la opción **Blendig Options** u **Opciones de fusión**.

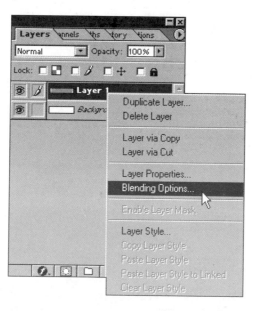

5 Para lograr una apariencia con relieve, apliquemos en esta ocasión el efecto denominado **Bevel and Emboss**, estilo **Inner Bevel**, con un tamaño de 1 píxel, según vemos en la imagen de la página siguiente.

Técnicas avanzadas con Photoshop 10

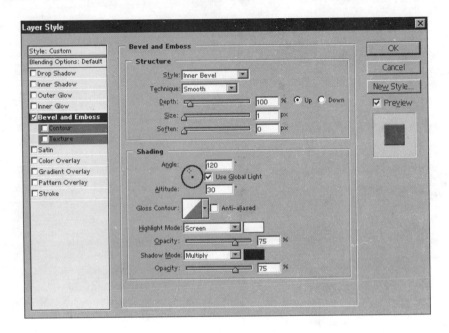

6 Utilicemos también el efecto **Gradient Overlay**. Del menú **Gradient**, seleccionemos un estilo de gradiente, o creemos uno de acuerdo con nuestro gusto. No será necesario modificar opciones adicionales en esta pantalla.

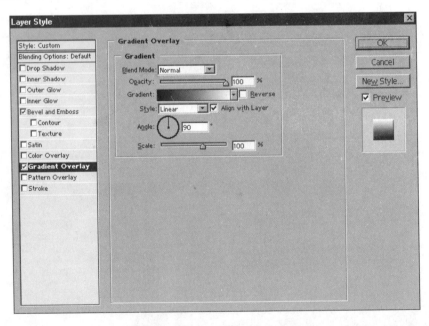

7 Por último, apliquemos el efecto **Stroke**, para crear una línea de contorno. Deberemos definir un tamaño de 1 píxel y su color. En este caso, negro.

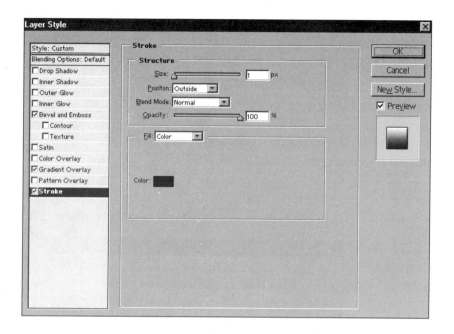

8 Finalmente, coloquemos el texto con una fuente preferentemente pequeña, y centrado horizontal y verticalmente con respecto al botón.

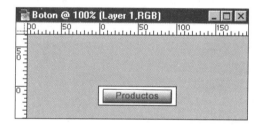

Este proyecto admite muchas variantes, principalmente en el modo en que aplicamos las opciones de fusión o **Blending Options**. Podemos utilizar los efectos **Color Overlay**, **Gradient Overlay**, **Drop Shadow**, etc., para crear interesantes botones, y muy fáciles de modificar. Pruebe las diferentes variantes hasta encontrar la que se ajuste al diseño de su página.

Efecto Burbuja

En este proyecto veremos un efecto muy interesante que puede utilizarse tanto para crear viñetas como botones. Es importante que, al utilizar este efecto, como los anteriores, lo hagamos acompañándolo de una interfaz acorde con él.

Técnicas avanzadas con Photoshop · 10

Efecto burbuja   PASO A PASO

1 Creemos una nueva imagen en Photoshop con un tamaño de 120 x 50 píxeles o más, aproximadamente. Tengamos en cuenta que cuanto mayor tamaño tenga nuestra imagen, mayor será la calidad del botón.

2 Utilizando la herramienta de selección rectangular, dibujemos un rectángulo que no llegue a los bordes de la imagen.

3 Redondeemos los bordes de la selección mediante la opción **Select/Modify/Smoth**, con un radio de 10 píxeles. Nos debería quedar una imagen como la siguiente:

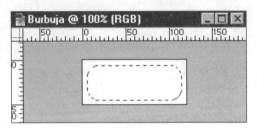

4 Guardemos la selección, ya que la utilizaremos luego, mediante la opción **Select/ Save Selection**. Coloquémosle un nombre y hagamos clic en **OK**.

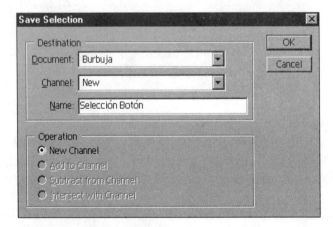

USOS DEL EFECTO I

El efecto burbuja suele quedar muy bien en sitios con diseño moderno y más bien "limpio". Pero hay que tener cuidado al mezclarlo con diseños variados, ya que puede quedar un sitio demasiado cargado.

5 Seleccionemos un color frontal para nuestro botón y asegurémonos que el color de fondo sea blanco o de un color claro.

6 Creemos una nueva capa y seleccionémosla.

7 Seleccionemos la herramienta **Gradiente** o **Gradient Tool** (comparte el botón con el bote de pintura). Elijamos el tipo de gradiente **Foreground to Background** y rellenemos la selección arrastrando el cursor desde arriba hacia abajo.

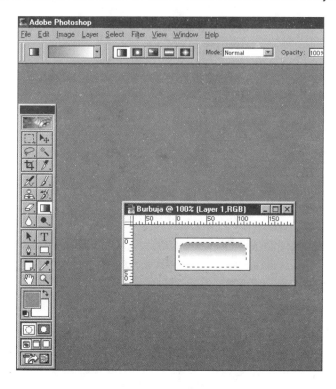

8 Hagamos doble clic sobre la capa para seleccionar el estilo (**Layer Style**). Marquemos la casilla de **Drop Shadow**. Ajustemos el tamaño y la distancia (**Size** y **Distance**), si fuera necesario, pero asegurémonos de especificar 90 grados en el ángulo, ya que queremos que la luz venga de arriba.

USO DE EFECTOS II

Los efectos de Photoshop son muy atractivos, pero no hay que abusar y utilizar muchísimos efectos en un mismo objeto.

GRADIENT TOOL

La herramienta Gradiente tiene varias opciones: lineal, circular, en ángulo y con forma de diamante, y es posible configurarla en detalle.

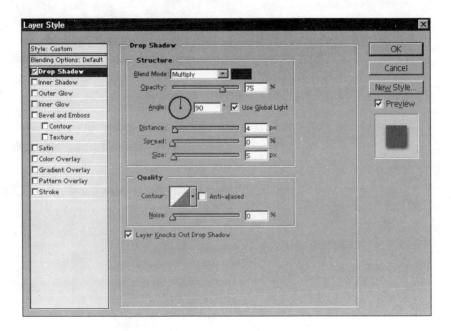

9 Seleccionemos también el efecto **Inner Glow**. Especifiquemos un color un poco más oscuro que el frontal. En **Blend Mode**, seleccionemos **Multiply** y en **Size**, en la sección **Elements**, coloquemos un valor grande. Luego hagamos clic en **OK.**

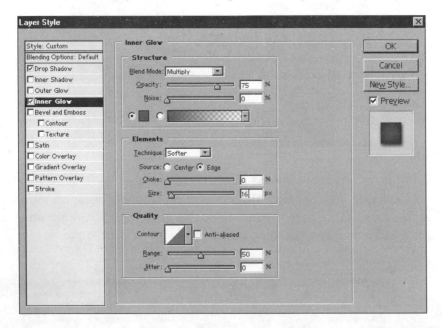

10 Realicemos una selección rectangular en la parte superior de la figura, con un ancho bastante menor que el ancho de la imagen, según se ve en la figura.

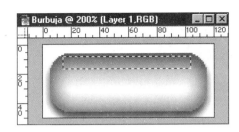

11 Como hicimos al principio, vamos a redondear los bordes. Para ello nos dirigimos a **Select/Modify/Smoth** y colocamos un valor que sea la mitad del alto de la selección. Para saber el alto de la selección, nos fijamos en el sector inferior derecho de la ventana **Info** (que podemos abrir desde el menú **Window/Info**).

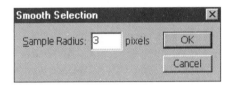

12 Creemos ahora una nueva capa, para generar el reflejo superior y asegurémonos que quede seleccionada.

13 Seleccionemos el color blanco como frontal y tomemos la herramienta gradiente. En este caso, utilizaremos el gradiente **Foreground to Transparent** (Color frontal a transparente). Rellenemos esa selección con ese gradiente desde arriba hacia abajo.

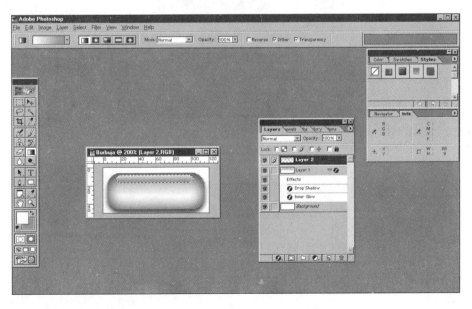

Técnicas avanzadas con Photoshop   10

14 Deseleccionemos con la combinación de teclas **CONTROL+D** y, de ser necesario movamos la capa hasta lograr el efecto que queremos.

15 Ahora cargaremos la selección que habíamos guardado anteriormente. Para ello vamos al menú **Select/ Load Selection** y en la opción **Channel** buscamos el nombre con el que guardamos la selección, en nuestro ejemplo, **Selección Botón**.

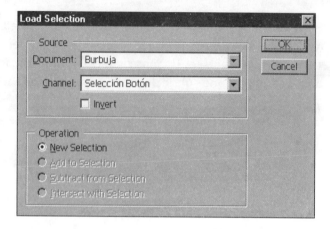

16 Vamos al menú **Select/Modify** marcamos la opción **Contract** y especificamos en la nueva ventana el valor 2, para contraer la selección en 2 píxeles. Seleccionamos **OK** para aceptar el cambio realizado.

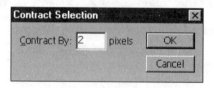

17 Tomamos la herramienta de selección rectangular, y manteniendo presionada la tecla **ALT**, para eliminar una selección, dibujamos un rectángulo desde la parte superior hasta las tres cuartas partes de la imagen, de modo de dejar solamente una selección como la que se ve en la figura.

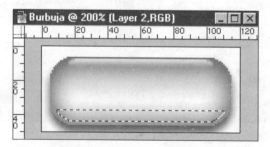

18 Creamos una nueva capa y nos aseguramos de que quede seleccionada para poder aplicar todos los efectos correctamente.

19 Tomamos la herramienta **Gradient**, con el estilo **Foreground to Background**, con blanco como color frontal, y rellenamos esa selección desde abajo hacia arriba. El efecto resultante es el que vemos en la siguiente imagen.

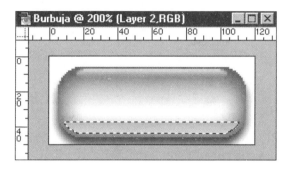

20 Sin quitar todavía la selección, vamos al menú **Filter/Blur** y seleccionamos la opción **Gaussian Blur**. En la ventana que aparece, aplicamos un desenfoque con un valor cercano a 1,5 que se aplicará solo sobre la selección. Esto ayudará a que se vean mejor los cambios de tonos.

Técnicas avanzadas con Photoshop **10**

HERRAMIENTAS

Use estas herramientas y las que vimos a lo largo del libro para probar los distintos efectos y crear sus propios diseños personalizados.

21 ¡Listo! El siguiente paso será añadir el texto del botón. Una tipografía que funciona bien es **Lucida Grande**, la cual aplicamos en este ejemplo.

Una variante de este proyecto es hacer una verdadera burbuja, es decir, redonda. En lugar de realizar las selecciones con un rectángulo y luego redondear sus bordes con la opción **Smooth**, directamente trabajamos con la herramienta de selección circular. El resto de los pasos son similares. En la **Figura 2** podemos ver un ejemplo de burbuja terminado.

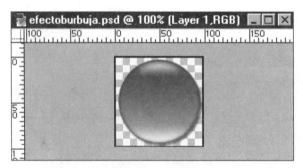

Figura 2. Burbuja realizada, siguiendo los mismos pasos que para el botón anterior.

Incluso podemos lograr un efecto bastante gracioso si colocamos una imagen (como un ícono o una fotografía) en su interior. La imagen tiene que recortarse, es decir, si es una persona, recortar solo la cabeza, para que no se vea el cuello ni los hombros y debe colocarse debajo de las dos capas de reflejos.

IDEAS

GUARDAR ESTILOS DE PHOTOSHOP

Para conservar este estilo y poder reutilizarlo fácilmente en el futuro, podemos hacer clic sobre el botón New Style y guardarlo con un nombre descriptivo. Asegurémonos de marcar las dos casillas de verificación que aparecen.

SÓLO PARA GENIOS

OTRAS FORMAS

El efecto burbuja puede aplicarse a diversos tipos de figuras, para hacer botones de todo tipo.

Luego, también podemos bajarle un poco la opacidad, para que el efecto quede mejor. El resultado final puede ser el que se muestra en la **Figura 3**.

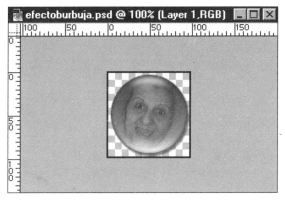

Figura 3. Nuestra burbuja con una cara en su interior.

Botones tubulares o tubo de botones

Los botones que vamos a crear son ideales para barras de navegación horizontal. Su diseño los hace muy sencillos y verán que será muy simple añadir o quitar elementos a la barra en cualquier momento. A continuación también presentaremos también dos variantes. La primera con los botones normales y la segunda en estado **Over**.

Otros tipos de botones	PASO A PASO

1 Creamos una nueva imagen en Photoshop con fondo blanco, y que posea un tamaño de unos 700 píxeles de ancho x 50 píxeles de alto.

COPIAR EFECTOS

Una vez aplicados efectos a una capa, se pueden copiar y pegar en otras. Así, se podrán aplicar exactamente los mismos efectos a varias capas rápidamente, haciendo clic derecho sobre la capa y eligiendo Copy Layer Style.

2 Comencemos por crear una nueva capa. Luego, utilizamos la herramienta de selección rectangular para dibujar la silueta de lo que será nuestro "tubo". Es importante que la selección vaya de punta a punta en la imagen. De ser necesario, ensanchemos un poco la ventana para trabajar mejor.

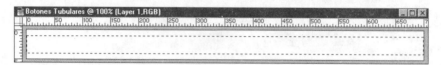

3 Seleccionemos un color oscuro como color frontal y blanco como color de fondo.

4 Tomemos la herramienta **Gradient Tool** y despleguemos la lista de estilos. Seleccionemos **Foreground to background,** y luego hagamos doble clic sobre él, para editarlo.

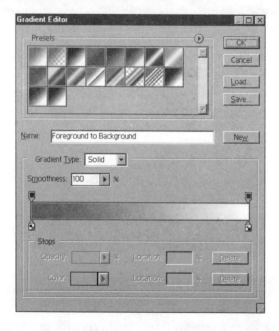

5 Hagamos clic debajo de la barra de colores, donde se muestra el gradiente, aproximadamente en el centro, para agregar un nuevo color.

GRADIENTES

IDEAS

Moviendo los pequeños rombos que se encuentran entre los colores, se varía en realidad la cantidad de cada color que se va a aplicar.

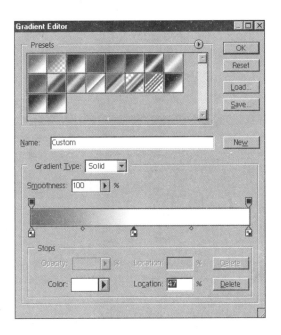

6 Hagamos doble clic sobre los pequeños cuadraditos que se encuentran por debajo de los triángulos que señalan la posición de los colores, para poder modificarlos. El primero tiene que ser el más oscuro, mientras que el del medio puede ser un color un poco más claro. Tengamos en cuenta que también podemos mover los indicadores para ajustar el gradiente como queramos. Un ejemplo podría ser el que vemos en la siguiente imagen.

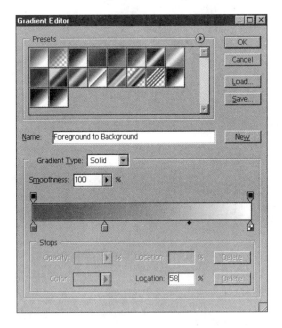

7 Hagamos clic en el botón **OK** para guardar los cambios del gradiente. Luego, rellenemos la selección con el gradiente, llevando el mouse desde abajo hacia arriba. Cuando terminemos, eliminemos la selección para seguir trabajando, como
haciendo una línea vertical en la selección.

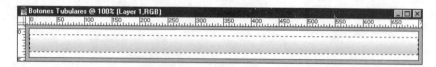

8 Abramos la ventana de estilos de capa, haciendo clic derecho sobre la capa, y seleccionando la opción **Blending Options**.

9 Dentro de las opciones, seleccionemos el efecto **Drop Shadow**, con los valores
que se pueden ver en la imagen. El ángulo de la luz que utilizaremos será de 90
grados. Puede modificar cualquiera de estos datos en todo momento, y probar
diversas combinaciones hasta encontrar la que más le agrade. Pero trate siempre de utilizar el mismo ángulo de sombra en los efectos de los objetos de todo el sitio para mantener la uniformidad de luz.

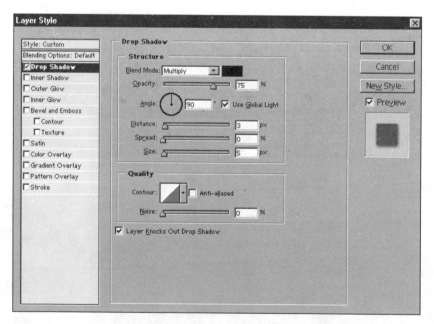

10 Desde este menú, marquemos también el efecto **Stroke**, seleccionando como tamaño 1 píxel y color negro, para generar un contorno sobre la selección, indicando las opcioines como muestra la imagen de la página siguiente.

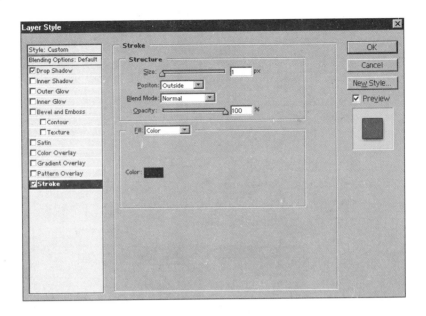

11 Presionemos **OK** para que todos los cambios tomen efecto. Cuando cerremos la ventana de **Layer Style** habremos terminado la primera parte. Ahora solo bastará ingresar el texto correspondiente a cada botón (de cada una de las secciones de nuestro sitio). En este ejemplo ingresaremos los botones **Ayuda** y **Contacto**.

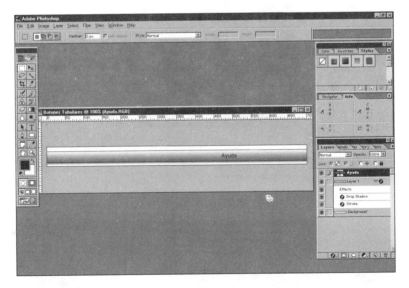

12 Para el botón **Over**, crearemos una nueva capa por encima y realizaremos con el mouse una selección rectangular, similar a la que se muestra en la siguiente imagen. Emplearemos esta selección para crear un segundo botón.

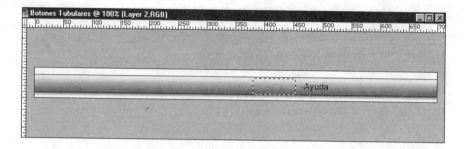

13 Rellenemos esa selección con un color oscuro y apliquemos la opción de fusión **Multiply** para esta capa. También podemos bajar un poco la opacidad para que no quede tan oscuro (en este ejemplo, a 37%).

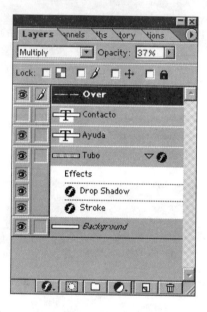

14 Por último, agreguemos el texto para el botón en estado **Over**. En este caso lo ingresamos en color blanco, para acentuar aún más el efecto de cambio al pasar el mouse por sobre cada botón.

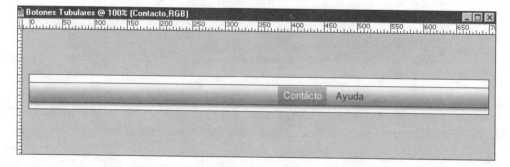

Recuerden que, para utilizar estos botones, tal vez sea mejor primero exportar una base de un tamaño fijo y luego ir escribiendo los textos de cada uno, todos sobre esa base, y luego guardarlos para la web (**Files/Save for Web**) como se muestra en la **Figura** 4. También podemos cortar un fragmento de tubo para utilizar como imagen de relleno de fondo para una tabla o celda que contenga a todos los botones. Generalmente será mejor ubicar a todos los botones en una tabla, a razón de un botón por celda, y colocar el fragmento de tubo como imagen de fondo de la celda o tabla.

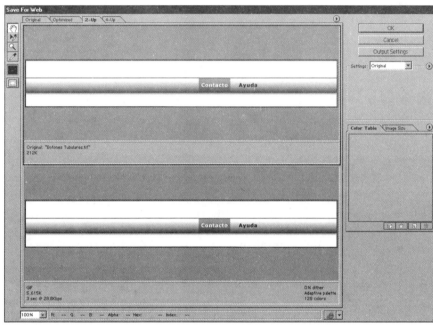

Figura 4. Utilizamos la herramienta Save For Web para guardar los botones de la barra.

Resumen del capítulo

A lo largo de este libro, descubrimos algunas de las herramientas avanzadas de Photoshop que nos permitirán darle un diseño óptimo a los elementos que forman parte de nuestro sitio web, como es el caso de los botónes. También vimos cómo crear titulares, diseñar texturas y aplicar diferentes efectos visuales. Este capítulo fue pensado con el objetivo de brindar al lector un conocimiento avanzado sobre algunas de las opciones de uno de los programas más utilizados por los diseñadores web. Con los conceptos desarrollados, ahora queda en manos del lector la posibilidad de probar las diferentes opciones y crear un diseño acorde con el contenido que se presenta en la página.

Actividades propuestas

Diseñe una barra de navegación para su sitio web, respetando las siguientes consignas:

» La barra puede ser vertical u horizontal, pero debe contener al menos 4 secciones.
» Diseñe los botones de cada sección respetando los colores y el estilo gráfico del sitio.
» Genere la imagen de los dos estados de cada botón: activado / desactivado.
» Incluya efectos de sombra y relieve en la barra o en los botones.
» Incluya al menos una fotografía o ícono.

Pruebe recortar los botones e insertarlos en el sitio web. Compruebe el correcto funcionamiento de cada botón.

Cuestionario

1/ ¿Para qué se utiliza la herramienta **Feather**?
2/ ¿Con qué herramienta podemos modificar la opacidad de una imagen?
3/ ¿Mediante qué opción se puede incluir una línea de contorno en una imagen?
4/ ¿Para qué se utiliza la herramienta **Smoth**?
5/ ¿Con qué herramienta podemos sacar de foco una parte de una imagen?
6/ ¿Con qué herramientas deberemos trabajar si queremos crear una textura propia?
7/ ¿Qué resultado se obtiene al utilizar el efecto **Gradient Overlay**?
8/ ¿Qué efectos debemos aplicar para obtener una esfera?
9/ ¿Qué efecto permite aplicar la opción **Drop Shadow**?
10/ Para esfumar una imagen, ¿qué herramientas tendremos que utilizar?

HTML

El lenguaje de programación básico de la Web es el HTML. En este apéndice, veremos cómo emplear su código para modificar las propiedades de una página web.

HTML y JavaScript

SERVICIO DE ATENCIÓN AL LECTOR: **lectores@tectimes.com**

¿Qué es HTML?

HTML significa *HiperText Markup Language*, cuya traducción sería **Lenguaje de etiquetas e hipertexto**, en donde hipertexto hace referencia a la capacidad del lenguaje para la utilización de los conocidos hipervínculos. Este lenguaje está compuesto por etiquetas o marcas (*tags*, en inglés), y gracias a ellas es posible dar forma a todos los componentes de una página.

Una página web o documento HTML no es otra cosa que un archivo de texto que se puede crear con cualquier editor, desde el Bloc de notas de Windows hasta cualquiera de DOS o LINUX. Sin embargo, existen editores especiales que ayudan mucho al trabajo con páginas HTML ya que utilizan un sistema de coloreado de sintaxis. Las páginas HTML tienen extensión **.html** o **.htm**. La mayor parte de las etiquetas de HTML están divididas en etiquetas de apertura y etiquetas de cierre. Todas ellas comienzan con el símbolo < y terminan con el símbolo >. Una etiqueta de cierre se diferencia de la de apertura porque luego del símbolo <, sigue el carácter /. Por ejemplo **<A>** sería una etiqueta de apertura y **</A>** sería una etiqueta de cierre.

Como ya dijimos, no siempre existe una etiqueta de cierre; esto se debe a que el contenido que irá entre las dos etiquetas será el texto que queremos mostrar y, para el caso de las etiquetas que insertan elementos, no tendría sentido colocar un cierre.
A su vez, las etiquetas tienen atributos, y los atributos tienen valores. Los mismos se colocan dentro de la etiqueta de apertura y van separados por espacios en blanco. Por ejemplo: **<ELEMENTO forma="redondo" color="amarillo" altura="20">**. En este ejemplo, **ELEMENTO** sería el nombre de la etiqueta; **forma**, **color** y **altura** son atributos de **ELEMENTO** y **redondo**, **amarillo** y **20** son valores. El orden en que se coloquen los atributos y sus respectivos valores no afecta en lo absoluto el comportamiento de la página. Los valores de los atributos van entre comillas. Sin embargo, también es posible colocarlos sin comillas, a menos que haya espacios en los mismos. Por ejemplo, en atributo **="el valor"**, no sería posible quitar las comillas. El hecho de sacar las comillas obedece a la necesidad de que algunos lenguajes de script utilizados en conjunto con el HTML pueden mostrar errores si se las coloca.
Para darnos una idea de la diferencia entre las etiquetas simples y las dobles (aquellas que tienen cierre), veremos un ejemplo.

```
<p align="center">Este texto se encuentra entre dos etiquetas, una de
apertura y otra de cierre</p>
<IMG src="imágenes/tierra.jpg" align="center">
```

Observemos que en el caso de la etiqueta **P**, de párrafo, el texto se introduce entre la apertura y el cierre de las mismas. Mientras tanto, en la etiqueta **IMG**, de imagen, no es necesario ingresar texto entre medio, ya que la ubicación de la imagen es el valor del atributo **src** (*source*, en castellano, "origen").

Otro aspecto importante a tener en cuenta son los comentarios. Cualquier contenido que se introduzca entre **<!- -** y **- ->** no será interpretado como HTML. Esto es de utilidad para realizar anotaciones propias dentro del código; una práctica más que recomendada.

¿Qué es XHTML?

La evolución de Internet y las limitaciones del HTML han desembocado en la especificación de un nuevo conjunto de normas basadas en el lenguaje XML, por el *World Wide Web Consortium* (**www.w3c.org**). Para aquellos que no conozcan XML, se trata de un lenguaje de etiquetas mucho más poderoso y organizado, con muchas más aplicaciones. El hecho de poder convertir una página web en un documento XML da a los programadores una flexibilidad muy grande.
Sin embargo, el HTML aún no ha caído en desuso ni es obsoleto. El XHTML recién está en sus primeros años (la versión más reciente es la 1.0) y todavía existen navegadores que no lo reconocen. La conversión de una página HTML a XHTML no es complicada en absoluto y sólo exige una lista de pequeñas consideraciones al momento de programar. Se encontrará más información en **www.w3.org/MarkUp** y las especificaciones completas de este lenguaje, en **www.w3.org/TR/xhtml1**.

HTML A

Etiquetas básicas

Llamaremos por este nombre a aquellas etiquetas que siempre aparecen en la parte superior de toda página web. No todas estas etiquetas son esenciales para la visualización, aunque siempre es recomendable colocarlas para que los buscadores y los navegadores saquen provecho de ellas. Una página HTML comienza y termina con las respectivas etiquetas de apertura y cierre **<HTML>** y **</HTML>**. Luego, se divide en dos partes: la cabecera, entre las etiquetas **<HEAD>** y **</HEAD>**, y el cuerpo, entre **<BODY>** y **</BODY>**. La etiqueta **<HTML>** también puede tener el atributo **lang**, con el cual se especifica el idioma; por ejemplo, **<HTML lang="es">** especifica que la página está en español.

Dentro de la cabecera de la página se coloca la información del título, conjunto de caracteres, metatags, etc. Una página HTML típica tendría esta forma:

```
<!DOCTYPE html PUBLIC "-//W3C//DTD HTML 4.01 Transitional//EN">
<HTML>
     <HEAD>
<!-- Contenido de la cabecera de la página -->
          <TITLE>Titulo de la página</TITLE>
          <META name="description" value="Esta es una página de prueba">
          <META name="author" value="Marcelo Hernán Ruiz">
          <META name="keywords"
value="prueba,pagina,html,web,w3c,etiquetas">
<META http-equiv="Content-Type" content="text/html; charset=x-mac-roman">
          <LINK type="text/css" href="varios/estilos.css">
     </HEAD>

     <BODY>
          <!-- Contenido del cuerpo de la página -->

     </BODY>
</HTML>
```

Observemos que la primera línea se encuentra fuera de todas las demás etiquetas. Se trata de la definición del tipo de documento (html) y de la versión del lenguaje utilizada (4.01). Además, encontramos tres nuevas etiquetas, todas dentro de la cabecera. La etiqueta **<TITLE>** permite la definición del título que aparecerá en la parte superior del navegador. Si no se coloca, aparecerá la dirección URL de la página, al menos en la mayor parte de los navegadores conocidos.

La etiqueta **<META>** tiene usos múltiples. En los tres primeros casos la utilizamos para especificar la descripción, el autor y las palabras clave de la página (**description, author, keywords**). Estos datos son indexados por los buscadores (Altavista, Google, etc.) para luego poder encontrar nuestra página en caso de que se realice alguna consulta. En el cuarto uso de la etiqueta **<META>**, estamos especificando el conjunto de caracteres utilizados en la página. Notemos que en este caso, el atributo **http-equiv** contiene un valor que en realidad son muchos conjuntos **atributo=valor** separados por punto y coma. El conjunto de caracteres específicamente es **charset**. Por último, la etiqueta **<LINK>** permite vincular un archivo externo a la página. En el ejemplo se hace uso de un archivo de hoja de estilos y se la vincula a través del atributo **href**.

El cuerpo de la página web

La etiqueta **<BODY>** tiene una serie de atributos que permiten definir propiedades de la página tales como el color de fondo, el color de texto y los links, entre otras cosas, aunque desde la versión HTML 4.0 han quedado obsoletos y reemplazados por las hojas de estilo en cascada. Sin embargo, todos los navegadores los siguen utilizando y es bueno conocerlos. En el siguiente ejemplo se definen los colores empleados en una página:

```
<BODY bgcolor="red" text="black" link="blue" vlink="green" alink="yellow">
```

El valor **bgcolor** corresponde al color de fondo, mientras que **text** y **link** corresponden al color del texto general y de los hipervínculos respectivamente. Los parámetros **vlink** y **alink** se refieren a los colores de los hipervínculos ya visitados y los activos.

Presentación del texto

Antes que nada, unas breves consideraciones. Cuando ingresamos texto en una página web (o cualquier otro elemento), hay que tener en cuenta que no siempre se va a ver en el navegador de quien visite ese documento de la misma manera que lo vemos nosotros. Esto se debe a muchos factores, entre ellos el navegador utilizado, las fuentes instaladas, la resolución de pantalla y el tamaño de la ventana que se esté utilizando. Es nuestra misión como webmasters hacer que la página se vea lo mejor posible en todos los casos comentados. Veamos cómo solucinar esto desde el código HTML.

Ahora supongamos que comenzamos a escribir texto directamente en la sección **<BODY>**; si abrimos la página en el navegador, veremos que mostrará ese texto, aunque con algunas particularidades. Si nosotros ingresamos retornos de línea en el texto, éstos serán interpretados como espacios en blanco en el navegador.

También, si ingresamos varios espacios en blanco seguidos, se tomarán como un único espacio, a excepción del comienzo de la línea, donde el espacio en blanco es ignorado. Para ingresar espacios irrompibles en HTML, se utiliza el código ** ** (en inglés, *non breaking space*). Además, también existen otros códigos similares para introducir caracteres internacionales, como los acentuados. Por ejemplo, para escribir el carácter "á", se debe utilizar el código **á**, el carácter "é" se escribe como **é** y la "Ó" como **Ó**. Otro carácter que puede traer problemas es la "ñ": **ñ**.

HTML A

Dar formato al texto

HTML ofrece un conjunto de etiquetas bastante amplio para dar formato al texto. Una de las más importantes es la etiqueta **<P>**, de párrafo. La misma tiene etiqueta de cierre (**</P>**), aunque es opcional. También tiene la propiedad **align**, mediante la cual se puede especificar la alineación del párrafo: **left** (izquierda), **center** (centro), **right** (derecha) o **justify** (justificar); la alineación por defecto es a la izquierda. He aquí un ejemplo:

```
<P align="right"> La nueva película de "El señor de los anillos" batió
record de recaudaciones en todo el mundo.</P>

<P align="center"> La nueva película de "El señor de los anillos" batió
record de recaudaciones en todo el mundo.</P>

<P align="left"> La nueva película de "El señor de los anillos" batió
record de recaudaciones en todo el mundo.</P>
```

En el caso de las etiquetas **<P align="center">** y **</P>** pueden reemplazarse por **<CENTER>** y **</CENTER>**, pero no existe un equivalente para reemplazar a los otros tipos de alineación, es decir, no se puede reemplazar **<P align="right">** y **</P>** por **<RIGHT>** y **</RIGHT>** ya que no existen.

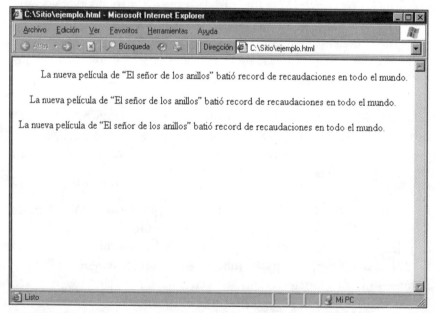

Figura 1. En este ejemplo, el párrafo se alineó de tres maneras diferentes.

Otra etiqueta muy usada es **
** (*Break Line*), que inserta un salto de línea dentro del mismo párrafo. El siguiente ejemplo ilustra el uso de esta etiqueta:

```
<P>Este párrafo contiene saltos de línea.<BR>
Los saltos de línea permiten pasar a la línea siguiente sin la necesidad de
cerrar el párrafo.<BR></p>
<p>Además, los párrafos dejan un espacio muy grande entre si.</P>
```

Como vemos, existe una diferencia importante entre los saltos de línea y los párrafos. Los primeros producen un cambio a la línea siguiente, mientras que la separación de un párrafo a otro es mucho mayor. Se observa que **
** no tiene etiqueta de cierre.

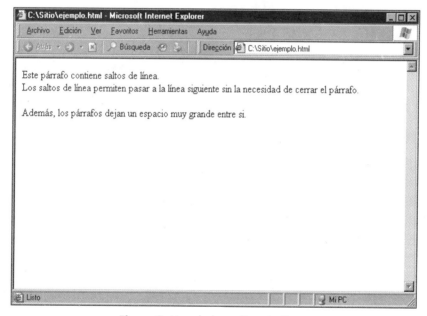

Figura 2. Uso de los saltos de línea.

Más etiquetas de formato

Si deseamos dar al texto un color, tamaño y una fuente determinados, podemos hacer uso de las etiquetas **<FONT>** y **<BASEFONT>**. La primera permite dar formato a cualquier texto, mientras que la segunda se suele colocar por única vez, luego de **<BODY>**, y establece las características del texto de la página. Ambas tienen tres atributos:

• **size**: indica el tamaño, que puede variar entre 1 y 7.

- **color**: indica el color del texto y puede ser un número hexadecimal o el nombre en inglés. El valor hexadecimal de los colores siempre debe ir precedido por el carácter #.
- **ace**: define el nombre de la fuente.

Es importante recordar que no es posible colocar cualquier fuente en el atributo **face**, ya que quien visita la página debe tenerla instalada en su sistema para poder visualizarla. En caso contrario, visualizará la fuente por defecto (Times New Roman o Helvetica, en la mayoría de los casos). Sin embargo, es posible definir grupos de fuentes, separados por coma, que irán presentando diversas alternativas en caso de que la fuente principal no esté instalada en el sistema del usuario.

Veamos un ejemplo para comprender el modo de emplear estas etiquetas:

```
<BODY>
<BASEFONT face="verdana" color="#FF99CC" size="4">
<P>Este texto esta escrito con la fuente por defecto</P>
<P><FONT face="courier" color="red" size="+1">Este texto fue modificado con
la etiqueta FONT y se aumentó en 1 el tamaño por defecto</FONT></P>
</BODY>
```

Figura 3. Ejemplo de uso de las etiquetas <FONT> y <BASEFONT>.

Otras etiquetas muy útiles en HTML son las de los estilos negrita, itálica y subrayado. La forma de aplicarlas es la siguiente:

- Negrita: **\<B>Texto\</B>**
- Cursiva: **\<I>Texto\</I>**
- Subrayado: **\<U>Texto\</U>**

```
<P>El lenguaje <B>HTML</B> ofrece <U>muchas</U> opciones para dar formato
al texto. Aquí veremos las <I>más importantes</I>.</P>
```

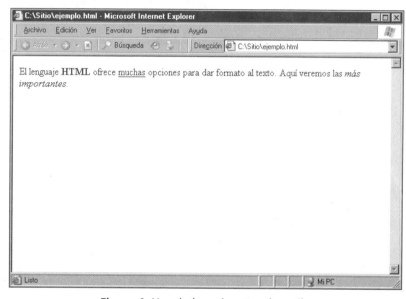

Figura 4. Uso de las etiquetas de estilo.

Insertar hipervínculos

Para insertar un hipervínculo en un texto o una imagen se utiliza la etiqueta **\<A>**. Ésta tiene un atributo muy importante sin el cual el hipervínculo no tendría sentido: **href**, que determina el destino del link. Además, aunque no es indispensable, se puede incluir un texto que sirva como descripción del hipervínculo. La forma correcta de insertar un hipervínculo sobre un texto es la siguiente:

```
<a href="destino" target="ventana">Texto del hipervínculo</a>
```

Para el caso de una imagen, sería de la siguiente forma:

```
<a href="destino" target="ventana"><IMG scr="imagen.jpg" alt="Imagen"</a>
```

El atributo **href**, como dijimos, toma el valor del destino que queremos que se abra cuando se haga clic sobre el texto o la imagen. Hay dos casos posibles:

1. Si el destino es un sitio web fuera de nuestro servidor, debemos escribir la dirección completa, incluyendo **"http://"**, por ejemplo: **href="http://www.w3c.org"**.
2. Si el destino es un documento (otra página web, una imagen o cualquier archivo) dentro de nuestro propio sitio, entonces no es necesaria la inclusión de la URL completa. Acá se pueden dar varios casos:
   a. Si el documento está en el mismo directorio que la página de origen, entonces simplemente se escribe el nombre del mismo, sin necesidad de ningún dato adicional. Por ejemplo, **href="pagina2.html"**.
   b. Si el documento se encuentra en un nivel inferior de directorios, hay que escribir la ruta a partir del directorio en que nos encontramos. Por ejemplo, si nuestra página de origen está en **/Sitios/MiSitio** y el documento de destino está en **/Sitios/MiSitio/Downloads/Wallpapers**, deberemos armar el destino de la siguiente manera: **href="Downloads/Wallpapers/wallpaper01.jpg"**.
   c. Ahora supongamos que el documento se encuentra en un nivel superior. Debemos armar el vínculo de la siguiente manera: **href="../pagina1.html"**; con lo que accederíamos al documento **página1.html** del directorio inmediatamente superior. Si queremos subir un nuevo nivel, deberemos agregar **../** otra vez: **href="../../index.html"**.

Un caso muy utilizado son los hipervínculos a direcciones de correo o archivos para descargar. En el primero de los casos, se utiliza **href="mailto:direccion@servidor.com"** para especificar el link. Cuando alquien haga clic en ese enlace, se abrirá su cliente de correo predeterminado con un mensaje en blanco con esa dirección. Para armar un hipervínculo a un archivo para descargar, simplemente se coloca el nombre del archivo con su ubicación, tal como en el caso de los documentos web, por ejemplo: **href="downloads/programa.zip"**. Otro atributo muy utilizado es **target**. Con éste se puede definir la ventana o el marco de destino en el que se abrirá un hipervínculo. Por ejemplo, si queremos que un vínculo se abra en una ventana nueva, podemos especificar **target="_blank"**; cada vez que alguien haga clic, se le abrirá la página de destino en una ventana nueva.
Sin embargo, también podemos crear ventanas con un nombre en particular, por ejemplo, **target="nuevaVentana"**, para que todos los vínculos que especifiquen ese destino se abran en esa ventana y no en una nueva. Si no se coloca el atributo **target**, el archivo de destino se abrirá por defecto en la misma ventana. El atributo **target** tiene mucha utilización en el tratamiento de páginas con marcos, por lo que volveremos a hablar de él en las próximas páginas.

Listas

HTML nos proporciona las etiquetas **<UL>**, **<OL>** y **<LI>** para la creación de listas ordenadas y desordenadas. Aunque no son tan utilizadas, dentro de este grupo también tenemos otras etiquetas para la creación de listas de definiciones: **<DL>**, **<DD>** y **<DT>**.

Listas no ordenadas

Se trata de las listas con viñetas. Son muy simples de armar y se utilizan las etiquetas **<UL>** y **<LI>**, aunque la primera es opcional. Si no se coloca **<UL>**, la lista no aparecerá sangrada. Veamos un ejemplo de una lista no ordenada:

```
<B>Invitados a la fiesta</b>
    <UL>
            <LI>Jorge Bermúdez
            <LI>Juan Alvarez
            <LI>Matías Gómez
    </UL>
```

La lista no ordenada también se coloca por fuera del párrafo.

HTML A

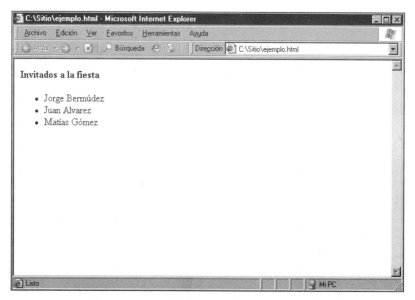

Figura 5. Ejemplo de una lista no ordenada.

Listas ordenadas

Llamamos listas ordenadas a aquellas que llevan una numeración. Permite básicamente numerar una serie de ítems. Empleando esta etiqueta, no será necesario que coloquemos los números de orden, ya que esto se hará solo; simplemente insertamos elementos a la lista. La lista propiamente dicha se coloca entre las etiquetas **<OL>** y **</OL>**, y dentro de ellas van los distintos elementos de la siguiente forma: **<LI>Texto</LI>**, aunque la etiqueta de cierre es opcional. La numeración se realizará en forma ascendente con todos los ítems identificados:

```
<B>Crear un nuevo sitio Web</b>
<OL>
    <LI>Registrar el dominio</LI>
    <LI>Diseñar la página</LI>
    <LI>Subir los archivos al servidor FTP</LI>
</OL>
```

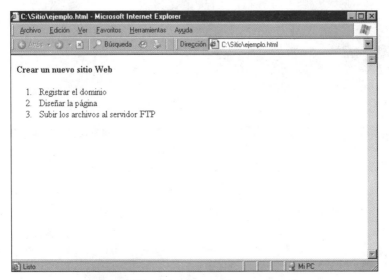

Figura 6. Ejemplo de una lista ordenada.

Como puede verse, el uso de listas para ordenar la información facilita muchísimo la nomenclatura de los ítems, ya que no es necesario llevar un control preciso del orden de cada uno. El navegador mismo coloca los números de orden, según cómo aparezcan los datos en la lista, evitándonos todo tipo de errores y facilitándonos la tarea en caso de que sea necesario añadir nuevos elementos en cualquier parte de la lista.

Imágenes

El uso de las imágenes en una página web es muy común y prácticamente son muy pocas las páginas que no utilizan algún elemento gráfico. También son muy comunes las imágenes para representar textos con una tipografía rara que es probable que el usuario no posea en su sistema. La inserción de imágenes es muy simple y sólo existe una etiqueta para ello: **<IMG>**. Esta etiqueta tiene los siguientes atributos:

- **src**: permite determinar el origen de la imagen. Acá hay que colocar la ubicación dentro del servidor que almacena el archivo y el nombre de la imagen de manera similar a como se hacía con el atributo **href** en los hipervínculos.
- **alt**: este atributo permite definir un texto alternativo para que se visualice en caso de que la imagen no se cargue correctamente o para aquellos que utilizan un navegador que no puede ver imágenes. También es utilizado para mostrar un mensaje flotante al posicionar el puntero del mouse sobre la imagen.
- **width**: especifica un ancho fijo para la imagen. Si no se lo coloca, esta etiqueta toma el ancho estándar de la misma.
- **height**: similar al atributo anterior, sólo que éste especifica la altura.
- **align**: determina la alineación de la imagen dentro de la página. Los posibles valores que puede tomar son **baseline** (línea base), **top** (superior), **middle** (medio), **bottom** (inferior), **texttop** (sobre el texto), **absmiddle** (medio absoulto), **absbottom** (superior absoluto), **left** (izquierda) y **right** (derecha).
- **border**: este valor determina el espesor en pixeles del borde que rodea la imagen. Si queremos que no aparezca borde, debemos especificar **border="0"**. Sin embargo, el borde sólo aparecerá si insertamos un hipervínculo sobre la imagen.
- **hspace**: determina el espacio horizontal en pixeles alrededor de la imagen.
- **vspace**: igual que el anterior para el caso del espacio vertical.

No todos estos atributos son necesarios. De ellos, el más importante es, obviamente, **src**, que especifica el origen de la imagen o su ubicación en el disco. La ubicación puede ser relativa o absoluta (tal como se explicó con más detalle en el apartado sobre hipervínculos). El atributo **alt** es recomendado para los navegadores que no soportan imágenes. En ese caso, aparecerá el texto alternativo. Sólo se especifica, entonces, aquellos que realmente se crea conveniente emplear.

Por último, los atributos de alto y ancho también son útiles para que la página se vaya armando con reserva de espacio para las imágenes, por más que éstas no hayan bajado del todo. De lo contrario, la página se irá deformando hasta que las imágenes bajen.

```
<IMG src="imagen.jpg" alt"La Playa" align="right"><P>Uno de los lugares más
visitado por los turistas.</p>
```

Formularios

Los formularios van a sernos de mucha utilidad cuando comencemos a trabajar con páginas dinámicas en lenguajes PHP o ASP. Por ello vamos a tratar en detalle todas sus características y propiedades. Un formulario HTML por sí solo no puede hacer mucho. Simplemente se limita a enviar los valores al servidor pero, si allí no hay nada que los procese, será inútil. Para definir un formulario, primero hay que crearlo utilizando las etiquetas **<FORM>** y **</FORM>** y luego incluir los distintos elementos que lo componen entre medio. Estos elementos pueden ser campos de texto, listas de selección, botones de opción, casillas de verificación, botones, etc.

Definir los límites del formulario

La etiqueta **<FORM>** marca el inicio del formulario HTML. La misma necesita algunos atributos para saber cómo manejar los datos del formulario y qué hacer con ellos. La propiedad **action** define a qué página se enviarán los datos para procesarlos o qué se hará con los datos una vez que se pulse sobre el botón de **Enviar**. También tenemos **method**, que define la forma en que se envían los resultados; aquí hay dos posibilidades:

• **get**: los datos del formulario son enviados por la URL del navegador.
• **post**: los datos completados en el formulario son enviados a través de las cabeceras HTTP y son invisibles para el usuario.

También tenemos otras propiedades de esta etiqueta, como **name**, con la cual se puede definir un nombre para el formulario (muy útil para aplicaciones con JavaScript), y **target**, similar al atributo de los hipervínculos. Una declaración típica de un formulario podría ser:

```
<FORM name="frmDatos" action="procesar_datos.php" method="post"></FORM>
```

A continuación veremos cómo insertar los diferentes elementos de un formulario.

Campos de texto

Los campos de texto son uno de los elementos que utilizaremos con mayor frecuencia. Los mismos permiten que el usuario ingrese datos de una línea como su nombre, dirección de correo electrónico, teléfono, etc.

La forma de insertar este tipo de elemento es utilizando la etiqueta **<INPUT>**, la cual no tiene etiqueta de cierre, con el atributo **type="text"**. Además, tenemos otra propiedad muy importante y que no puede faltar: **name**. Veamos un ejemplo:

```
<FORM name="frmDatos" action="procesar_datos.php" method="post">
<p>Nombre: <INPUT type="text" name="txtNombre" value="Ingrese su nombre
aquí">
</FORM>
```

Observen que el atributo **value** nos permite definir el valor por defecto del elemento (**Figura 7**). El mismo luego puede ser borrado por el usuario para anotar sus propios datos; en el ejemplo de la imagen, su nombre.

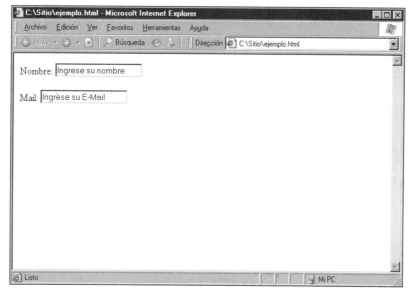

Figura 7. *Los campos de texto permiten el ingreso de información en una línea.*

También disponemos de los atributos **size**, para especificar el ancho del campo (que se mide en cantidad de caracteres), y **maxlength**, con el cual podemos establecer un límite para que, una vez alcanzado, no se pueda ingresar más texto.

Casillas de verificación

Estos elementos permiten que el usuario seleccione distintas opciones; pueden ser una o más. Se las suele utilizar para la elección de productos a comprar, listas de correo a suscribirse, etc., o para responder una pregunta puntual. En este caso, también se ingresan con la etiqueta **<INPUT>**, salvo que aquí variará el tipo (**type**) de elemento. El siguiente ejemplo nos muestra un caso típico:

```
<P>Seleccione los temas de su interés:
<P>
    <INPUT type="checkbox" name="Automoviles" value="si"> Automóviles<BR>
    <INPUT type="checkbox" name="Musica" value="si"> Música<BR>
    <INPUT type="checkbox" name="Pintura" value="si"> Pintura<BR>
    <INPUT type="checkbox" name="Informatica" value="si"> Informática<BR>
    <INPUT type="checkbox" name="Teatro" value="si"> Teatro<BR>
</P>
```

Observemos que en ningún caso se pueden acentuar los nombres de los elementos de los formularios, ya que daría un error. El atributo **name** debe identificar a la opción y **value** debe incluir el contenido que se considerará.

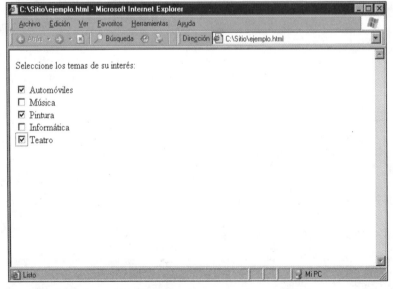

Figura 8. *Las casillas de verificación permiten seleccionar más de una opción a la vez.*

En el ejemplo de la **Figura 8**, los resultados serían los siguientes:

```
Automoviles = si
Musica
Pintura = si
Informática
Teatro = si
```

Para las casillas de verificación también tenemos la propiedad **checked**, la cual se inserta sin valor, que marca una casilla por defecto. Por ejemplo:

```
<INPUT type="checkbox" name"Teatro" value"si" checked>
```

Otro caso similar es el del botón de opción, también conocido como botón de radio. En este caso, los elementos se agrupan utilizando el mismo nombre, y sólo está permitida una única selección como respuesta.

```
<P>¿Qué estación del año prefiere para viajar?</P>
<INPUT type="radio" name="preferencia" value="Verano"> Verano<BR>
<INPUT type="radio" name="preferencia" value="Invierno"> Invierno<BR>
<INPUT type="radio" name="preferencia" value="Otoño"> Otoño<BR>
<INPUT type="radio" name="preferencia" value="Primavera"> Primavera<BR>
```

HTML A

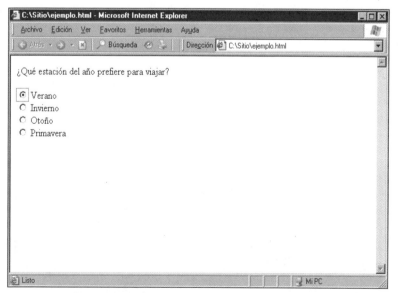

Figura 9. En este caso, podemos seleccionar una sola opción.

Sólo es posible seleccionar dos botones de opción si éstos tienen nombres diferentes. Para definir un botón de opción, se utiliza nuevamente la etiqueta **<INPUT>** como vimos anteriormente y se debe especificar **type="radio"** dentro del código.

Áreas de texto

Si deseamos que el usuario ingrese un texto largo, deberemos ofrecerle un espacio más cómodo para escribir. Es común ver áreas de texto en los campos para redactar mensajes de las páginas web que ofrecen correo gratuito, como Yahoo! o Hotmail, por ejemplo. Las áreas de texto se definen con las etiquetas **<TEXTAREA>** y **</TEXTAREA>** y el texto que va en el medio es el que aparecerá en el campo por defecto. También se puede definir su alto y ancho con los atributos **rows** (filas) y **cols** (columnas) respectivamente, y debe llevar un atributo **name** como los demás elementos de formulario.

```
<TEXTAREA name"mensaje" rows="15" cols="60">
Escriba su mensaje aquí
</TEXTAREA>
```

Este elemento suele ser muy engañoso a la hora de determinar su tamaño. Es muy difícil lograr que en todos los navegadores se vea igual. Por lo tanto, cuando definamos una medida para el mismo, conviene probarlo en distintos programas para observar cómo se ve y fijarse que no afecte el diseño de nuestra página.

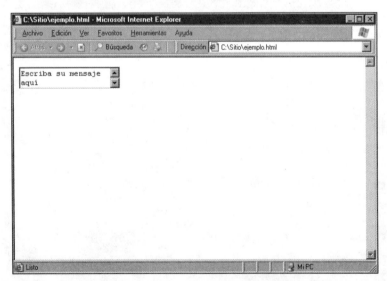

Figura 10. *Un área de texto en la que podremos ingresar cualquier texto.*

Botones y comandos

Existen dos tipos de comandos muy utilizados en los formularios; éstos son **submit** y **reset**. El primero envía su formulario para su procesamiento a donde hayamos indicado en la propiedad **action** de la etiqueta **<FORM>**, y el segundo limpia todo texto y opción que hayamos ingresado, dejando el formulario tal como estaba al comienzo. Estos dos elementos también se ingresan con **<INPUT>** de la siguiente manera:

```
<INPUT type="submit" name="cmdEnviar" value="Enviar formulario">
<INPUT type="reset" name="cmdLimpiar" value="Limpiar formulario">
```

En este caso, el valor de la propiedad **value** determinará el texto que aparecerá sobre el botón. Los atributos **name** no son necesarios, sobre todo en el botón **cmdLimpiar**.

También podemos crear botones genéricos para realizar algún tipo de acción determinada, la cual deberemos programar con JavaScript o algún otro lenguaje:

```
<INPUT type="button" value="Etiqueta" onClik="accion()">
```

En este caso, el atributo **onClik** es un evento de tipo JavaScript; hablaremos de ello en detalle en el próximo apéndice. Para insertar los botones también tenemos las etiquetas **<BUTTON>** y **</BUTTON>**. Son equivalentes a las anteriores, y la forma de definir los tipos de botones antes vistos es la siguiente:

```
<BUTTON type="submit">Enviar formulario</BUTTON>
<BUTTON type="reset">Limpiar formulario</BUTTON>
<BUTTON type="button">Texto del botón</BUTTON>
```

Por último, también es posible crear botones de submit a partir de una imagen (como los que creamos utilizando Photoshop), una práctica muy habitual para darles un aspecto más vivo. En este caso, debería usarse el siguiente código:

```
<INPUT type="image" src="imagen.gif">
```

El atributo **src** es similar al visto en el apartado en el que tratamos el tema acerca de cómo insertar hipervínculos con imágenes dentro de una página.

A

HTML

Menús de selección

Un menú descolgable contiene diferentes opciones entre las cuales elegir. Básicamente, su función es muy similar a la de los botones de opción o las casillas de verificación, con la diferencia de que en el caso de los menús es posible ocupar poco espacio y colocar un mayor número de opciones. Es posible crear menús de selección simple o múltiple. Los de selección múltiple permiten elegir varias opciones a la vez utilizando la tecla **CTRL**. Para crear un menú se utilizan dos etiquetas diferentes: **<SELECT>** y **<OPTION>**:

```
<SELECT name="pais">
     <OPTION value="Argentina">Argentina</OPTION>
     <OPTION value="Brasil">Brasil</OPTION>
     <OPTION value="Chile">Chile</OPTION>
     <OPTION value="Mexico">Mexico</OPTION>
     <OPTION value="Venezuela">Venezuela</OPTION>
     <OPTION value="Uruguay">Uruguay</OPTION>
</SELECT>
```

Observen que el atributo **name** va en la etiqueta **<SELECT>** y **value** va en cada etiqueta **<OPTION>**. El texto que va entre las etiquetas de apertura y cierre de **<OPTION>** es el que aparecerá en el menú, y el de **value** será el que recibirá el programa o página que procesará los datos. No es necesario que estos valores sean iguales; de hecho, en algunos casos puede ser útil un número como valor, para identificar al país, por ejemplo.
La etiqueta **<SELECT>** también tiene otros atributos, como **size**, que define el alto en líneas y la propiedad **multiple**, que no lleva valor y define la posibilidad de seleccionar más de una opción a la vez. Por su lado, **<OPTION>** puede tener la propiedad **selected** en alguno de sus elementos (sólo uno si no está **multiple** en **<SELECT>**) para que aparezca seleccionado en forma predeterminada.

Tablas

El uso de tablas en las páginas web se encuentra muy extendido. Las mismas no sólo guardan su uso original para la presentación ordenada de datos, sino que también aquí se utilizan para la alineación y la presentación del contenido. Son muy pocas las etiquetas necesarias para el trabajo con tablas: **<TABLE>** y **</TABLE>**, para definir el comienzo y fin de la tabla; **<TR>** y **</TR>** para definir el comienzo de una nueva fila; y **<TD>**, con su etiqueta de cierre opcional **</TD>**, para marcar una nueva celda de la tabla. A su vez, cada una de estas etiquetas tiene sus propiedades que veremos a continuación.

Hoy en día, muchas de las funcionalidades de las tablas HTML, sobre todo aquellas relacionadas con la alineación y organización de los elementos, están siendo reemplazadas por las capas. Sin embargo, aún no todos los navegadores soportan capas o las muestran correctamente, de modo que hay que ser cuidadosos.

Creación de una tabla simple

Como ya se mencionó, la etiqueta **<TABLE>**, junto con la de cierre, marca el comienzo y fin de la tabla. Acá también hay que definir algunas propiedades importantes. Veamos un ejemplo:

```
<TABLE align="center" border="1" cellpadding="3">
        <CAPTION><H2>Grilla de Espectáculos</H2></CAPTION>
        <TR>
        <TH>Hora/Día<TH>Lunes<TH>Martes<TH>Miércoles<TH>Jueves
        <TH>Viernes<TH>Sábado<TH>Domingo
        </TR>
        <TR>
                <TH>21:00<TD>Los Solitarios<TD>Amorosos<TD>Miel del
caribe<TD>Los cafeteros<TD>Miel del caribe<TD>Los solitarios<TD>Serenatas
        </TR>
        <TR>
                <TH>23:30<TD>Los chichos<TD>Los solitarios<TD>Los
cafeteros<TD>Los redondos<TD>Lluvia tropical<TD>Rey Alberto<TD>Guapachosos
        </TR>
        <TR>
                <TH>01:30<TD>Los Solitarios<TD>Amorosos<TD>Miel del
caribe<TD>Los cafeteros<TD>Miel del caribe<TD>Los solitarios<TD>Serenatas
        </TR>
</TABLE>
```

- **border**: ancho del borde de la tabla en pixeles. Si se especifica **border="0"**, se obtiene una tabla con borde invisible.
- **cellpadding**: margen de celda; espacio al borde de la misma con respecto al contenido.
- **cellspacing**: distancia entre celdas de la misma tabla.

HTML
A

- **align**: alineación de la tabla con respecto a la página (**center**, **right** o **left**, es decir, centro, derecha o izquierda).
- **width**: ancho de la tabla en pixeles o porcentaje del ancho de la página.
- **rules**: especifica por dónde aparecerán los bordes (**none**, **groups**, **rows**, **cols**, **all**).

Una vez que definimos el comienzo de la tabla con **<TABLE>**, llegó el turno de armar la primera fila. Para ello se emplea **<TR>** y **</TR>**. Luego, para cada celda que queremos crear, utilizamos **<TD>**. Si queremos que la celda sea de encabezado, para destacar su contenido, podemos utilizar **<TH>**, en lugar de **<TD>**; sus propiedades son similares. Se puede observar que también utilizamos una etiqueta **<CAPTION>**, que permite escribir un título para la tabla. Hay que tener cuidado al momento de utilizar la etiqueta **<CAPTION>**, ya que algunos navegadores no la interpretan.

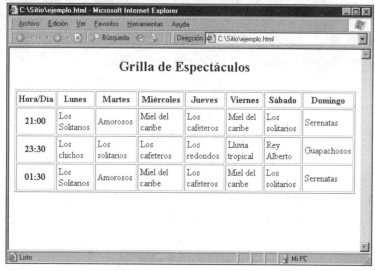

Figura 11. Nuestra primera tabla no utiliza elementos demasiado complicados.

A su vez, también es posible especificar propiedades para las etiquetas **<TR>**, **<TD>** y **<TH>**:

- **align**: espcifica la alineación horizontal (**right**, **left** o **middle**).
- **valign**: determina la alineación vertical (**bottom**, **top** o **middle**).
- **bgcolor**: establece el color de fondo para la fila o la celda.
- **rowspan**: especifica la agrupación de un número de filas, pasadas como parámetro.
- **colspan**: similar a la anterior, pero para agrupar columnas.
- **width**: ancho en pixeles o porcentaje del ancho total de la tabla.
- **height**: alto en pixeles o porcentaje del alto total de la tabla.

Acá también hay que ser cuidadosos al utilizar las propiedades **bgcolor**, **width** y **height**, ya que no todos los navegadores las reconocen correctamente.

Marcos

Los marcos (*frames*, en inglés) permiten dividir una página en distintos sectores. Cada sector podrá contener una página diferente e independiente. De esta forma podemos, por ejemplo, colocar sectores de la página que siempre permanezcan fijos y solamente actualizar el contenido de uno de los marcos.

La página de marcos, también conocida como *frameset* o conjunto de marcos, no tiene información visible. Simplemente describe cómo está organizada la disposición de los distintos marcos que la componen. Cada marco muestra una página HTML común y corriente, por lo tanto, en la página de marcos hay que indicar qué documento deberá mostrarse en cada marco.

El conjunto de marcos se crea utilizando las etiquetas **<FRAMESET>** y **</FRAMESET>**. Para definir el número de filas y/o columnas, tenemos los atributos **rows** y **cols**. La forma de definirlos es colocando el alto o el ancho de las filas o columnas separados por una coma. El ancho puede colocarse en pixeles o en porcentaje. También contamos con un valor "comodín", el asterisco (*), con el cual se indica que la columna o fila ocupe el espacio restante; obviamente, no tiene sentido colocar el asterisco solo.

```
<FRAMESET rows="200,*" cols="30%,70%">
```

Hasta ahora no hemos hecho nada, ya que falta definir qué contenido y propiedades tendrá cada uno de los marcos. Esto se hace mediante la etiqueta **<FRAME>** de la forma en que se muestra en el siguiente ejemplo:

```
<FRAMESET rows="200,*" cols="30%,70%">
    <FRAME src=frame01.html>
    <FRAME src=frame02.html>
    <FRAME src=frame03.html>
    <FRAME src=frame04.html>
</FRAMESET>
```

En este caso, el código cuenta con una particularidad: cuando lo insertamos en forma completa, no debe incluirse la etiqueta **<BODY>**. También es importante saber que existen las etiquetas **<NOFRAMES>** y **</NOFRAMES>**, entre las cuales se puede escribir un mensaje que se mostrará en caso de que el navegador no soporte marcos.

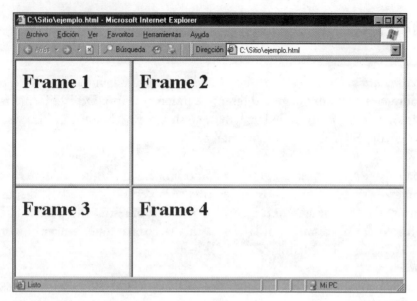

Figura 12. La página de marcos muestra cuatro sectores con cuatro páginas diferentes.

La etiqueta **<FRAME>** dispone de algunos atributos adicionales con los que se puede modificar la apariencia por defecto de los marcos. Éstos son:

- **frameborder**: si el valor es 1, se mostrará el borde; si es 0, el borde será invisible.
- **marginwidth**: especifica el espacio horizontal, en pixeles, entre el marco y el contenido.
- **marginheight**: especifica el espacio vertical, en pixeles, entre el marco y el contenido.
- **noresize**: este atributo no lleva valor, y si aparece dentro de las marcas de la etiqueta **<FRAME>**, deshabilita la posibilidad de que el usuario cambie el tamaño de los marcos.
- **scrolling**: determina la aparición o no de la barra de desplazamiento. Sus posible valores son **yes** (sí), **no** y **auto** (aparecen sólo si son necesarias).

JavaScript

**JavaScript es un lenguaje de programación
que permite agregar interactividad
a una página HTML. En este apéndice,
daremos un vistazo a su sintaxis
para comprender su funcionamiento
y poder emplearlo en nuestro sitio web
en caso de que sea necesario.**

HTML y JavaScript

SERVICIO DE ATENCIÓN AL LECTOR: lectores@tectimes.com

¿Para qué sirve JavaScript?

JavaScript permite ejecutar secuencias de comandos en el mismo navegador del usuario. Con JavaScript se pueden realizar cálculos rápidos y complejos y hasta controlar la mayor parte de los elementos del navegador. También se pueden ejecutar acciones como abrir nuevas ventanas, verificar formularios antes de enviarlos, crear calendarios, etc. El código se escribe en el mismo documento HTML delimitado por las etiquetas **<SCRIPT language="JavaScript">** y **</SCRIPT>**.

Es importante saber que no todos los navegadores soportan JavaScript y no todos lo hacen del mismo modo. Es por ello que en ocasiones deberemos probar el código resultante en más de un navegador y comprobar los resultados. Una de las posibilidades que ofrece JavaScript es la detección del tipo de navegador, por lo que en ocasiones esto se puede aprovechar para utilizar distintos módulos de código para cada programa. La sintaxis es muy parecida al lenguaje C o C++, así que será muy fácil para quienes lo dominen. Algunos conceptos básicos que hay que tener en cuenta son los siguientes:

* El código se coloca entre las etiquetas **<SCRIPT language="JavaScript">** y **</SCRIPT>**.
* Los comentarios se incluyen entre **/*** y ***/** o después de **//**, aunque en este último caso, hay que realizar un salto de línea antes de continuar con la siguiente instrucción.
* Cada instrucción del programa termina con punto y coma (;). Es posible colocar varias instrucciones sin colocar un salto de línea, ya que el punto y coma las separa.
* Las funciones propias del lenguaje se escriben con minúsculas.
* Las funciones son de la forma **funcion (a,b,c)**. Los argumentos van entre paréntesis.

Variables

A diferencia del lenguaje C, JavaScript no exige la definición explícita de las variables. Es posible declarar la variable con sólo utilizarla por primera vez. También se pueden declarar utilizando la palabra reservada **var**. Por ejemplo:

```
var a;
var miVariable1;
var edad = 25;
```

También se puede observar que no se declara el tipo de dato, es decir, si es entero, flotante, cadena de texto, etc. JavaScript asigna automáticamente el tipo, según el valor que se le asigne a la variable. Mientras una variable no se haya utilizado, se dice que es *undefined* (en castellano, "indefinida"). Los tipos de datos que pueden adoptar las variables son:

- **Cadenas de texto** (string).
- **Valores numéricos** (number).
- **Booleanos** (boolean).
- **Objetos** (object).
- **Nulos** (null).

Si se quiere saber de qué tipo es una variable, se puede utilizar la función **typeof (x)**, donde **x** es la variable que se quiere analizar. Por ejemplo:

```
<SCRIPT language="JavaScript">
var nombre = "Marcelo";
document.write (typeof (nombre));
</SCRIPT>
```

Este script mostraría en la página del navegador la palabra **string**, que es el tipo de dato de la variable **nombre**. Y ya que hablamos del tipo de dato **string**, nótese que las cadenas de caracteres siempre se colocan entre comillas dobles (") o simples ('). Es posible colocar comillas dobles encerrada, entre comillas simples y viceversa.

```
cadena1 = "Mi perro se llama 'Robi' y es muy loco";
cadena2 = 'Vivo en la ciudad de "Temperley", a 40 minutos de Buenos Aires';
cadena3 = "La palabra \"torre\" está entre comillas dobles y \'castillo\';
está comillas simples";
```

La lista completa de los caracteres especiales puede verse en la siguiente tabla:

CARÁCTER	SIGNIFICADO
\n	Salto de línea
\r	Retorno de carro
\f	Salto de página
\t	Tabulación
\\	Barra invertida (\)
\'	Comilla simple
\"	Comilla doble
\b	Carácter anterior

Para concatenar cadenas de texto se utiliza el signo **+**:

```
<SCRIPT language="JavaScript">

cadena1 = "Hoy es un ";
cadena2 = " día";
cadenaFinal = cadena1 + " lindo " + cadena2;
alert (cadenaFinal);

</SCRIPT>
```

La función **alert** muestra en pantalla un cuadro con el mensaje pasado como parámetro; en este caso mostrará el contenido de la variable **cadenaFinal**.

Figura 1. *La función **alert** mostrará*
el resultado en un cuadro de mensaje.

También es posible guardar valores en base octal y hexadecimal en las variables numé-
ricas. Para guardar un valor octal, debemos anteponer el **0** al número y para hacerlo en
hexadecimal, se coloca **0x**. Por ejemplo:

```
varOctal = 02345;
varHexal = 0xABF4;
```

Como antes mencionamos, JavaScript adopta automáticamente el tipo de dato para
una variable que cree más conveniente. Sin embargo, en ocasiones esto puede originar-
nos algunos problemas. Imaginemos el siguiente caso:

```
var a = "25";
var b = 78;
var c;
c = a + b;
```

En un caso como éste, JavaScript convertiría el resultado a una cadena, con lo que asignaría a **c** el valor **"2578"**. Sin embargo, podemos hacer uso de las funciones **parseFloat()** y **parseInt()** para convertir cadenas a números flotantes o enteros respectivamente. Si hubiéramos querido obtener la suma aritmética de 25 y 78, deberíamos haber hecho:

```
C = parseInt (a) + b;
```

La función **parseInt()** tiene un argumento adicional con el que se puede expresar la base en la que se encuentra el número a convertir. Por ejemplo:

```
cadena = "D";
alert (parseInt (cadena, 16));
```

Este script mostraría el valor **13**. Este número corresponde con el dígito **D** en hexadecimal (base 16). Existe otra función que realiza, de alguna forma, el proceso inverso que **parseFloat()** y **parseInt()**. Se trata de **toString()**. El resultado que devuelve depende del tipo de dato al que se aplique:

• **Número**: devuelve el número en formato string.
• **Booleano**: devuelve las cadenas **"true"** o **"false"**.
• **Objeto**: devuelve la cadena **"[object NombreObjeto]"**.
• **Función**: devuelve una cadena con la definición de la función y su código.
• **Matriz**: entrega una cadena con los elementos de la matriz separados por coma.

El uso de **toString()** es el siguiente:

```
var numero = 1342;
var cadena = numero.toString();


var cadena2 = (56778).toString();


var cadena3 = (0xAF76).toString (16);
```

Acá vemos tres posibles usos de la función **toString()**. En el primer caso, convertimos a string el valor almacenado en la variable **numero**. En el segundo caso, convertimos

B

JavaScript

a string un número directamente; noten que se coloca entre paréntesis. Y por último, hacemos uso de su argumento opcional para epecificar que estamos convirtiendo a string un número de base 16.

Operadores

Los operadores, utilizados en todos los lenguajes, permiten realizar operaciones aritméticas, lógicas, de comparación y de asignación. A continuación veremos en detalle cómo emplear los más importantes. Comencemos por los operadores aritméticos.

Operadores aritméticos

Este tipo de operadores se emplea para realizar cálculos matemáticos. En la siguiente tabla podemos ver los más utilizados:

DESCRIPCIÓN	SÍMBOLO
Multiplicación	*
División	/
Resto de una división entera	%
Suma	+
Resta	-
Incremento	++
Decremento	--

Prestaremos especial atención a los operadores de incremento y decremento, ya que su uso puede resultar confuso al principio. Éstos se utilizan cuando se quiere aumentar o restar una unidad al valor de una variable, por ejemplo:

```
a = 1;
a++;
```

En este caso, **a** guardará el valor 2 luego de haber utilizado el operador de incremento. La operación equivale a hacer **a = a + 1**.

Pero veamos qué sucede en el ejemplo de la página siguiente.

```
b = 5;
b--;
```

Acá hemos restado 1 a la variable **b**, con lo que ahora vale 4. La operación equivale entonces a hacer **b = b - 1**. Por supuesto, los ejemplos expuestos hasta el momento son muy sencillos, así como también los que veremos para el resto de los operadores, pero lo cierto es que resulta posible emplear los operadores aritméticos para muchísimos fines.

Operadores de comparación

Este tipo de operadores se usan frecuentemente en el análisis de expresiones para las funciones **if()** o **while()**. Los operadores utilizados se pueden ver en la siguiente tabla:

DESCRIPCIÓN	SÍMBOLO
Igualdad	==
Desigualdad	!=
Menor que	<
Mayor que	>
Menor o igual que	<=
Mayor o igual que	>=

Operadores lógicos

Los operadores lógicos se utilizan para analizar más de una expresión a la vez. De esta forma, es posible ahorrarse varios pasos en una comparación que utiliza la función **if()**. En esta tabla vemos los operadores:

DESCRIPCIÓN	SÍMBOLO
Negación	!
Y	&&
O	||

Un ejemplo de utilización de estos operadores podría escribirse así:

```
(a == "arbol" && !(b)
```

Esta expresión será verdadera cuando la variable **a** contenga la cadena **"arbol"** y la variable **b** contenga un valor **false**; entendiéndose por valor **false** un cero (0), una cadena vacía ("") o una variable booleana que contenga el valor **false**. Nótese que la variable **b** está además negada con el signo **!**, con lo que el segundo término de la operación lógica resultará verdadero si **b** es **false**.

Operadores de asignación

Este tipo de operadores permite copiar el resultado de una operación o el valor de una variable a otra. Su uso simplemente se debe a la comodidad ya que bien podríamos emplear un único operador de asignación: el signo **=**.

En esta tabla vemos los más utilizados seguidos de su significado.

OPERADOR	SIGNIFICADO
x + = y	x = x + y
x - = y	x = x - y
x * = y	x = x * y
x / = y	x = x / y
x % y	x = x % y

Otros operadores

El operador **?** se utiliza en conjunto con el operador **:** para el análisis de expresiones y la asignación de un valor a una variable. Su uso es el siguiente:

```
variable = (condicion) ? valor1 : valor2;
```

Si la condición es verdadera, devuelve el primer valor (valor1) y se le asigna a la variable. En caso de que la condición sea falsa, devuelve el valor2. Por ejemplo:

```
var saludo;
saludo = (hora > 12) ? "Buenas tardes" : "Buen día";
```

En este caso, el saludo cambiará de acuerdo con que la hora sea mayor (verdadero; Buenas tardes) o menor a 12 (falso; Buen día).

Funciones

Una función es una secuencia de comandos diferente de la principal que permite realizar un tarea determinada y devolver un valor si es necesario. A la función se la debe llamar desde el programa principal y se le pueden pasar parámetros. La forma de utilizar y declarar una función es la siguiente:

```
<SCRIPT language="JavaScript">
var a = 3
var b = 7
var c = suma (a,b); // Llamo a la funcion
alert (c); //Muestro el resultado en un mensaje


//Declaro la funcion
function suma (x,y)
{
    z = x + y;
    return z;
}
</SCRIPT>
```

Observemos que la declaración de la función, en este caso, se realizó luego de utilizarla, pero también podría haberse hecho antes. También notemos cómo es su funcionamiento. En el programa principal, se le pasan a la función los valores guardados en las variables **a** y **b**. Cuando la función los recibe, los almacena en variables propias o locales a la función, llamadas **x** e **y**. Las variables locales no interfieren con las del programa principal, llamadas globales, por lo tanto, podríamos haber utilizado los nombres de variables **a**, **b** y **c** dentro de la función, sin que esto afecte sus valores originales. Veamos este otro ejemplo:

```
var a =3;
cambiarValor (a);
alert (a);   //Informa el valor 3.
function cambiarValor (a)
{
    a=4;
}
```

En este simple ejemplo, por más que cambiamos el valor de **a** en la función, éste no cambió en el programa principal. Notemos también que, en este caso, utilizamos una función que no devuelve ningún valor.

Estructuras de control

Todo lenguaje dispone de estos elementos básicos, con los que podemos tomar decisiones en base al análisis de valores o expresiones. JavaScript nos permite utilizar las mismas estructuras del lenguaje C, muy similares también a las de otros programas.

Estructuras condicionales if-else

Muy probablemente, cualquiera que haya estudiado algún lenguaje de programación conocerá la instrucción **if**. La misma también tiene su lugar en JavaScript y permite analizar condiciones y, en base a ellas, tomar decisiones. Es común utilizar junto con **if** el comando **else**. Éste se ocupa de definir una acción en caso de que no se haya cumplido en una primera instancia la condición de **if**.

La estructura de este tipo de instrucción es la siguiente:

```
if (expresion)
{
     //Acciones a realizar si la condición es verdadera
}
else
{
     //Acciones a realizar si no se cumplió con la condición
}
```

La expresión puede utilizar cualquiera de los operadores de comparación vistos anteriormente y, a la vez, es posible unir varias expresiones utilizando los operadores lógicos **&& (Y o AND)** o **|| (O o OR)**. Además, podemos colocar una variable sola en el lugar de la expresión, por ejemplo, **if (variable)**; en este caso, la expresión será verdadera si la variable es distinta de cero. Si queremos obtener el resultado inverso, podemos usar **if(!variable)**, con lo que dará verdadero cuando **variable** sea igual a cero.

Solución para if anidados: switch-case

Si tenemos demasiadas opciones para analizar, lo más cómodo es utilizar una estructura **switch-case**. La misma evalúa una variable y dispone una acción diferente para cada uno de sus valores. Su sintaxis es la siguiente:

```
switch (miVariable)
{
    case 1:
    //Acciones a llevar a cabo en caso de que miVariable sea igual a 1
    break;

    case 2:
    //Acciones a llevar a cabo en caso de que miVariable sea igual a 2
    break;

    default:
//Accion por predefinicion
}
```

Estructuras de iteración

Las estructuras de este tipo, también conocidas como bucles, permiten repetir un bloque de código cualquiera un determinado número de veces o hasta que se cumpla o deje de cumplir una condición. En JavaScript existen tres tipos de estructuras de iteración. La más conocida es **for()**. Su uso es como sigue:

```
for (inicio; condicion; incremento)
{
    codigo
}
```

En **inicio** se coloca el valor inicial de la variable de control. Lo más común es colocar un variable cualquiera igualada a cero para hacer más simple la cuenta. En **condicion** se coloca la expresión que se tiene que cumplir para que vuelva a realizarse una nueva repetición. Finalmente, en **incremento** se especifica en cuánto se incrementa la variable. Es importante saber que primero se lee el incremento y luego la condición. Las llaves

B

JavaScript

no son necesarias si sólo vamos a colocar una línea de código, ya que se repetirá únicamente hasta el primer punto y coma (;). En el siguiente ejemplo, vemos un bucle para repetir un fragmento de código 10 veces:

```
var i;
for (i= 0;1<10;1++)
{
        document.write ("Linea No. "+ i +"<br>" );
}
document.write ("<b>Total: "+ i +" líneas</b>");
```

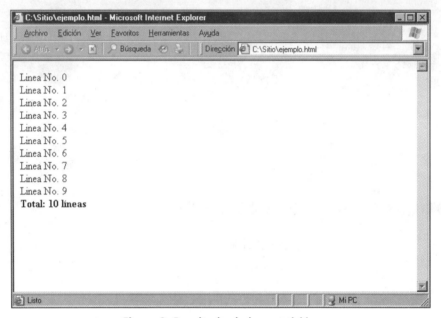

Figura 2. Resultado de la repetición.

En este ejemplo podemos comprobar que el último paso realizado fue un nuevo incremento, con lo que la variable **i** quedó con el valor **10**. Por eso no se cumplió la condición (**i<10**) y se salió del ciclo. La estructura **while()** es mucho más simple. La repetición se realiza mientras se cumpla la condición pasada como argumento.

```
while (condicion)
{
codigo
}
```

Nuevamente, no es necesario el uso de llaves si se va a emplear una sola línea. Es importante observar acá que dentro del bloque de repetición del ciclo **while** debe haber algo que modifique el resultado de la condición, de lo contrario, nunca saldríamos del mismo.

En el ciclo **while**, el código que está encerrado entre llaves se ejecutará únicamente si se cumple la condición que se encuentra entre paréntesis. Una vez que finaliza la ejecución de ese código, se vuelve a controlar el valor de la condición; si sigue siendo verdadero, se ejecuta el código nuevamente. Las llaves no son necesarias si sólo se va a repetir una línea de código. El ciclo **while** no se realizará nunca si la condición es negativa; en cambio, podemos utilizar un ciclo **do-while** para ejecutar el código una vez al menos y luego evaluar si debe repetirse o no. Su uso es como sigue:

```
do
{
      codigo
}while (condicion);
```

En todos los casos, para salir de una estructura de éstas en cualquier momento, se puede utilizar la instrucción **break;**. Este comando nos llevará a la primera línea fuera del ciclo. Por ejemplo, en el caso del ciclo **for**:

```
var i;
for (i= 0;i<10;i++)
{
      document.write ("Linea No. "+ i +"<br>" );
      if (i==5) break;
}
document.write ("<B>Total: "+ i +" líneas</b>");
```

Estructuras de control de objetos

Si bien aún no tratamos el tema de objetos, es bueno conocer estas estructuras. La primera es el bucle **for...in**, con el cual podremos recorrer todas las propiedades de un objeto o los elementos de un vector y conocer sus valores.

El siguiente script nos permite visualizar todas las propiedades del objeto predefinido **navigator** (navegador) y sus valores. Los nombres de las propiedades se obtienen de la variable **i** y los valores de **navigator[i]**.

```
for (i in navigator)
    document.write(i + "=" + navigator[i] + "<BR>");
```

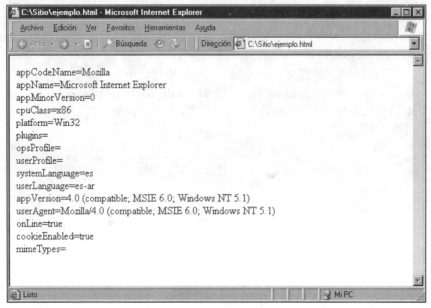

Figura 3. Con el uso de un bucle **for...in** se puede recorrer un objeto o un vector.

Objetos

Los objetos son estructuras que pueden contener tanto variables como funciones. A las variables se las suele llamar propiedades, y a las funciones, métodos. Es posible utilizar objetos predefinidos del lenguaje o crear propios, de acuerdo con nuestras necesidades. Para acceder a las propiedades o métodos de un objeto se emplea el nombre del objeto, seguido por un punto y el nombre de la propiedad o método, por ejemplo:

```
Objeto.propiedad
Objeto.metodo (parametros)
```

La creación de un objeto se asemeja bastante a la creación de una función. Las propiedades y métodos se definen con el comando **this**. En este caso vamos a crear un objeto para guardar los datos personales de nuestros amigos.

```
function Amigo (nombre, apellido, telefono, correo)
{
    this.nombre= nombre;
    this.apellido = apellido;
    this.telefono = telefono;
    this.correo = correo;
}
```

Ahora procederemos a crear un nuevo objeto **Amigo** de la siguiente manera, utilizando la palabra clave **new**:

```
Fernando = new Amigo ("Fernando","Gambino","42911188",
"fgambino@hotmail.com");
```

Para acceder, entonces, a sus propiedades:

```
document.write ("<P>Nombre: "+ fernando.nombre);
document.write ("<P>Apellido: "+ fernando.apellido);
document.write ("<P>Teléfono: "+ fernando.telefono);
document.write ("<P>Correo electrónico: "+ fernando.correo);
```

Aunque también podemos hacerlo de la forma vista con **for...in**:

```
for (i in fernando)
    document.write("<P>"+ i +": "+fernando[i]);
```

Sin embargo, si vamos a solicitar frecuentemente la impresión en pantalla de las propiedades del objeto y sus valores, sería bueno que lo incluyéramos en una función. ¡Y qué mejor forma de hacerlo que incluirlo como método del objeto!

En el ejemplo de la página siguiente, no podemos emplear la función **for** porque también nos imprimiría en pantalla el contenido del método **datos**, con lo cual se vería el código de la función **MostrarDatos()** en pantalla. Cuando se utiliza la palabra clave **new**, lo que se hace es crear una nueva instancia de una clase. En nuestro caso, la clase se llama **Amigo**, y con el código **fernando = new Amigo** estamos creando una nueva instancia de la clase **Amigo; fernando** es, entones, un objeto de clase **Amigo**.

```
<SCRIPT language="JavaScript">
function MostrarDatos()
{
    document.write ("<P><B>Nombre:</b> "+ this.nombre);
    document.write ("<P><b>Apellido:</b> "+ this.apellido);
    document.write ("<P><b>Teléfono:</b> "+ this.telefono);
    document.write ("<P><b>Correo electrónico:</b> "+ this.correo);
}

function Amigo (nombre, apellido, telefono, correo)
{
    this.nombre = nombre;
    this.apellido = apellido;
    this.telefono = telefono;
    this.correo = correo;
    this.datos = MostrarDatos;
}

fernando = new Amigo
("Fernando", "Gambino", "42911188", "fgambino@hotmail.com");

fernando.datos();
</SCRIPT>
```

Objetos predefinidos

La programación orientada a objetos es un tema mucho más complejo y JavaScript presenta herramientas sencillas para realizar esta tarea. En este caso, la mayoría de los objetos que utilizaremos ya se encuentran definidos. Aquí veremos los más comunes junto a sus propiedades y métodos.

Objeto Array

Este objeto permite crear vectores. Existen dos formas de crearlos: conociendo la cantidad de elementos o ingresando sus valores, con lo que se sobreentiende la longitud:

```
//Creo un vector de 10 elementos:
miVector = new Array (10);

//Creo un vector de 5 elementos:
miVector = new Array ("Paris", "Mexico", "Buenos Aires", "Montevideo",
"Santiago");
```

Una de las propiedades y métodos más importantes de los vectores son:
- **length**: longitud del vector.
- **concat (otroVector)**: agrega los elementos de **otroVector** (pasado como parámetro) al vector que invoca el método.
- **sort()**: este método ordena alfabéticamente los elementos del vector. Se le puede pasar como parámetro opcional una función de ordenación.

Objeto Date

Unas de las funciones más utilizadas en todos los lenguajes de programación son aquellas que permiten obtener fechas y horas. En JavaScript esto se hace utilizando el objeto **Date** y sus diferentes métodos. Este objeto obtiene siempre la fecha y la hora del reloj del sistema. El objeto se crea de la siguiente forma:

```
fechaHoy = new Date ();
```

Observemos que no es necesario especificar ningún parámetro, aunque se puede pasar (**año**, **mes**, **día**, **hora**, **minuto**, **segundo**) o (**año**, **mes**, **día**) para especificar un momento distinto al actual. Sus métodos son los siguientes:

- **getTime()**: devuelve los milisegundos totales que pasaron desde el 1 de enero de 1970 hasta el día actual. Este valor se conoce como TimeStamp en otros lenguajes.
- **getYear()**: permite obtener el número de año. Si es un año posterior a 2000, devuelve el número de cuatro cifras; en caso contrario, devuelve sólo las dos últimas.
- **getFullYear()**: igual que el método anterior, pero siempre devuelve cuatro cifras.
- **getMonth()**, **getDate()**, **getHours()**, **getMinutes()**, **getSeconds()**: obtienen el mes, el día, la hora, los minutos y los segundos, respectivamente. Hay que tener en cuenta que el mes lo devuelve como un número de 0 a 11, donde 0 es enero y 11 es diciembre.
- **getDay()**: este método devuelve el día de la semana en forma de número, siendo el primer día el domingo, representado con un 0 y el sábado, el 6.

B

JavaScript

En este script combinamos los objetos **Date** y **Array** para la obtención del día de la semana actual. Primero creamos un objeto **Array** llamado semana, donde guardamos todos los nombres de los días. Luego mostramos en pantalla el valor del vector colocando como subíndice del mismo el resultado de **fecha.getDay()**:

```
<SCRIPT language="JavaScript">
fecha = new Date();
semana = new Array
("Domingo", "Lunes", "Martes", "Miercoles", "Jueves", "Viernes", "Sábado");
document.write (semana[fecha.getDay()]);
</SCRIPT>
```

Además de estos métodos, también tenemos otros que nos permiten especificar una hora o una fecha determinada. Los mismos son iguales que éstos, pero se cambia el prefijo **get** por **set**. Por ejemplo, el siguiente script nos permite determinar la fecha exacta a partir de la cual se calcula el TimeStamp:

```
<SCRIPT language="JavaScript">
fecha = new Date();
fecha.setTime(0);
document.write ("<P>"+ fecha.getDate() +"/"+ parseInt (fecha.getMonth()+1)
+"/"+
fecha.getFullYear());
</SCRIPT>
```

Objeto Math

Este objeto ya se encuentra creado y nos proporciona un gran número de métodos y propiedades para trabajar con funciones y constantes matemáticas. Decir que el objeto ya está creado significa que no tendremos que utilizar **new** para crear una instancia del mismo. Directamente utilizamos **Math.PI** o **Math.E** para acceder a sus propiedades; en este caso las constantes matemáticas son π y **e**.

Sus principales métodos son los siguientes:

- **abs()**: devuelve el valor absoluto del número pasado como parámetro.
- **sin(), cos(), tan()**: funciones trigonométricas, reciben el argumento en radianes.
- **asin(), acos(), atan()**: funciones trigonométricas inversas.
- **exp(), log()**: exponenciación y logaritmo, base e.

- **ceil()**: devuelve el entero más pequeño, mayor o igual al argumento.
- **floor()**: devuelve el entero más grande, menor o igual al argumento.
- **round()**: devuelve el entero más cercano o igual al argumento.
- **min(a,b), max(a,b)**: devuelve el menor o mayor de sus dos argumentos.
- **pow(base,exp)**: exponenciación. En este caso, el primer argumento es la base y el segundo, el exponente.
- **sqrt(base,exp)**: raíz cuadrada.

Objeto String

Este objeto tiene métodos que nos serán de utilidad para trabajar con cadenas de caracteres. Cuando creamos un tipo de dato **string**, es decir, una cadena de texto, se crea, un objeto **string** asociado con el cual podemos acceder a los siguientes métodos y propiedades:

- **CharAt(n)**: devuelve el carácter que está ubicado en la posición **n**, considerando **0** la posición del primer carácter.
- **CharCodeAt(n)**: similar a la anterior, sólo que en este caso, devuelve el código ASCII.
- **length**: esta propiedad devuelve la longitud de la cadena que la invoca.
- **indexOf(cadena2)**: busca la **cadena2** en la cadena que invoca el método. Si la encuentra, devuelve la posición, si no, devuelve **-1**.
- **concat(cadena2)**: agrega el contenido de **cadena2** al final de la cadena invocante. No forma parte de JavaScript estándar. La manera correcta de concatenar cadenas en JavaScript es mediante el operador **+**.
- **substr(indice,n)**: devuelve una parte de la cadena contando **n** caracteres a partir de la posición **indice**.
- **substring(indice1,indice2)**: devuelve la subcadena comprendida entre las posiciones **indice1** y **indice2**.
- **toLowerCase()**: transforma la cadena a minúsculas.
- **toUpperCase()**: transforma la cadena a mayúsculas.

Con los métodos vistos hasta aquí podemos realizar un ejemplo práctico que verifique si una cadena pasada como parámetro es una dirección de e-mail válida. Sabemos que cualquier dirección de correo tiene la forma xxx@xxx.xxx. Nunca vamos a poder comprobar si el texto xxx ingresado es verdadero o falso, ya que se trata del nombre de usuario de correo pero, por lo menos, podremos comprobar si contiene un carácter @ y si después de éste tiene un punto.

La función se llama **verificaCorreo()** y recibe como argumento una dirección de correo electrónico. En el ejemplo, la dirección de correo se pasa directamente al llamar

JavaScript B

la función, pero lo más probable es que en un caso real obtengamos este valor de un campo de un formulario HTML, como veremos más adelante. Para el ejemplo, utilizaremos este método. De todas formas, conviene realizar la verificación de la dirección de correo, del lado del servidor, con un lenguaje como PHP o ASP ya que, tranquilamente, el usuario podría deshabilitar JavaScript en su navegador para burlar esta protección y registrar direcciones falsas o inexistentes. Además, el script que presentamos no verifica completamente todos los posibles casos de una dirección de correo electrónico mal escrita o no válida. La función para esta verificación es la siguiente:

```
<SCRIPT language="JavaScript">
if (verificaCorreo("marcelor@tectimes.com"))
    alert("Direccion correcta");
else
    alert("Direccion falsa");

function verificaCorreo(cadena)
{
    marca=0;
    for(i=0; i<cadena.length ;i++)
    {
        if (cadena.charAt(i)=="@")
        {
            marca = 1;
            break;
        }
        if (i==cadena.length) return false;
    }
    if (marca)
    {
        for(n=i+1;n<cadena.length;n++)
            if (cadena.charAt(n)==".") return rue;
    }
    return false;
}
</SCRIPT>
```

Observemos la forma en que, en la segunda línea, llamamos a la función **verificaCorreo()**. Lo hacemos desde un **if**; entonces, si el resultado de la verificación es **true**, el resultado de la expresión será verdadero, y si es **false**, falso. El argumento de **verfica-**

Correo() podría también obtenerse de un formulario HTML, como veremos más adelante. El primer ciclo **for** recorre toda la longitud de la cadena hasta que encuentra un carácter **@**. Si lo encuentra, coloca la variable **marca** en **1** y sale del bucle con **break**. Si marca **1**, significa que ya encontramos el carácter "**@**", por lo que habrá que buscar el punto; esto lo realizamos con el segundo **for**, el cual arranca de la posición **i+1**, ya que el punto nunca se encuentra seguido de **@**.

Los eventos de JavaScript

Este lenguaje permite manejar eventos para interactuar mejor aún con el usuario, ya que podremos realizar acciones determinadas según el comportamiento de éste. Los eventos no son más que el reconocimiento por parte del lenguaje de las acciones que realiza el usuario u otros elementos de la aplicación. Por ejemplo, cuando un visitante a nuestra página pulsa sobre un botón, se crea un evento **onClick**. Al completarse la carga de la página, se produce un evento **onLoad**. Nosotros podemos programar un código para que se ejecute y responda a diferentes eventos.

En la siguiente tabla se puede ver toda la variedad de eventos de los que disponemos:

EVENTO	DESCRIPCIÓN	ELEMENTOS QUE LO ADMITEN
onLoad	Terminar de cargar una página	BODY, FRAMESET, IMAGE
onUnLoad	Salir de una página (descargarla)	BODY, FRAMESET
onMouseOver	Pasar el mouse por encima	A, AREA
onMouseOut	Quitar el mouse de encima	A, AREA
onSubmit	Enviar un formulario	FORM
onClick	Pulsar un elemento	BUTTON, CHECKBOX, LINK, RADIO, A,
onBlur	Perder el foco	TEXT, CHECKBOX, TEXTAREA, BUTTON, RESET. RADIO, SELECT, FILE, WINDOW.
onChange	Cambiar de contenido o perder el cursor	TEXT, CHECKBOX, TEXTAREA, BUTTON, RESET. RADIO, SELECT.
onFocus	Conseguir el cursor o foco	TEXT, CHECKBOX, TEXTAREA, BUTTON, RESET. RADIO, SELECT, FILE, WINDOW.
onSelect	Seleccionar texto	TEXT, TEXTAREA, FILE
onAbort	Detener la carga	IMAGE
onError	Al no cargarse una imagen	IMAGE

B

JavaScript

A continuación veremos algunos de los eventos más importantes.

- **onLoad**: mediante este evento podemos ejecutar rutinas ni bien termine la carga de la página. Es utilizado frecuentemente para abrir ventanas con anuncios u obtener información del usuario. Veamos un ejemplo:

```
<BODY onLoad="mostrarNoticias();">
...
<SCRIPT language="JavaScript">
function mostrarNoticias()
{
window.open("noticias.html","_blank","width=300,
height=350,toolbars=no,scrollbars=yes,resize=yes");
}
</SCRIPT>
```

- **onUnLoad**: este evento se produce, por ejemplo, cuando cerramos una ventana. Generalmente podemos aprovecharlo para enviar un mensaje de despedida, una advertencia de que se cerró accidentalmente la página u otra función similar. No conviene volver a abrir una nueva ventana con un nuevo método **onUnLoad**, ya que esto provocaría un ciclo del que no se podría salir nunca, a menos que cerremos la aplicación.
- **onMouseOver, onMouseOut**: el primer evento se da cuando el usuario pasa el puntero del mouse sobre un elemento, generalmente un hipervínculo, aunque Internet Explorer soporta el método sobre otros elementos como, por ejemplo, celdas de tablas.
- **onChange**: uno de los usos más comunes de este evento es mediante listas de selección de formularios. Se puede utilizar para crear un menú de navegación con un menú de lista.

Para terminar

JavaScript es un lenguaje muy versátil y todos los días aprenderemos alguna nueva aplicación. En este apéndice hemos conocido los conceptos básicos del lenguaje que nos servirán para explorar todas sus utilidades con mayor profundidad.

Índice temático

onweb.tectimes.com

Visite nuestro sitio web

Utilice nuestro sitio **onweb.tectimes.com**:
- Vea información más detallada sobre cada libro de este catálogo.
- Obtenga un capítulo gratuito para evaluar la posible compra de un ejemplar.
- Conozca qué opinaron otros lectores.
- Compre los libros sin moverse de su casa y con importantes descuentos.
- Publique su comentario sobre el libro que leyó.
- Manténgase informado acerca de las últimas novedades y los próximos lanzamientos.

> También puede conseguir nuestros libros en kioscos o puestos de periódicos, librerías, cadenas comerciales, supermercados y casas de computación de todo el país.

Compra Directa! usershop.tectimes.com

>> Conéctese con nosotros y obtenga beneficios exclusivos:

ARGENTINA ✆ 011-4959-5000 / 011-4954-1791 > usershop@tectimes.com

MEXICO ✆ 55-5600-4815 / 55-5635-0087 / 01-800-0055-800 > usershopmx@tectimes.com

CHILE ✆ 562-335-74-77 / 562-335-75-45 > usershopcl@tectimes.com

Cómo actualizar su PC

Una práctica guía que le permitirá conocer el funcionamiento de cada uno de los dispositivos internos de su computadora, y los pasos a seguir para actualizarlos sin tener que recurrir a un técnico especializado.

COLECCIÓN: MANUALES USERS

Programación de macros

Conozca la forma de personalizar las funciones y herramientas de Office mediante la programación de macros. En cada capítulo descubrirá los conceptos básicos de la programación en Visual Basic para Aplicaciones a través de ejemplos prácticos.

COLECCIÓN: USERS EXPRESS

Computación para Pymes

Aproveche todas las herramientas de su computadora que le permitirán optimizar la productividad de su negocio o empresa. A través de ejemplos reales, aprenda a manejar la contabilidad y a crear documentos comerciales, entre otros temas.

COLECCIÓN: MANUALES USERS

Office XP. 100 Respuestas Avanzadas

Una completa guía de consejos y soluciones prácticas que le permitirán obtener el máximo provecho de las herramientas de Office XP. Encontrará en este manual 100 respuestas a los problemas más frecuentes de los usuarios de PC.

COLECCIÓN: MANUALES USERS

Excel para Pymes

Conozca las herramientas de Excel que le brindarán las mejores soluciones para su empresa. Aprenda con ejemplos reales a llevar adelante cálculos financieros, elaborar un análisis de los gastos y realizar la facturación de su negocio.

COLECCIÓN: MANUALES USERS

Counter Strike

La guía definitiva para el jugador multiplayer: en detalle, todos los mapas, armas y equipamientos. Técnica y estrategia para convertirse en un verdadero experto de Counter-Strike. Además, consejos y trucos para Unreal Tournament 2003.

COLECCIÓN: USERS EXPRESS

CRM
Tecnología y negocios para todos aquellos que deseen implementar una estrategia de atención al cliente de alta calidad, basada en productos informáticos. Enfocado como un libro de lectura, ofrece un panorama del estado actual del CRM.

COLECCIÓN: USERS TOP

Internet al máximo
Un completo recorrido por todos los servicios que ofrece Internet, y de qué manera obtener el máximo beneficio de ellos. Foros, mensajería, seguridad, chat, intercambio de archivos y diseño de páginas personales. Todo, en un solo libro.

COLECCIÓN: MANUALES USERS

La Biblia de Linux
Este libro trata los más diversos temas, de forma tal que quien no conozca Linux pueda dar sus primeros pasos, y los usuarios que ya tengan experiencia encuentren conceptos útiles que les permitan mejorar su productividad.

COLECCIÓN: MANUALES USERS

Computación desde cero
En sólo 10 lecciones prácticas aprenda a utilizar a fondo su PC. Este libro le permitirá conocer todos los componentes de su computadora, dominar Windows XP y aprender a trabajar con los principales programas: Word XP, Excel XP, Internet Explorer y Outlook Express.

COLECCIÓN: MANUALES USERS

Proyectos con macros en Excel
Automatice y potencie sus planillas de cálculo. Aprenda a construir macros de manera sencilla, con ejemplos útiles para que logre dominar el programa. Junto a los casos prácticos se incorporan temas teóricos para una mejor comprensión.

COLECCIÓN: USERS EXPRESS

Soluciones a problemas de hardware
El usuario que posee conocimientos de software, pero que aún no ha incursionado en el tema del hardware, encontrará aquí los fundamentos necesarios para diagnosticar problemas y encontrar las soluciones.

COLECCIÓN: MANUALES USERS

ENCUESTA LIBROS

Nos interesa conocer su opinión para poder ofrecerle cada vez mejores libros.
Complete esta encuesta y envíela por alguno de los siguientes medios:

ARGENTINA
- **Correo:** Moreno 2062 (C1094ABF), Ciudad de Buenos Aires, Argentina.
- **Fax:** (011) 4954-1791 • **E-mail:** lectores@tectimes.com

CHILE
ZIGZAG S.A.
- **Correo:** Los Conquistadores 1700, piso 17B, Santiago, Chile.
- **Tel.:** (562) 335 74 77 • **Fax:** (562) 335 75 45 • **E-mail:** usershopcl@tectimes.com

MÉXICO
- **Correo:** Calle 29 #579-A. Leyes de Reforma, Iztapalapa, México DF, México.
- **Tel.:** 5600-4815 • **Fax:** 5635-0087 • Interior sin costo: 01-800-0055-800
- **E-mail:** usershopmx@tectimes.com

Diseño Web / **MANUALES USERS**

Datos personales

Nombre y Apellido .... Sexo ....

Fecha de nac. .... Dirección ....

Localidad - Comuna - Colonia .... CP ....

Teléfono .... E-mail ....

Ocupación

Estudiante	⬭	Jubilado	⬭
Empleado	⬭	Autónomo	⬭
Dueño/Socio	⬭	Docente	⬭

Otros (especifique) ....

Máximo nivel de estudios alcanzado

	Completos	Incompletos
Primario	⬭	⬭
Secundario	⬭	⬭
Terciario	⬭	⬭
Universitario	⬭	⬭
Otros	⬭	⬭

¿Compró algún otro libro de la editorial? ¿Cuál?

....
....
....
....
....

¿Cuántos libros de computación compra al año?

Cinco o más	⬭	Tres	⬭
Cuatro	⬭	Menos de tres	⬭

CONTINÚA AL DORSO

Se enteró de la publicación del libro por...

(Coloque 1 a la opción que más recuerda, 2 a la siguiente...)

Verlo en puestos de periódicos ⬭

Publicidad en periódicos ⬭

Verlo en librerías ⬭

Publicidad en radio ⬭

Publicidad en revistas ⬭

Recomendación de otra persona ⬭

Otros (especifique)

. . . .

. . . .

¿Dónde compró el libro?

Kiosco o puesto de periódicos ⬭

Librería ⬭

Casa de computación ⬭

Supermercado ⬭

Internet ⬭

En general, el libro le pareció...

Excelente ⬭

Muy bueno ⬭

Bueno ⬭

Regular ⬭

Malo ⬭

El diseño del libro le pareció...

Excelente ⬭

Muy bueno ⬭

Bueno ⬭

Regular ⬭

Malo ⬭

Escriba sus sugerencias para la próxima edición

....
....
....
....
....
....
....

Otros temas en los que le gustaría profundizar

....
....
....
....
....
....
....